Latsch
Bürgermeister und Medien

Bürgermeister und Medien

Von der Routinemitteilung
zum Interview-Duell

von

Dr. Johannes Latsch

2. Auflage

Die Herstellung bei KSV Medien erfolgt weitgehend digital
und in dem Bewusstsein, eine möglichst ressourcenschonende
Produktion zu gewährleisten.

Bibliografische Information der Deutschen Nationalbibliothek
Die Deutsche Nationalbibliothek verzeichnet diese Publikation in der Deutschen Nationalbibliografie; detaillierte bibliografische Daten sind im Internet über http://dnb.dnb.de abrufbar.

2. Auflage 2024

Satz: Kumpernatz + Bromann · Schenefeld b. Hamburg
Druck: CPI books

ISBN 978-3-8293-1989-8

Inhaltsverzeichnis

Vorwort

Dieses Buch zeigt, wie Sie Ihre Botschaft sicher in Zeitung, Radio, Fernsehen und Online-Medien platzieren. Dieses Buch erklärt, wie Sie Kritik ruck-zuck vom Tisch wischen. Dieses Buch weist den Weg, wie Sie feindlich gesonnenen Journalisten immer eine Nase voraus sind. Kurzum: Dieses Buch macht Sie zum Medienprofi.

Unsinn.

Dieses Buch gibt keine Garantie außer der einen: Es drückt Ihnen das Rüstzeug in die Hand, Ihre Chance auf angemessene Berichte und Kommentare zu erhöhen. Es wird Ihnen helfen, Kardinalfehler zu vermeiden und die eigene Strategie hier und da auf den Prüfstand zu stellen.

Gewiss, die eine oder andere Idee wird Idealbild bleiben. Manches ist nicht zu verwirklichen, weil Personal fehlt, das Geld knapp ist oder die politischen Freunde keinen Rückhalt bieten. Viele Bürgermeisterinnen und Bürgermeister müssen ohne Pressesprecher oder Pressesprecherin auskommen und viele ohne Haushaltsgelder für Pressereisen, dazu sitzen ihnen Parteifreunde oder Koalitionspartner im Nacken, die Statements in der Zeitung lesen wollen, mit denen die Rathauschefs Stärke demonstrieren – obwohl sie selbst es lieber bleiben lassen würden.

Aber all das sollte uns nicht schrecken, dem Idealbild nachzustreben. Denn, wie es in einem von Voltaire überlieferten italienischen Sprichwort heißt: Das Bessere ist der Feind des Guten.

Pressearbeit richtet sich an die Vertreter der Medien, also an die Mittler oder „Gatekeeper" (Torwächter für die Informationsflut), um einen geflügelten Begriff aus der Medientheorie aufzugreifen. Sie entscheiden darüber, was ankommt beim Endverbraucher, dem Leser, Fernsehzuschauer, Radiohörer oder Internetsurfer.

Im Mittelpunkt dieses Buches steht die Pressearbeit: der Umgang mit den Medien über Pressemitteilungen, Pressekonferenzen und mehr oder minder deftige Scharmützel um die Deutungshoheit in der veröffentlichten Meinung. Da kommunale Medienarbeit auch Felder der sonstigen Öffentlichkeitsarbeit berührt, befassen wir uns zumindest in knappen Exkursen auch mit Fragen des Marketings und Krisenmanagements, bei dem der Umgang mit der Presse nur eines von vielen Instrumenten ist. Social Media werden ebenfalls eher kursorisch behandelt, da sie mehr ein Mittel der Öffentlichkeitsarbeit sind, also der direkten Bürgerkommunikation.

Seit der ersten Auflage dieses Buches sind einige Jahre ins Land gegangen, in denen sich sowohl die Medienlandschaft als auch die Kommunikationswege gewandelt haben:

- Manche Lokalzeitung, einst Leib-und-Magen-Blatt des Rathauschefs, gibt es nicht mehr. Teilweise wurden ehemalige lokale Konkurrenten unter dem Dach eines gemeinsamen Verlagshauses zusammengelegt, oder frühere Rivalen firmieren zwar noch unter dem gleichen Titel, werden aber de facto in einer Zentralredaktion von den gleichen Redakteuren zusammengestellt.
- Bedingt durch Verschlankungen und Einsparungen haben immer weniger Lokalzeitungen und selbst größere Medien Ressourcen für umfassende, tiefgehende und fachlich versierte Recherche. Gleichzeitig professionalisieren sich Interessengruppen, etwa Bürgerinitiativen: Was kritisiert wird, geht zeitgleich an die Redaktion, die eigene Online-Plattform und an die Behörde.
- Die Online- und Social-Media-Kommunikation wird immer wichtiger. Zeitungen und andere Medien sind im Netz präsent und liefern sich mit den kostenlos verfügbaren Plattformen der sozialen Netzwerke einen Wettlauf um die schnelle und vor allem verlässliche Nachricht. Im Hintergrund kämpfen vor allem Lokalredaktionen nicht nur mit Leserschwund, sondern auch mit einem Nachwuchsschwund: Galt es früher als toll, wenn ich in der Lokalzeitung etwas schreibe, was am nächsten Tag vielleicht Hunderte oder Tausende Abonnenten lesen, gilt das heute als wenig schick: Ich lese selbst keine Zeitung, was ist das eigentlich? Und vor allem: Wenn ich das gut mache, kriege ich in den Sozialen Medien mit weniger Arbeit Hunderte, Tausende, ja vielleicht sogar Millionen Follower – und das potenziell weltweit.
- Die technische Entwicklung gibt dem Bürgermeister immer einfacher handhabbare Mittel in die Hand, um nicht auf die Medien als Vermittler angewiesen zu sein. Mit dem Smartphone können sie selbst Videobotschaften an die Bürger absetzen, mit eigenen Social-Media-Accounts ihre Botschaften ans Volk zu bringen.

Viele Bürgermeister und Landräte wissen das alles. Bei manchem schleicht sich die Haltung ein: Für mich ist wichtig, was in den Social Media geliked, geteilt, kommentiert oder mit dem Daumen markiert wird. Aber wehe, wenn mich die altbackene Lokalzeitung in einem

Halbsatz auch nur indirekt kritisiert! Dann ist, trotz aller auf Zukunft gepolten Online-Kommunikation, die Sorge um das eigene Bild draußen wieder da.

Und genau dabei will dieses Buch unterstützen: Trotz aller Zeitläufte auch diejenigen Bürgerinnen und Bürger zu erreichen, deren Hauptnachrichtenquelle immer noch die traditionellen Medien sind – seien es die Zeitungen oder Radio und Fernsehen.

Dem Titel nach richtet sich dieses Buch an Bürgermeister; in Wahrheit aber sind Dezernenten, Landräte und andere kommunal Verantwortliche ebenso gemeint. Das Gleiche gilt für das jeweils weibliche Pendant, insofern dürfen sich mit „Bürgermeister" auch Bürgermeisterinnen angesprochen fühlen. Wegen der föderalen Struktur Deutschlands herrscht zudem ein Wirrwarr von Bezeichnungen für bestimmte Ämter, von Zuständigkeiten, von Verwaltungsabläufen. Bei den Beispielen im vorliegenden Buch werden Positionen und Funktionen benannt, die in dem einen oder anderen Bundesland anders heißen mögen. Gewisse begriffliche Unschärfen müssen wir folglich in Kauf nehmen – was oder wer gemeint ist, erschließt sich jeweils aus dem Zusammenhang. Um persönlich Betroffene zu schützen, wurden außerdem viele Beispiele anonymisiert und verfremdet, ohne freilich den inhaltlichen Kern zu verfälschen.

Insbesondere jenen Verwaltungschefs, die bislang wenig oder keine Erfahrung mit den Medien hatten, soll dieses Buch Einblicke geben. Aber auch mancher „alter Hase" wird darin Tipps finden, über das eine oder andere nachzudenken und vielleicht noch besser zu werden. Gleichzeitig gibt das Buch auch einer Pressestelle Hinweise – sofern eine solche im Rathaus eingerichtet wurde, was vor allem in kleineren Kommunen leider keineswegs die Regel ist.

Das vorliegende Buch fußt auf Erfahrungen des Autors an langjährigen beruflichen Stationen als Journalist und Pressereferent, auf Kontakten und Praxisexpertise in bundesweiten Netzwerken, Einsichten von Seminarteilnehmern und Coaching-Partnern aus Kommunalverwaltungen oder Organisationen der polizeilichen und nichtpolizeilichen Sicherheit.

Ihnen allen ist der Autor zu Dank verpflichtet.

August 2024 *Dr. Johannes Latsch*

Literaturverzeichnis

Die folgende kurze Liste bietet keinen Überblick über sämtliche Standardwerke. Sie liefert nur die Quellen diverser Zitate im vorliegenden Text und nennt Beispiele für vertiefende Literatur zu Teilaspekten, wo es geboten schien.

Bogner, Franz M., Das Neue PR-Denken. Strategien – Konzepte – Aktivitäten. 3. Auflage, Frankfurt 2005

Buschardt, Tom/Krath, Stefany, Die Pressemitteilung. 2. Auflage, Neuwied/Kriftel 2002

Furchert, Dirk, Konfliktmanagement in der Presse- und Öffentlichkeitsarbeit von Kommunen. Hamburg 2014

Haller, Michael, Die Reportage. 7. Auflage, Köln 2020

Konken, Michael, Pressearbeit. Journalistisch professionell in Theorie und Praxis. Meßkirch 2007

Latsch, Johannes, Alternative Fakten, schweigende Boxer. Schlacht und Selbstdarstellung am Mikrophon: Die Sprache des journalistischen Interviews. In: Der Sprachdienst 2/17, S. 93-101

Ders., Bürgermeister und Krisenkommunikation. Medien- und Öffentlichkeitsarbeit vom Alltagsstress zur Katastrophe. Wiesbaden 2019 (Neuauflage 2024 in Vorbereitung)

Ders., Bürgermeister und Sprache. Von der Rede bis zum Tweet. 2. Auflage, Wiesbaden 2015

Ders., Bürgermeister und interne Kommunikation. Digital, mündlich, gedruckt und erlebt. Wiesbaden 2020

Ders. Medienarbeit – Schnelleinstieg für Bürgermeister. Kompaktes Praxiswissen für Verantwortliche und Pressestellen. Wiesbaden 2022

Ders., „Niemand weiß, was gerade passiert“. Krisen und Terror: Sprachen der öffentlichen Kommunikation bei Gewalttaten. In: Der Sprachdienst 6/18, S. 209-218

Müller, Ewald/Wetterich, Susanne, Rathaus im Klartext: moderne Bürgerinformation. Heidelberg/München/Landsberg/Berlin 2005

Reiners, Ludwig, Stilkunst. Ein Lehrbuch deutscher Prosa. Bearbeitet von Stephan Meyer und Jürgen Schiewe. 2. Auflage, München 2004

Reuschel, Heidi, Tradition oder Plagiat? Die „Stilkunst" von Ludwig Reiners und die „Stilkunst" von Eduard Engel im Vergleich. Betreuer: Helmut Glück. Bamberg 2014

Schäfer-Mehdi, Stephan, Event-Marketing. Kommunikationsstrategie – Konzeption und Umsetzung – Dramaturgie und Inszenierung. 4, aktualisierte Auflage Berlin 2012

Schneider, Wolf, Deutsch für Profis. Wege zu gutem Stil. München 1999

Schneider, Wolf/Esslinger, Detlef, Die Überschrift. Sachzwänge, Fallstricke, Versuchungen, Rezepte. 5. Auflage, Wiesbaden 2015

Soehring, Jörg/Hoene, Verena, Presserecht. Recherche, Darstellung und Haftung im Recht der Presse, des Rundfunks und der neuen Medien. 6., vollständig überarbeitete Auflage Köln 2019

Weischenberg, Siegfried, Nachrichtenschreiben: journalistische Praxis zum Studium und Selbststudium. 2. Auflage, Opladen 1990

Zschunke, Peter, Agenturjournalismus. Nachrichtenschreiben im Sekundentakt. 2., überarbeitete Auflage, Konstanz 2000

1. Sender und Empfänger: Bedingungen der kommunalen Medienarbeit

1.1 Bürgermeister und Journalisten: In weiter Ferne, so nah

Medienarbeit von Rathäusern wird oft missverstanden als ein Sich-selbst-auf-die-Schulter-Klopfen des amtierenden Stadt- oder Gemeindeoberhaupts. In Wahrheit aber ist Information Bürgerservice. Die Medienarbeit zielt darauf – wie es die Autoren einer Darstellung zur Öffentlichkeitsarbeit einmal formuliert haben –, *„die Bürgerinnen und Bürger über die Möglichkeiten ihrer Mitwirkung aufzuklären und durch Informationsarbeit Beweggründe und Zusammenhänge kommunaler Entscheidungen zu verdeutlichen.“*[1] Damit trägt Information nicht nur dazu bei, dass sich öffentliche Meinung bildet – was für eine funktionierende Demokratie von zentraler Bedeutung ist –, sondern sie kann auch helfen, das Interesse am Gemeinwesen insgesamt zu fördern und damit bürgerschaftliches Engagement zu stärken.

Dabei hat es die öffentliche Verwaltung leichter in die Medien zu kommen, als die Privatunternehmen. Was Behörden entscheiden, hat Konsequenzen für alle oder zumindest für viele. Die öffentliche Verwaltung ist gewissermaßen von uns allen beauftragt, sich um uns zu kümmern. Daher verschafft sie sich leichter Gehör als ein Unternehmen, das in letzter Konsequenz vor allem Kunden werben will. Zwar verkauft auch das Rathaus gewissermaßen ein Produkt, nämlich die Leistung, die Verwaltung, die Stadt. Aber der Kunde – sei es der Bürger, der Investor, das Unternehmen – kann sich diesem Angebot nicht entziehen; es sei denn, er flüchtet in eine andere Stadt.

Sieht sich ein Privatunternehmer mit unliebsamen Fragen konfrontiert, darf er einfach schweigen, ohne einen Grund dafür zu nennen. Anders das Rathaus: Als öffentliche Behörde muss es sich grundsätzlich äußern. Allerdings gelten bestimmte Einschränkungen, etwa der Datenschutz oder die Sicherheit von schwebenden Verfahren. Das aber muss der Bürgermeister den Medien plausibel machen; zunächst einmal hat er eine informationstechnische Bringschuld. So ist das Dasein als öffentli-

1 *Müller/Wetterich*, S. 10.

che Verwaltung, kommunikationstechnisch gesehen, Fluch und Segen zugleich.

Stärker noch als im Raumschiff Berlin mit seinen Heerscharen an Beratern, Büroleitern, Referenten, Pressestäben und Protokollwächtern sind sich Bürgermeister und Journalisten im Lokalen oft ziemlich nah. Unter dem Mantel des offiziell Gedruckten und Gesendeten bildet sich eine Vertraulichkeit, die einer Symbiose ähnelt. Da gibt es „Menschliches, allzu Menschliches", um es mit einem Werktitel des Philosophen Friedrich Nietzsche zu sagen.

Hier ein paar reale Beispiele aus Beobachtungen des Autors; keines von ihnen fand jemals seinen Weg in die Zeitung:

- Ein Bürgermeister bittet einen Journalisten bei einem öffentlichen Festakt um Amtshilfe: Er soll das wieder einmal betrunkene Stadtoberhaupt aus der Nachbarkommune dezent aus dem Saal entfernen.
- Ein Journalist scheut sich nicht, in Gegenwart von Verwaltungsvertretern und Kollegen anderer Medien zu erzählen, wie er sich mit der Ex-Frau eines allen bekannten früheren Rathauschefs eingelassen habe.
- Ein Redakteur nutzt für die Ferien das südländische Urlaubsdomizil eines Bürgermeisters, mit dem er im gleichen Tennisclub spielt.
- Ein Magistratsmitglied lästert vor Journalisten über die Kochkünste seiner Frau.
- Ein Politiker vertraut Journalisten an, er habe vor einigen Jahren während einer Affäre an Selbstmord gedacht.

So sitzen sie sich denn, wechselweise einander feindlich gesinnt oder treuherzig verbunden, gegenüber: die Journalisten und die Politiker.

Reichskanzler Otto von Bismarck wird das Wort zugeschrieben, ein Journalist sei jemand, der seinen Beruf verfehlt habe, und Bundeskanzler Helmut Schmidt soll Journalisten einmal als „Wegelagerer" abgekanzelt haben. Andere halten den Berufsstand generell für arrogant. Eine Zeichnung im Pariser Musée d'Orsay zeigt einen Journalisten des 19. Jahrhunderts, der die Füße auf den Schreibtisch gelegt hat, süffisant an einem Zigarillo zieht und für den die ganze Welt offenbar nur niederes Pack ist, über das alleine er zu urteilen berufen ist. Journalisten können ein Ärgernis sein, weil sie den Schleier des „Bla-bla" lüften und die Dinge auf den Punkt bringen wollen. Manche aber sonnen sich gerne im Schein lokaler Honoratioren und ecken bei ihnen lieber nicht an. Wieder andere führen einen Kreuzzug, sei er privat oder parteipolitisch motiviert. Von Sachargumenten unbehelligt, hangeln sie sich von Bericht zu Bericht, Kommentar zu Kommentar, um dem Bürgermeister oder wem auch immer eins auszuwischen, und lassen sich kaum vom Pfad der Untugend abbringen. Dann wiederum gibt es Journalisten, die ihre Verantwortung ernst nehmen, berichten und kommentieren ohne Rücksicht auf persönliche Sympathie, Antipathie oder politische Couleur, die sich einzig der Wahrheit (soweit dies jedenfalls möglich ist) verpflichtet fühlen, und ihren Lesern, Zuhörern oder Zuschauern mit sicherem Fachurteil Pfade durch den Informationsdschungel weisen. Unter Journalisten, das lernen wir daraus, gibt es „solche und solche" – es ist wie überall im Leben. Der Journalist ist nicht der bessere, aber auch nicht der schlechtere Mensch. Die Nachteile dieses Berufsstandes müssen wir unter „Folgekosten der demokratisch-freiheitlichen Ordnung"[2] verbuchen. Aber Gleiches könnten wir auch von manchem politischen Mandatsträger sagen.

Lästern Politiker über Journalisten, sind sie jedoch gelegentlich auch von Selbstzweifeln geplagt, was ihren Berufsstand angeht. Bisweilen sagen sie hinter vorgehaltener Hand, Politik sei ein schmutziges Geschäft, und mancher Politiker besteht darauf, er sei eigentlich gar keiner. Doch ähnliches wie bei den Journalisten gilt auch bei ihnen: Sie sind nicht besser und nicht schlechter als andere Menschen auch, grundsätzlich nicht fähiger oder unfähiger als Zollbeamte, Automechaniker, Seminarleiter, Universitätsdozenten, Gabelstaplerfahrer und Hals-Nasen-Ohren-Ärzte. Läuft etwas schief, erfahren es nur alle viel schneller. Dafür sorgt schon die Opposition, oder aber die Medien erledigen das.

Politiker und Journalisten leben in einer Symbiose. Sie kritisieren einander, lästern übereinander und brauchen doch einander: Der Politiker sucht die Publicity, der Journalist das Übel, und jeder nimmt dabei die negativen Züge des jeweils anderen in Kauf. Es ist eine Art Symbiose wie beim Hai, an den ein Putzerfisch andockt, um die Kleinlebewesen auf der Haut des Hais zu fressen, wodurch er den Raubfisch gleichzeitig säubert. Fragt sich nur, wie es einmal der Journalist Heribert Prantl von der Süddeutschen Zeitung formuliert hat, „wer der Hai ist und wer der Putzerfisch"[3].

Bisweilen müssen Journalisten nicht andocken, sondern werden eingeladen. Sich die Medien durch Geschenke gefügig zu machen, ist allerdings ein höchst riskantes Unterfangen. Kleine Geschenke erhalten die

2 *Bogner*, S. 178.
3 In der ARD-Sendung „Panorama" vom 7.6.2001.

Freundschaft, und eine Einladung zum Essen kann es auch einmal sein. Es ist aber wie vieles im Leben eine Frage des Fingerspitzengefühls und der Verhältnismäßigkeit. Bei einem allzu opulenten Fünf-Gänge-Menu kann sich der Journalist leicht korrumpiert fühlen – jedenfalls, wenn er sonst nicht in Kreisen verkehrt, in denen solche Geschäftsessen üblich sind. Aber die Würstchenbude muss es auch nicht sein – es sei denn, der Anlass gibt das her. Pressestammtische wiederum folgen ganz anderen Gesetzen. Doch davon später mehr.

Maßhalten jedenfalls gilt auch bei Geschenken. Sie sollten mehr durch Originalität glänzen als durch ihren Wert in Euro und Cent. Gemäß dem Pressekodex, der die journalistischen Standesregeln festlegt, müssen sich Präsente im Rahmen halten.[4] Diesen Rahmen zu setzen, gleicht bisweilen einem Drahtseilakt.

1.2 Rechtsfragen: Was Justitia spricht

1.2.1 Behörden müssen reden: Die Auskunftspflicht

Wir waren zu Anfang bereits auf die Auskunftspflicht zu sprechen gekommen. In mehr oder minder abgewandelter Form ist sie in den 16 Landesmediengesetzen festgeschrieben und letztlich die Basis der Medienarbeit in der öffentlichen Verwaltung. Wortwahl und Paragrafennummer unterscheiden sich zwischen den Ländern, die hessische Variante beispielsweise lautet: *„Die Behörden sind verpflichtet, der Presse die gewünschten Auskünfte zu erteilen.“*[5] Es folgen diverse Ausschlussgründe.

Der Auskunftsanspruch der Medien leitet sich ab aus dem Grundgesetz (GG), demzufolge alle das Recht haben, sich *„aus allgemein zugänglichen Quellen zu unterrichten“*[6]. Um ihrer Aufgabe nachzukommen, müssen sich Medien allerdings nicht an diese „allgemein zugänglichen Quellen“ halten. Gegenüber Behörden haben sie einen weiter gehenden Anspruch auf Information; allerdings muss es ein öffentliches Interesse an einer Antwort geben. Verweigern darf die Verwaltung die Auskunft auch, wenn sie ein privates schutzwürdiges Interesse verletzen, ein schwebendes Verfahren gefährden oder erschweren würde. Auskunft geben muss die Leitung einer Behörde oder eine von ihr benannte Stelle. In welcher Form sie die Antwort übermittelt, ist nicht vorge-

4 Pressekodex Ziffer 15, Richtlinie 15.1.

5 § 3 Abs. 1 Hessisches Pressegesetz (HPresseG).

6 Art. 5 Abs. 1 Satz 1 GG.

schrieben: So muss sich das Amt nicht vor laufender Kamera äußern, es kann die Antwort beispielsweise auch mailen oder faxen.

Allerdings kann sich die Kommune nicht einfach dadurch von der Auskunftspflicht entbinden, indem sie zum Beispiel eine Ausschusssitzung oder Teile von ihr für nicht öffentlich erklärt. Ein Journalist, der in einer solchen Situation Auskunft begehrt und es darauf ankommen lässt, kann sich unter Umständen auf einen Gerichtsentscheid aus Bayern berufen. Dort hatte ein Zeitungsvertreter nach einer nicht öffentlichen Sitzung Zahl, Namen und Funktion neuer Verwaltungsmitarbeiter wissen wollen. Das wurde ihm gewährt; allerdings musste ihm die Behörde nicht die einzelnen Kriterien aufzählen, die zur Personalauswahl führten.[7]

Akustische und visuelle Mitschnitte von Sitzungen kann das Parlament nur gestatten, wenn auf Nachfrage kein Sitzungsteilnehmer dagegen stimmt.[8] Das Gremium in ehrenamtlichen Kommunalparlamenten darf auch nicht pauschal vorab ermöglichen, Sitzungen aufzuzeichnen. Ausnahme sind Tonaufnahmen zum internen Gebrauch für den Sitzungsdienst, der das Protokoll erstellt und die Abstimmungsergebnisse festhält. Sie dürfen aber generell nicht veröffentlicht werden.

Um Auskunft zu erhalten, müssen sich Journalisten als solche ausweisen können. Bei Zweifeln kann ein Rathaus die journalistische Legitimation überprüfen, etwa durch Recherche im Internet oder durch Nachfrage in der Redaktion. Die Kopie eines Presseausweises taugt im Gegensatz zu früher nur noch begrenzt als Kontrollinstrument, falls der Ausweis nicht von einem der großen, seriösen Journalistenverbände stammt.[9] Manchmal geben sich Anrufer als Journalisten aus, die definitiv keine sind. Den Verfasser dieses Buches wollte einmal eine Ökogruppe hereinlegen und stellte, als scheinbares allgemeinbildendes Online-Medium getarnt, Anfragen zur Meinung des Hauses über Aspekte der umliegenden Region. Diese Meinungen wollte es dann veröffentlichen und politisch instrumentieren. Eine simple Internetrecherche enttarnte die angeblichen Medienvertreter als Polit-Aktivisten.

Nach dem Gleichheitsgrundsatz müssen prinzipiell alle Medien zu einer Pressekonferenz eingeladen oder zugelassen werden, auch die freien Journalisten. Eine Einschränkung gibt es, wenn sie nicht kontinuierlich

7 Bayerischer Verwaltungsgerichtshof, Az.: 7 CE 04 1601.
8 Rechtlich erläutert im Urteil des OVG Lüneburg, Az: 1 VG A 113/84 vom 16.4.1986.
9 Näheres dazu im Kapitel 1.4.2.

aktuell berichten[10], das Rathaus muss aber auf Nachfrage zu einzelnen Themen Auskunft geben. So kann es eine extremistische Zeitung nicht per se ausschließen; wohl aber, wenn sie aufgrund ihres Erscheinungsturnus' ohnehin nicht aktuell sein kann.[11] Generell ist aber ein Ausschluss von einer Pressekonferenz (PK) eine heikle Sache; das Rathaus sollte sich das besser zweimal überlegen.

1.2.2 Ein heikles Feld: Wahlkampf und Amtsblätter

Eine besonders heikle Zeit für Pressearbeit ist der Kommunalwahlkampf. Grundsätzlich darf das Rathaus nicht werbend per Pressearbeit in die Kampagne eingreifen, beispielsweise für die Partei des amtierenden Stadtoberhaupts. Da aber in den seltensten Fällen der Bürgermeister eine Pressemitteilung herausgeben wird mit dem Aufruf: „Wir sind die bessere Partei, wählt uns!", ist es oft schwer, die Grenze zwischen Information und Wahlwerbung zu ziehen. Mit dieser Grauzone hat sich auch schon das Bundesverfassungsgericht befasst[12], aber selbst diese oberste Instanz konnte keine allgemein gültige Formel liefern. Das Oberverwaltungsgericht Münster[13] grenzte die kritische Zeit der heißen Wahlkampfphase auf die sechs Wochen vor dem Wahltermin ein. In dieser Zeit sind nach Ansicht der Richter selbst Leistungsberichte und Bilanzen wie ein neutral gehaltener Umweltbericht ein unzulässiger Eingriff in den Wahlkampf. Gleiches gilt demnach für Publikationen, die mehr werbenden als informierenden Charakter haben, oder Darstellungen, die hervorheben, welche Parteien die jeweilige Regierung stellen.

Nicht nur in den Kommunen, sondern auch vor Gericht dreht sich die Diskussion auch um die so genannten Amtsblätter. Mit diesen Publikationen, manchmal „Rathaus-Zeitung" oder dergleichen genannt, umgeht die Verwaltung die Zeitungen des freien Marktes, um ungefiltert Informationen oder Meinungen an die Bürger zu übermitteln. Die Frage ist dabei stets, ob solche Publikationen die freie Presse und ihre wirtschaftliche Grundlage, das Anzeigen- und Abonnentengeschäft, unterminieren. Das Problem entsteht, weil Amtszeitungen mit Steuerzahlergeld finanziert sind, also einen Stellungsvorteil im Wettbewerb haben.

---

10 VGH Baden-Württemberg, Az: 10 S 705/86.

11 OVG Nordrhein-Westfalen, Az: 5 A 6391/95 vom 3.6.1997.

12 Beschluss vom 23.2.1983, Az: 44, 25, S. 242 ff.

13 OVG Münster, Urteil vom 19.8.1988, Az: 15 A 924/86.

Die Quintessenz entsprechender Rechtsstreite lautet: Ein Amtsblatt verstößt gegen das Wettbewerbsrecht, wenn es wie eine Zeitung aufgemacht und auf den Wettbewerb mit den Medien ausgerichtet ist. Anzeigen sind zwar in geringem Maß erlaubt, dürfen aber nicht die Akquise der lokalen Zeitungen gefährden. Nicht statthaft ist es, über einen reinen Informationsanhalt hinaus beispielsweise Wahlwerbung zu betreiben. Problemlos hingegen können Amtsblätter zu Ausschusssitzungen einladen, sachlich die Beschlüsse des Kommunalparlaments widergeben oder als offizielle Bekanntmachungen über Änderungen bei den Gebühren informieren.

Will das Rathaus über streng formale und offizielle Äußerungen wie Sitzungseinladungen und Beschlüsse hinausgehen, gibt es einen Weg, wie die Verwaltung auf der sicheren Seite bleiben kann: Sie legt ihr Amtsblatt einer regulären Zeitung als bezahltes Supplement bei.

1.2.3 Foto-Falle: Das Recht am eigenen Bild

Sollen Fotos erscheinen, müssen sowohl die Medien als auch die Rathäuser prüfen, ob die Illustrationen nicht das Recht abgelichteter Personen am eigenen Bild verletzen. Nur weil jemand bei einer Veranstaltung neben dem Stadtoberhaupt steht, will er sich nicht automatisch am nächsten Tag mit ihm in der Zeitung sehen. Lädt das Rathaus beispielsweise externe Gäste zu einer Ehrungs-Pressekonferenz ein, muss es mit den Beteiligten vorher klären, dass Bilder von der Begegnung an die Medien gehen. Klar gestellt werden muss das auch, wenn es um Minderjährige geht. In Kindertagesstätten und Schulen müssen die Eltern Fotos von oder für Medien erlauben. Manche Einrichtungen lassen sich bei der Aufnahme der Kinder und Jugendlichen entsprechende pauschale Genehmigungen unterschreiben, um sich aufwändiges Nachfragen vor einem Termin zu ersparen.

Menschen zu fotografieren, ist grundsätzlich gestattet. Diese Bilder aber auch zu veröffentlichen, dazu braucht der Fotograf eine Erlaubnis. In Ausnahmefällen allerdings muss er sich das nicht extra genehmigen lassen: wenn er zum Beispiel an die Personen ein Bildhonorar für die Veröffentlichung gezahlt hat, wenn sie an einer öffentlichen Großveranstaltung oder Demonstration teilnehmen, wenn sie quasi nur als schmückendes Beiwerk dienen und nicht im thematischen Zentrum des Bildes stehen – etwa in einer Menge von Kunden auf dem Marktplatz oder als Spaziergänger in einem Landschaftsbild. Gleiches gilt auch bei einem so genannten konkludenten Einverständnis: Ist ein Pressefotograf oder Kameramann als solcher erkennbar und lassen die Umstände ahnen, dass die Bilder veröffentlicht werden sollen, dann müssen die abgelichteten Personen entweder von selbst widersprechen oder aber aus dem Bild gehen. Diese Regel trifft auch zu, wenn jemand aus dem Rathaus Fotos macht, den die Abgebildeten kennen, und der deutlich macht, dass er die Schnappschüsse publizieren will.

Erlaubt sind auch Bilder von so genannten Personen der Zeitgeschichte, wenn sie bei einem öffentlichen Anlass entstehen. Kommt der Ministerpräsident zum Stadtfest, braucht ihn der Fotograf nicht extra fragen, ob er sein Bild an die Medien schicken kann. Das Gleiche gilt, wenn zum Beispiel der Vorsitzende des Geschichtsvereins als Redner beim Stadtjubiläum auf die Bühne steigt.

1.2.4 Sphärenklänge: Das Problem der Persönlichkeitsrechte

Aber nicht nur die reaktive oder aktive Medienarbeit des Rathauses muss Regeln beachten, sondern auch den Journalisten sind rechtliche Grenzen gesetzt.

Juristische Pressekonflikte entstehen oft dort, wo die grundgesetzlich verbriefte Meinungsfreiheit[14] mit den Grundrechten von Betroffenen kollidiert, vor allem den Persönlichkeitsrechten. Sie sind nicht in einem Gesetz detailliert festgeschrieben, sondern werden aus den ersten beiden Artikeln des Grundgesetzes abgeleitet (Würde des Menschen, Recht auf freie Entfaltung der Persönlichkeit und dergleichen). In der Rechtspraxis haben sich so genannte Sphären herausgebildet. Je persönlicher die Zone, desto höher die Hürde für eine Veröffentlichung.

Generell unterscheiden Rechtsexperten vier Sphären:

- Die Sozial- und Öffentlichkeitssphäre. Über Äußerungen, Impressionen oder Vorgänge, die sich in eingeschränkter oder voller Öffentlichkeit abspielen, dürfen die Medien berichten. Beispiele sind Reden, Fernsehaufnahmen mit Einwilligung des Betroffenen in seiner Wohnung oder sportliche Leistungen bei Wettkämpfen.
- Die Privatsphäre. Hier ist die Grenze enger gezogen, es ist aber ein sehr unscharfer Begriff. Zu dieser Zone gehören Familie, Gesundheit, auch Alkoholprobleme, religiöse Bekenntnisse, der Wohnort und Vermögensverhältnisse. Bei Personen des öffentlichen Lebens können bestimmte derartige Informationen freigegeben sein.

14 Art. 5 Abs. 1 GG.

- Die Geheimsphäre ist die nächsthöhere Stufe. Darunter fallen Telefongespräche, persönliche Briefe, auch Geschäftsbücher von Firmen. Bei einem übergeordneten öffentlichen Interesse kann es einem Medium aber erlaubt sein, entsprechende Informationen zu publizieren.
- Die Intimsphäre. Sie ist gewissermaßen der persönliche Hochsicherheitstrakt. Zu ihr gehören das Sexualleben, Einzelheiten des Todeskampfs und Details medizinischer Befunde. Nur in ganz wenigen Fällen darf eine Redaktion derlei Informationen veröffentlichen.

Aber nicht nur die Sphären sind entscheidend, sondern auch der Mensch, um den es geht. Bei Veröffentlichungen von Informationen oder Meinungen gelten bei den so genannten Personen der Zeitgeschichte weniger strenge Maßstäbe als bei anderen. Um die Dinge noch komplizierter zu machen, wird diese Personengruppe weiter unterteilt. Die so genannten Personen der absoluten Zeitgeschichte haben Bedeutung auch über ihre Amtszeit oder einen bestimmten Anlass hinaus. Beispiele sind Bundeskanzler, aber auch Bürgermeister. Personen der relativen Zeitgeschichte hingegen sind nur im direkten Zusammenhang mit einem bestimmten Ereignis öffentliche Person. Ein Beispiel wären Festredner, etwa der Architekt bei der Eröffnung eines neuen Bürgerhauses. Eine Redaktion darf sie in genau diesem Zusammenhang namentlich nennen, zitieren und abbilden. Schwierig sind immer wieder Entscheidungen bei Strafverfahren, etwa wenn verurteilte Mörder nach Jahren aus der Haft entlassen werden.[15]

Aber selbst bei Personen der absoluten Zeitgeschichte gilt deren Privatsphäre als geschützt, solange nicht ein übergeordnetes öffentliches Interesse besteht. Ein Privatmann, der in einer Tempo-30-Zone mit 100 km/h geblitzt wird, muss seinen Namen nicht in der Zeitung lesen; ein Bürgermeister, der sich für flächendeckend Tempo 30 in der Stadt stark macht, aber schon. Menschen des öffentlichen Lebens sind aber auch kein publizistisches Freiwild. Wie eng Gerichte die Grenzen mittlerweile ziehen, zeigen Urteile in Papparazzi-Prozessen. So erklärten Richter ein Gaststättengespräch der Prinzessin Caroline von Monaco zur reinen Privatsache. Auch das Foto eines Boulevardzeitungslesers, der Ex-Bundesaußenminister Joseph „Joschka“ Fischer beim Verlassen einer französischen Bäckerei abgelichtet hatte, stufte die Justiz als unzulässigen Voyeurismus ein.

---

15 Rein sprachlich sind die immer wieder auftauchenden Varianten „absolute Personen der Zeitgeschichte“ und „relative Personen der Zeitgeschichte“ problematisch: Absolut oder relativ ist die Zeitgeschichte, nicht die Person.

Die juristische Diskussion um das Recht am eigenen Bild ist äußerst kompliziert[16] und führt in der schnelllebigen Alltagspraxis oft nicht weiter. Gehen Reden und Handeln auseinander, das müssen Stadt- und Gemeindeoberhäupter schlichtweg wissen, kann sich das durch entsprechende Medienberichte über ihr Fehlverhalten rächen.

Damit sich Journalisten im Streitfall auf einen Prozess einlassen können, sollten sie mindestens die journalistische Sorgfaltspflicht nachweisen können. Die in manchen Lokalredaktionen übliche Praxis, sich an Berichte überregionaler Magazine wie „Spiegel" und „Focus" anzuhängen, exkulpiert die Redaktionen nicht. Sie dürfen nicht generell ungeprüft übernehmen, was dort steht. Ausnahme sind Tatsachenbehauptungen von Nachrichtenagenturen[17], die in Deutschland quasi offiziösen Charakter haben. Für die Lokalredaktion bedeutet das: Sobald eine Agentur die Skandalmeldung über den Bürgermeister aus dem „Spiegel" aufgreift, ist die Lokalredaktion rechtlich aus dem Schneider, wenn sie darüber berichtet. Fügt sie dabei aber eigene, ergänzende Inhalte hinzu, muss sie dafür selbst gerade stehen.

Eine Redaktion darf über Tatsachen mutmaßen, wenn ihr zwar Beweise fehlen, sie aber die journalistische Sorgfaltspflicht erfüllt hat. Man spricht dann von einer tatsachenorientierten Verdachtsberichterstattung. Die Sorgfaltspflicht ist schon erfüllt, wenn ein Berichterstatter lediglich Behauptungen der Opposition aus einer öffentlichen Parlamentssitzung widergegeben hat. Verdächtigen beispielsweise die Widersacher des Bürgermeisters das Stadtoberhaupt des Betrugs, darf die Presse das zitieren. Will der Rathauschef juristisch gegen eine solche Behauptung vorgehen, hat er diesen rechtlichen Strauß direkt mit der Opposition auszufechten (worüber dann ebenfalls die Medien berichten dürfen).

Die Meinungsfreiheit der Journalisten auch bei Personen der Zeitgeschichte stößt allerdings dort an ihre Grenzen, wo Schmähkritik beginnt. Da geht es nicht mehr um die inkriminierte Sache, sondern der Kritiker will die betreffende Person insgesamt verächtlich machen[18].

---

16 Wie diffizil beispielsweise der Abdruck von Fotos von Personen des öffentlichen Lebens rechtlich zu beurteilen ist, davon legt *Soehring/Hoene,* S. 479 ff., eindrucksvoll Zeugnis ab.

17 Wer in die ganz spezielle Welt der Nachrichtenagenturen tiefer eintauchen will, erhält einen Überblick bei *Zschunke.*

18 So hat das Bundesverfassungsgericht Schmähkritik zusammenfassend definiert (Beschluss vom 26.6.1990, BVerfGE 82, 272).

1.3 Die eine Seite des Schreibtischs: Die Verwaltung

1.3.1 Was eine Pressestelle leisten soll

Viele Bürgermeister und Bürgermeisterinnen müssen ihre eigenen Pressesprecher sein. Eine Pressestelle einzurichten, dafür haben vor allem kleinere Kommunen kein Geld. Angesichts knapper Kassen scheint es nicht durchsetzbar, eine Pressestelle mit den entsprechenden Kosten zu unterhalten: Schnell sind Kritiker mit dem Vorwurf bei der Hand, das Stadt- oder Gemeindeoberhaupt wolle per Pressearbeit Werbung in eigener Sache betreiben und seinen Ruhm für Gegenwart und Nachwelt sichern. Auch wenn manche Bürgermeister das selbst tatsächlich so sehen: Eine Pressestelle soll nicht das Image des Rathauschefs pflegen, sondern das öffentliche Bild der Stadt oder Gemeinde; vor allem aber soll sie die Bürger informieren über das, was vor sich geht, was sie betrifft, was ihnen hilft und was sie wissen müssen, um politische Entscheidungen einordnen zu können.

Eine Pressestelle kann zentral folgende Aufgaben übernehmen; einige von ihnen zielen nicht nur auf die Medien, sondern auf die gesamte Öffentlichkeit:

- Klassische Pressearbeit (Medienanfragen beantworten, Pressemitteilungen herausgeben, Pressekonferenzen organisieren, Interviews geben und koordinieren, Medientermine verschiedener Art vorbereiten, Berichterstattung auswerten).
- Öffentliche Auftritte und Äußerungen des Bürgermeisters oder anderer offizieller Vertreter der Stadt oder Gemeinde vorbereiten (etwa Reden bei Jubiläen und Grußworte für Festschriften),[19]
- Print- und Online-Publikationen des Rathauses konzipieren oder mit gestalten (Internetauftritt, Social-Media-Aktivitäten, Broschüren, Flyer, Plakate, Amtsblatt).
- Marketing-Aktivitäten der Kommune konzipieren und unterstützen (Imagefilm, Imageanzeige, Leitbildentwicklung, Corporate Design, Vorbereitung von Events wie Kindergarteneröffnung, Tag der offenen Tür und Messeauftritte).
- Zur internen Kommunikation beitragen.[20] Die Mitarbeiter im eigenen Haus sollten nicht weniger wissen als die Medien. Zu den In-

---

19 Der sprachliche Auftritt in verschiedenster Gestalt wird ausführlich betrachtet in *Latsch*, Bürgermeister und Sprache.

20 Zu diesem Aspekt in Kommunalverwaltungen s. umfassend *Latsch*, Bürgermeister und interne Kommunikation.

strumenten der internen Kommunikation gehören Intranet, Rundmails, Pressespiegel und eine Mitarbeiterzeitung. Zur internen Kommunikation zählen auch Zuarbeiten zu internen Ehrungsfeiern und Dienstjubiläen, außerdem Kommunikationstafeln an stark frequentierten Punkten wie der Cafeteria.

- In der kommunalen Realität haben sich auch von Ort zu Ort unterschiedliche Mit-Zuständigkeiten der Pressestelle herauskristallisiert: Wirtschaft fördern, internationale Kontakte pflegen, Kulturprogramme organisieren, das Protokoll bei offiziellen Besuchen regeln, eine verständliche bürgernahe Verwaltungssprache durchsetzen, Briefe der Behördenleitung verfassen oder redigieren.

1.3.2 Kein lockerer Nebenjob: Personalauswahl für die Medienarbeit

Professionelle Pressearbeit lässt sich nicht nebenbei machen. Das klappt allenfalls, wenn sich die örtliche Lokalzeitung als pures Verkündigungsorgan des Stadt- oder Gemeindeoberhaupts genügt und die Bürger den Amtsinhaber sowieso wiederwählen. In allen anderen Fällen könnte man leicht in Probleme kommen, und spätestens, wenn es heikel wird, zahlt sich professionelle Pressearbeit aus. Diese professionelle Pressearbeit ist eine spezialisierte Tätigkeit – also ein Job, den am besten nicht der Bürgermeister macht, sondern jemand, den das Rathaus speziell dafür eingestellt hat.

Ein guter Pressesprecher ist mehr als ein Verwaltungsmitarbeiter, der gerne mit der Zeitung zu tun hat. Zum geistigen Rüstzeug zählen ein intimes Verständnis der journalistischen „Denke" und der Arbeitsweise einer Redaktion; im Optimalfall hat er auch selbst als Journalist gearbeitet. Deshalb sollte der Bürgermeister für seine Pressestelle tendenziell Menschen mit Medienvergangenheit vorziehen. Freilich gibt es auch fähige Verwaltungsmitarbeiter, genauso wie nicht jeder Ex-Journalist automatisch der perfekte Pressesprecher ist. Aber ein Vorleben in den Medien steigert die Chancen, dass der Sprecher diejenigen versteht, mit denen er tagtäglich zu tun hat, und seine Arbeit danach ausrichten kann.

Hat nun ein Pressesprecher bislang keine Medienerfahrung, sollte er sich diese wenigstens durch eine Hospitanz aneignen. Sollte das nicht möglich sein, weil sich etwa im regionalen Umfeld kein Medium findet, das sich in die Karten schauen lassen will oder die nötigen personellen Ressourcen hat, sich um einen Praktikanten zu kümmern – dann sollte der Novize wenigstens einschlägige Weiterbildungsseminare besuchen und sich ein oder zwei Bücher besorgen, die aus Journalistensicht geschrieben sind.[21] Sie geben einen Einblick in die Denkweise auf der anderen Seite des Schreibtischs. Und wecken vielleicht Verständnis für die eine oder andere Frage, die aus Sicht der politisch Verantwortlichen nur ein Ärgernis ist.

Der Pressesprecher sollte überdies wenigstens auf eine Person zurückgreifen können, die ihm zuarbeiten kann – sei es, um ihn in Krankheits-, Urlaubs- und Dienstreisezeiten zu vertreten, sei es als Sekretariat und Buchhaltung. Auf jeden Fall sollte der Sprecher von bürokratischen Funktionen entlastet sein, damit er sich seinen eigenen Aufgaben widmen kann.

Gehen wir einmal von dem haushalterischen Idealfall aus: Der Bürgermeister kann sich einen Pressesprecher für die Kommune leisten. Die Stelle ist intern oder extern zu besetzen, ein Ausschreibungs- und Auswahlverfahren wird vorbereitet. Auf was muss das Rathaus achten?

Abgesehen von journalistischen Erfahrungen gibt es verschiedene Persönlichkeitszüge, die das nötige Rüstzeug für die Anforderungen dieser Position liefern. Dazu zählen:

- analytisches Denken: Der Pressesprecher muss Tendenzen in kommunalen Diskussionen einordnen und auch erkennen, welche Informationen aus dem eigenen Haus und aus internen Papieren und Diskussionen öffentlichkeitsrelevant sind.
- vernetztes Denken: Eine Entscheidung steht nicht für sich allein, sondern korrespondiert mit anderen Entwicklungen. Die Planung einer Straße in einer Magistratsvorlage hängt mit der gesamten Verkehrsplanung der Stadt zusammen, mit Prioritäten in Straßenbau-Förderprogrammen von Land und Bund. Solche Hintergründe muss der Pressesprecher erläutern.
- strategisch-konzeptionelles Denken: Die Stadt beteiligt sich an der bundesweiten zentralen Behördennummer 115 – und will sie bei den Bürgern bekannt machen. Hier muss das Rathaus kurzfristige, mittelfristige und langfristige Aktionen planen und dabei auf der ganzen Klaviatur der Kommunikationsmaßnahmen spielen – zu welchem Thema ist eine Pressekonferenz, zu welchem eine Pressemitteilung, zu welchem nur ein Pressefoto und zu welchem eine öffent-

21 Für den eiligen Leser liefert *Latsch*, Medienarbeit, Hinweise – gewissermaßen eine kompakte Zusammenfassung der Praxisaspekte des vorliegenden Buches.

lichkeitswirksame Aktion wie eine Verlosung in den Zeitungen angemessen?

- effizientes Arbeiten: Der Pressesprecher muss entscheiden, an welchen Sitzungen er wirklich teilnehmen muss, um bei den entscheidenden Dingen auf dem Laufenden zu sein (es sind weniger als gedacht), er muss in den Unterlagen Wesentliches von Unwesentlichem scheiden und blitzschnell erkennen, wo die öffentlichkeitsrelevanten Aspekte eines Themas schlummern.
- Fähigkeit zur Teamarbeit: Ein Pressesprecher ist kein Einzelkämpfer. Er muss sich bei manchen Themen mit Experten aus den Fachämtern beraten, wobei ihm manchmal die Rolle des Moderators zukommt, er muss Pressekonferenzen mit den entsprechenden Fachleuten vorbereiten und in Diskussionen mit den Ämtern Formulierungen in Pressemitteilungen finden, die einerseits verständlich für Laien und andererseits noch fachlich korrekt sind. Wenn manche Fachämter die gleiche Sache aus ihrem Blickwinkel entgegengesetzt bewerten oder manche der handelnden Akteure „nicht miteinander können", dann findet sich der Pressesprecher auch bisweilen in einer internen Blauhelm-Mission wieder.
- Sozialkompetenz: Der Pressesprecher muss nicht nur hausintern den richtigen Ton treffen, sondern er muss sich auch extern sicher auf dem gesellschaftlichen Parkett bewegen, weil er die Stadt oder Gemeinde repräsentiert. Wenn ein Pressesprecher von einem Fettnäpfchen ins andere tritt, dann schadet dies nicht nur dem Ansehen der Kommune; der Bürgermeister wird es selbst feststellen oder früher oder später tragen es ihm Dritte zu. Zur Sozialkompetenz gehört nicht nur der angemessene Ton je nach Adressat und Situation; beim Besuch des Ministerpräsidenten muss man anders agieren und reden als beim Besuch des japanischen Konsuls oder im Bierzelt. Die so genannten „Soft skills" befähigen zur sozialen Interaktion, um hier im Sinne des Auftraggebers, also der Kommune zu wirken. Da geht es auch um Fragen wie: Wie verhalte ich mich, wenn ein Journalist zum Interviewtermin erscheint, der Bürgermeister aber immer noch auswärts unterwegs ist und sich mindestens zwanzig Minuten verspätet?
- Taktgefühl: Ein Pressesprecher hat es bei manchen Veranstaltungen mit verschiedensten Menschen und Lebenslagen zu tun. Mancher Jubilar, der sich seit einem halben Jahrhundert in einem Verein engagiert, ist vielleicht senil, aber die Ehrenurkunde bedeutet ihm sehr viel. Bei anderen Gelegenheiten trifft der Pressesprecher vielleicht auf Sozialhilfeempfänger, auf kleine Kinder, auf Hinterbliebene von gerade verstorbenen Würdenträgern.

- Diskretion: Der Pressesprecher gehört zum engsten Kreis der Verwaltungsspitze und muss sich dort zurückhalten, wo aus übergeordneten strategischen Gründen noch nichts nach außen dringen soll. Eine Firma interessiert sich für ein Gewerbegrundstück, und sie könnte 300 Arbeitsplätze schaffen. Verhandlungen laufen noch, und das Stadtoberhaupt telefoniert hinter den Kulissen, um den Deal zum Wohl der Gemeinde zu ermöglichen. Bis nicht alles unter Dach und Fach ist, schweigt öffentlich nicht nur der Bürgermeister, sondern auch sein Pressesprecher. Verschwiegenheit ist aber nicht nur in dienstlichen Dingen gefordert; die Grenzen zum Privaten sind fließend. Ein Bürgermeister kann am Sinn seines Amtes zweifeln, die eigenen Parteifreunde für Wadenbeißer halten, einen über den Durst trinken oder vor der Scheidung stehen. Er muss sich darauf verlassen können, dass gewisse Interna nicht an die Medien oder sonst wohin nach außen dringen.
- Loyalität: Der Pressesprecher mag in einer Sache anders denken als der Bürgermeister. Er kann den Rathauschef auch für schlichtweg unfähig halten. Ist er loyal, kommt ihm dazu aber gegenüber den Medien kein Wort über die Lippen.
- Sprachliche Sicherheit: Vom Pressesprecher zu fordern, er soll sicher mit der Sprache umgehen, sollte so überflüssig sein wie von einem Automechaniker explizit zu verlangen, er müsse das richtige Werkzeug für den Zündkerzenwechsel kennen. Sprachliche Sicherheit heißt aber nicht nur fit zu sein in Grammatik und Rechtschreibung, sondern auch im Gefühl für Textgestalt und Wortwahl. Der Pressesprecher muss komplexe Zusammenhänge für Laien klar auf den Punkt bringen. Er muss für alle verständlich reden und schreiben und dennoch seriös und verbindlich sein.
- Gute Verwaltungskenntnisse: Von Vorteil ist es, um behördeninterne Zusammenhänge zu wissen. Als vormaliger Journalist sollte er kommunalpolitische Themen behandelt haben. Wer als Externer in die Verwaltung kommt, wird in der Regel ins kalte Wasser gestürzt; besser wäre es freilich, wenn er sich in internen Schulungen mit den Grundprinzipien von Entscheidungsverfahren und Zuständigkeiten vertraut macht. Auf jeden Fall empfiehlt sich ein Rundkurs mit Gesprächen in diversen Fachämtern, bei denen er Themenfelder, Akteure und interne Prozesse kennen lernt.
- Standfestigkeit: Der Pressesprecher muss eine sichere Ausstrahlung haben und die Positionen der Stadt oder der Gemeinde überzeugend vertreten können. Sicherheit im Auftreten und keine Mimose zu sein sind Voraussetzungen, auch in Krisenzeiten zu bestehen. Rheto-

risches Geschick im kontroversen Gespräch gehören dazu, Hasenfüße sind da fehl am Platz. Standfestigkeit zählt aber auch im Inneren. Der Pressesprecher muss auch dem Stadtoberhaupt als seinem Vorgesetzten einmal Contra geben können. „Ja"-Sager zu sein, bringt auf Dauer nichts. Respekt wird durch Fachkompetenz und durch die Fähigkeit erworben, eine Position entschlossen zu vertreten. Es zahlt sich auf lange Sicht als Vertrauen aus, wenn ein Pressesprecher Einwände hat, diese aber mit kreativen Vorschlägen anreichert. Ein Pressesprecher, der einfach nur sagt: „Ich denke, dazu machen wir keine PK", setzt sich dem Verdacht aus, sich nur Arbeit ersparen zu wollen. Ein Pressesprecher hingegen, der sagt: „Ich denke, dazu machen wir keine PK, und zwar aus folgenden Gründen … – und stattdessen warten wir die Entscheidung XY ab, und geben dann eine Pressemitteilung heraus mit den nötigen Graphiken als jpg-Dateien. Und dabei bauen wir gleich das Soundso-Programm ein, das wir ohnehin gerade konzipieren" –. Ein solcher Pressesprecher kann sich den fachlichen Respekt und vor allem das Vertrauen des Bürgermeisters erwerben.

- Stressresistenz: Nervenbündel und Hypochonder sind fehl am Platze. Der Pressesprecher darf sich nicht aus der Façon bringen lassen – weder durch die tägliche Termin- und Anfragehektik noch durch eine Explosion in dem örtlichen Chemiebetrieb.
- Allgemeinbildung: Da der Pressesprecher auch oft Redenschreiber ist, muss er die Fähigkeit zu historischen, geistesgeschichtlichen, literarischen und sonstigen Assoziationen haben. Spricht der Bürgermeister zur 200-Jahr-Feier des örtlichen Lessing-Gymnasiums, sollte seinem Pressereferenten auch ohne Blitzrecherche im Internet klar sein, dass der Dramatiker etwas mit der Aufklärung zu tun hat.
- Fremdsprachenkenntnisse: Auch die kommunale Welt wird immer globaler, die internationale Vernetzung nimmt zu – nicht alleine durch Städtepartnerschaften, sondern auch durch regionale Initiativen zum Standortmarketing oder Auftritten auf Gewerbemessen. Um all dem gewachsen zu sein, sollte der Pressesprecher einigermaßen sattelfest im Englischen sein; je nach grenznaher Lage, Zusammensetzung der Bevölkerung oder bevorzugten ausländischen Partnerregionen auch in einer anderen Sprache.
- Digitale Affinität: Die Kommunikation läuft immer mehr digital. Die Stadt oder Gemeinde muss auf der Klaviatur der technischen Möglichkeiten spielen. Wie soll jemand als Pressesprecher einer modernen Stadt oder Gemeinde fungieren, wenn er nicht mit einem Smartphone umgehen kann, die richtige Bildauflösung für den Ver-

sand an die Zeitungen wählen kann oder – sofern die Kommune einen Social-Media-Auftritt hat –, diese Welt ihm völlig fremd ist?

Für den Nachwuchs kann eine Pressestelle auch PR-Volontariate anbieten, dazu sollte aber der personelle und administrative Apparat groß genug sein. Eine fundierte Ausbildung umfasst bestenfalls nicht nur das theoretische Handwerkszeug der Kommunikation, sondern auch die Zusammenarbeit mit externen Agenturen sowie rechtliche Grundlagen und Marketingaspekte. Dieses umfangreiche Paket bieten in aller Regel nur Anbieter von außerhalb.

1.3.3 Mithalten auf der Datenautobahn: Technik für die Medienarbeit

Die Pressestelle benötigt neben den gängigen Anwendungen für E-Mail, Tabellen und Präsentationen auch ein Bildbearbeitungsprogramm und unbegrenzten Internetzugang. Es ist ein Ärgernis, wenn der Pressesprecher ein Thema unter Zeitdruck recherchieren muss, aber bestimmte Seiten (wie diejenigen mancher Medien) schaltet ihm die hauseigene IT-Abteilung erst auf Zuruf oder auf Antrag frei.

Die Kenntnis der Software nützt nichts ohne Hardware. Mobile Technik ist nötig, um aktuell und effizient zu kommunizieren. Der Pressesprecher benötigt ein Dienst-Smartphone oder ein Notebook oder einen Tablet-PC. Nach wie vor ist eine Digitalkamera nötig, aber im großen Durchschnitt liefern für den Normalgebrauch schon die Smartphones gute Alltagsergebnisse mit relativ hoher Auflösung. Die Spreu vom Weizen trennt sich allerdings zum Beispiel in schwierigen Beleuchtungssituationen, bestimmten kreativen Ansprüchen etwa bei der Schärfentiefe oder wenn aus der Ferne an ein Objekt oder eine Person herangezoomt werden soll. Da sind viele Smartphones mit tauglichen Ergebnissen leicht überfordert.

1.3.4 Wissen kanalisieren: Der Informationsfluss im Rathaus

Da rein rechtlich die Behörde als solche Auskunft geben muss, aber nicht vorgeschrieben ist, durch wen und auf welchen Wegen das zu geschehen hat, kann sie das Verfahren selbst wählen.

Der Autor hat völlig verschiedene Modelle der Kontakte mit den Medien erlebt:

- Ein Landrat setzte einen wöchentlichen Jour fixe an, bei dem alles auf einen Schlag auf den Tisch kam. Ein oder zwei Themen davon präsentierte er etwas ausführlicher als die anderen. Die Informationspolitik im Landratsamt hatte er insgesamt stark zentralisiert, allenfalls sporadisch tauchten die anderen hauptamtlichen Dezernenten auf. Leute von der Fachebene waren praktisch nie zu sehen; die Journalisten kannten die Namen der Amtsleiter gar nicht. Pressemitteilungen verschickte der Landrat zwischen den Pressekonferenzen so gut wie nie.
- Ein anderer Kreis lud nur zu Pressekonferenzen ein, wenn etwas Wichtiges anstand, und legte dann auch nur dieses einzige Thema auf den Tisch. Mit in der Runde saßen Leute aus den Fachämtern, um kompetent und authentisch Details zu vermitteln. An den übrigen Tagen verschickte die Pressestelle Medieninformationen je nach Bedarf.
- Ein Oberbürgermeister organisierte regelmäßige Pressekonferenzen mit verschiedenen Themen, Pressemitteilungen dazwischen versandte er selten. Die Journalisten lernten bei seinen Pressekonferenzen auch Fachleute aus der Verwaltung kennen. Die Amtsleiter durften außerhalb dieser Termine ebenfalls mit den Medien sprechen, einige von ihnen fungierten quasi als permanente direkte Ansprechpartner der Journalisten. Darüber hinaus gaben auch die hauptamtlichen Magistratsmitglieder Presseauskünfte für ihre jeweiligen Dezernate. Die Pressestelle musste vornehmlich Medienveranstaltungen koordinieren; Journalisten kontaktierten sie nur bei weniger bedeutenden Fragen.
- Der Bürgermeister einer kleineren Stadt lud bei Bedarf die örtlichen Journalisten zu einem Pressegespräch mit ihm selbst ein. Am runden Tisch in seinen Büroräumen wirkten diese Termine wie lockere Kaminplaudereien. Weitere Themen verbreitete das Rathaus von Zeit zu Zeit per Pressemitteilung.

Der umgekehrte Weg, wenn also die Medien mit Fragen auf das Rathaus zukommen, kann ganz unterschiedlich geregelt sein. Für welche Lösung sich das Rathaus auch entscheidet – sowohl die Medien als auch die Verwaltung brauchen klare Regeln zum Informationsfluss, um effizient arbeiten zu können. Denkbar sind folgende Muster:

- Jeder im Haus kann mit den Medien direkt reden. Vorteil: Die Journalisten erhalten schnell die Informationen und können bei Unklarheiten noch während des Gesprächs rückfragen. Nachteil: Die Verwaltung spricht womöglich nicht mit einer Stimme, eine gemeinsame Kommunikationsstrategie ist schwierig, medienungeübte Verwaltungsleute werden von den Journalisten überrumpelt, zudem kennen sie vielleicht bestimmte politische Hintergründe nicht.

- Nur der Bürgermeister, vertretungsweise ein hauptamtlicher Stellvertreter oder allenfalls der Büroleiter des Rathauschefs spricht. Vorteil: Der Journalist ist nahe dran an den Entscheidern, außerdem gehen Sachinformation und politische Wertung Hand in Hand. Nachteil: Termindruck im Rathaus und Abwesenheit der Gesprächspartner verzögern die Antworten, bei fachlichen Details sind ohnehin Rückfragen in den Fachämtern nötig.
- Nur die Pressestelle oder die Leitung des Hauses spricht. Lediglich in Einzelfällen geben Vertreter der Fachebene Auskünfte, und zwar erst nach Rücksprache mit der Pressestelle. Vorteil: Eine abgestimmte Linie in der Informationspolitik ist möglich, und wenn die Pressestelle Gespräche mit medientauglichen Fachleuten arrangiert, zeigt das Transparenz und Sachkenntnis. Nachteil: Wenn die Pressestelle zwischengeschaltet ist, verlängert das den Weg des Journalisten zur Information. Zudem wollen die Medienvertreter bei manchen Themen ohnehin direkt mit dem Bürgermeister sprechen. Bisweilen ist das auch sinnvoll, beispielsweise bei Portraits, Erläuterungen von parteipolitischen Beweggründen, bei sehr persönlichen Fragen.

Unterm Strich spricht manches für die letztere Lösung. Es kann, aber nur mit Rücksprache mit Pressestelle und Leitung, unter bestimmten Umständen auch ein Sachbearbeiter direkt Auskunft geben, beispielsweise wenn ein Journalist diffizile jagdrechtliche Fachfragen zum jüngsten Aufruf des Rathauses in Sachen Wildschweinjagd im nahegelegenen Forst hat oder auch zu technischen Prinzipien des Passivhaus-Standards, nach dem die Stadt das neue Bürgerhaus errichtet. Um Informationen auf diese Weise aus erster Hand zu vermitteln, sollten verschiedene Voraussetzungen erfüllt sein: Das Sachthema ist klar eingegrenzt, der Journalist seriös, der Mitarbeiter medientauglich und zum Gespräch bereit. Der Pressesprecher sollte sich vorher mit ihm zusammensetzen. Manche Mitarbeiter wollen nicht in die Medien, weil sie vielleicht Angst haben, sich um Kopf und Kragen zu reden. Niemals sollte jemand dazu gezwungen werden, denn unter Anspannung macht er leicht Fehler. Umgekehrt gibt es Mitarbeiter, die sich nur allzu gerne in den Medien sehen, und da ist eine klare verwaltungsinterne Einschätzung gefragt, ob der Kollege aus Profilierungsdrang nicht über das Ziel hinausschießt. Ob Mitarbeiter der einen oder anderen Art: Generell sollte das Terrain der Frage nicht vermint sein.

Wenn doch, regelt das die Pressestelle nach Rücksprache mit dem Mitarbeiter am besten selbst oder sie sitzt zumindest beim Gespräch des Mitarbeiters mit den Medien dabei. Das ist keine Zensur, sondern ein Unterstützungsangebot, falls Informationen aus anderen Bereichen fehlen, die der Pressesprecher später nachliefern kann. Und es gibt den Kollegen Sicherheit, die Fallstricke im Mediengespräch vielleicht weniger sehen als die erfahrene Pressestelle.

Bisweilen telefonieren Journalisten auch direkt den Sachbearbeiter an, zum Beispiel weil dessen Name und Durchwahl auf einem Bescheid stehen, denen ihnen ein Informant kopiert hat. Vielleicht wissen sie nicht, wie die behördeninternen Regeln für Presseauskünfte sind – obgleich ihnen bekannt sein müsste, dass die meisten Rathäuser im Informationsfluss Pressestellen oder das Bürgermeisterbüro zwischengeschaltet haben. Vielleicht aber gehen sie auch den direkten Weg zum Sachbearbeiter, um dessen Unerfahrenheit mit Medien auszunutzen und Auskünfte zu erhalten, die ihnen die Pressestelle nie gegeben hätte. In solchen Fällen sollte der Sachbearbeiter höflich, aber bestimmt auf die Pressestelle oder andere offizielle Ansprechpartner verweisen. Sollten derartige Direktanrufe bei einem bestimmten Medium öfters vorkommen, wäre ein Anruf oder eine E-Mail an diese Redaktion angebracht, um über die Regelungen aufzuklären.

In Einzelfällen rufen Journalisten auch an, ohne sich als solche erkennen zu geben. Nach dem Pressekodex[22] muss sich ein Medienvertreter klar identifizieren – es sei denn, er ruft ausschließlich in eigener Privatsache an. Doch keine Regel ohne Ausnahme: Bei Themen von überragendem öffentlichen Interesse gilt auch die verdeckte Recherche als statthaft. Nun ist diese Relevanzschwelle nicht mathematisch genau definiert. Im jeweiligen Fall werden Rechercheur und Rathaus stets darüber streiten, ob das eine legitime Methode ist, um die Öffentlichkeit über einen Missstand zu informieren, oder schlicht ein böswilliger Trick. Auf jeden Fall sollten der Bürgermeister oder die Pressestelle sofort mit der entsprechenden Redaktion Kontakt aufnehmen, sobald ein solches Vorgehen ruchbar wird.

Bei den internen Informationsrecherchen im Rathaus muss der Pressesprecher Zugang zu allen relevanten Stellen und Diskussionen haben.

---

22 Richtlinie 4.1.

Er muss auch an vertraulichen Besprechungen wie den Magistrats- oder Gemeindevorstandssitzungen teilnehmen können und Informationen über alle wesentlichen Hintergründe erhalten. Wer seinen Pressesprecher aus diesem Informationsfluss ausklinkt, weil ihm die Themen zu heikel sind und die Gefahr eines Informationslecks nach außen besteht, sollte sich einen neuen Pressesprecher suchen. Das ist die Nagelprobe der Loyalität: Vertraut der Bürgermeister seinem Pressesprecher, kann er ihn auch in alles einbinden. Bindet er ihn nicht ein, dann hat er kein Vertrauen.

Zudem sollten die Pressestellen ihre Arbeitszeiten den Redaktionen anpassen, zumindest ansatzweise. Es wäre zwar nicht mit den sonstigen Reglements im Rathaus zu vereinbaren, die Pressestelle von mittags bis spätabends zu besetzen, aber es sollte nicht schon um 16 Uhr Schluss sein. Hier hat sich viel getan: Der Autor kannte noch die Zeiten, in denen man als Journalist freitags um 12 Uhr wusste, es hat keinen Sinn mehr, jemand im Rathaus erreichen zu wollen, denn dort waren schon alle im Wochenende. Die Opposition verschickte dann gerne Pressemitteilungen freitags nach 12 Uhr, noch früh genug zum Redaktionsschluss für die viel gelesene Samstagsausgabe. Inzwischen sind die Arbeitszeiten der öffentlichen Verwaltung verlängert und flexibilisiert, zugleich liefern PCs, mobile Internetzugänge, Homeoffice, Smartphones, und Tablet-PCs etliche Möglichkeiten, länger erreichbar zu sein, notfalls rund um die Uhr. Da verliert auch der freitägliche High Noon seinen Schrecken.

Das ist allerdings, wie vieles andere, eine Frage des Personals. Wenn der Pressesprecher morgens erst später kommt, um bis zum Abend hin zu bleiben, muss jemand anderes frühmorgens den täglichen Pressespiegel zusammenstellen. Nicht in jedem Rathaus dürfte das möglich sein. Wo aber die Arbeit so umorganisiert werden kann, dass sich die Zeiten den Redaktionen ein stückweit angleichen, ist ein wichtiger Beitrag zum Service für Journalisten geleistet.

1.4 Die andere Seite des Schreibtischs: Die Journalisten

Um effizient mit Journalisten arbeiten zu können, sollte der Bürgermeister oder Pressesprecher mindestens Grundkenntnisse der Medienlandschaft und der Arbeitsweise von Medien haben. Wer sich in den verschiedenen Sparten der Branche auskennt, weiß, was Journalisten interessiert, ahnt, wie eine Redaktion arbeitet, kennt die journalistischen Textsorten und die journalistische Sprache, kann also zielgerichtet arbeiten. Er wird zum Beispiel nicht den Fehler machen, ein nur für ein Fachblatt interessantes Nischenthema der Nachrichtenagentur dpa mit ihrem breiten Zielpublikum anzubieten. Er dient Journalisten auch nicht die brandheiße Nachricht an, er habe das Sachgebiet XY mit dem Sachgebiet Z zusammengelegt, weil nach der dritten Novellierung des Landesbaugesetzes andere Abrechnungsmodalitäten gelten undsoweiterundsofort … Es wird ihm auch nicht einfallen, eine Pressekonferenz morgens um sieben Uhr anzusetzen, weil dann der Tag noch frisch ist, die Computer in der Verwaltung gerade hochgefahren, und man dann noch tagsüber genügend Zeit für die anderen Dinge hat. Er wird es sich auch verkneifen, den Text einer jüngsten Magistratsvorlage, verfasst vom Rechtsamt, im Wortlaut auf fünf Seiten zu übernehmen, nach dem Prinzip: das lesen sowieso nur diejenigen, die sich dafür interessieren, und die sollen sich gefälligst die Mühe machen, es zu verstehen.

Es gibt folglich mehrere gute Gründe, sich ein wenig mit den Journalisten und ihrer Welt zu befassen, kurzum: die Welt mit den Augen der Medien zu sehen und zu verarbeiten.

1.4.1 Die bunte Welt der Medien

1.4.1.1 Die Printmedien

Printmedien sind im Gegensatz zum Rundfunk und den Online-Portalen die gedruckten Publikationen. Sie werden entweder verkauft – im Abonnement oder am Kiosk – oder finanzieren sich als kostenlose Blätter durch Anzeigen. Mit dem immer größeren Angebot an elektronischen Informations- und Unterhaltungsmedien, vor allem im Fernsehen und im Internet, hat das Zeitungsgeschäft Boden verloren. Mit ihren Online-Auftritten machen die Zeitungen teilweise ihren eigenen Printausgaben Konkurrenz, sehen sich aber dazu gezwungen, weil sie nicht den jeweiligen Mitbewerbern das viel versprechende World Wide Web überlassen wollen. Das Leseverhalten ändert sich; besonders angesichts der nachwachsenden Internet-getrimmten Generation muss den alteingesessenen Zeitungen angst und bange werden. Für Rathäuser aber lautet die Konsequenz: Will die Stadt oder Gemeinde die Jugend mit einem Thema ansprechen, reicht die Lokalzeitung nicht aus, sondern sie muss auch andere medialen Kanäle wie Online-Plattformen, Social Media oder auch Plakate in Jugendclubs und dergleichen nutzen.

Klassische Hauptressorts von Tages- und Wochenzeitungen sind Politik, Wirtschaft, Feuilleton, Sport, Vermischtes, eventuell noch Regionales oder Lokales. Hinzu kommen regelmäßige Themenseiten, die immer an einem bestimmten Wochentag erscheinen, beispielsweise „Technik und Motor" dienstags in der Frankfurter Allgemeinen Zeitung. Obgleich immer wieder als Flaggschiffe der deutschen Medienlandschaft gepriesen, sind überregionale Zeitungen rein nach ihren Verkaufszahlen für den Ort weniger bedeutend als das jeweilige Lokalblatt; zudem sind die lokalen oder regionalen Zeitungen für die Mehrheit der Bürger die glaubwürdigste Informationsquelle, direkt nach der „Tagesschau" der ARD und „heute" beim ZDF.[23]. Vielleicht greift hier der Satz aus Goethes Faust: „Denn, was man schwarz auf weiß besitzt,/ Kann man getrost nach Hause tragen."[24]

Für die Abonnenten lokaler Zeitungen dürfte das Hauptinteresse auf dem Lokalteil liegen. Wer sich nicht die Bohne für seine Stadt oder Gemeinde interessiert, dürfte je nach eigener politischer Ausrichtung und allgemeiner Interessenlage größere regionale oder landes- und bundesweite Blätter abonnieren – im Print oder digital als E-Paper. Dennoch gibt es diejenigen, die sich für das lokale Geschehen interessieren und dabei am ehesten von den Lokalzeitungen bedient werden.

Hier erscheint es angebracht, ein paar Worte zu verlieren über die Lokalredaktionen der Zeitungen, die für Bürgermeister in der Regel die wichtigsten permanenten Sparringspartner sind. Blättert man in der einschlägigen medialen Ausbildungsliteratur oder hört sich um in journalistischen Seminaren, dann stimmen alle das Hohelied auf die Lokalredaktion an. Die Kollegen dort stünden im wirklichen, sprudelnden Leben, ganz nah am Leser dran, nicht in höheren Sphären entrückt wie die im Raumschiff Berlin, und die Arbeit dort sei das beste „Training on the job", weil es den ganzen, flexiblen, jederzeit einsatzbereiten Journalisten fordere. Soweit die offizielle Sichtweise. In Wahrheit jedoch zieht manch einer in den Zentralredaktionen überregionaler Medien die Augenbraue hoch, wenn er an die Lokalredaktionen denkt, die von ebenso emsig dilettierenden und unterbezahlt vor sich hin vegetierenden Feld-Wald-Wiesen-Schreibern und Karnickelzuchtverein-Lobhudlern gefüttert werden, welche schlimmstenfalls – wie bedauernswert – auch noch selbst fotografieren müssen und bestenfalls Mitleid verdie-

23 https://de.statista.com/statistik/daten/studie/877238/umfrage/ranking-der-vertrauens wuerdigsten-nachrichtenquellen-in-deutschland/.

24 Der Schüler in: Faust I, Vers 1966 f.

nen. Ein Redakteur einer Ein-Mann-Redaktion auf vorgeschobenem Posten in der westfälischen Provinz pflegte sich bei Telefonaten mit der Zentralredaktion selbstironisch stets mit „Hier Außenlager" zu melden. Umgekehrt blicken die „im Lokalen" bisweilen mit Kopfschütteln auf die Kollegen in den Zentralen, denen längst die Bodenhaftung abhanden gekommen sei, und die im Gegensatz zu den lokalen Frontkämpfern ohnehin nichts schaffen und dafür womöglich obendrein ein üppigeres Salär genössen – erlesene Arbeitsdiners und noble Dienstreisen inbegriffen.

Zwischen beiden Seiten klafft oft eine Verständnislücke, und in der Politik ist das nicht viel anders. Haben nicht manche Mandatsträger und Referatsleiter in höheren Weihen eher Mitleid für die Lokalpolitiker übrig, die doch das große Ganze nicht überblicken und eher als provinzielle Laienspielschar agieren – während umgekehrt die Lokalpolitiker überzeugt sind, dass in der Landeshauptstadt und erst recht in Berlin Heerscharen von überflüssigen, überbezahlten und saturierten Ministerialen über den Wassern schweben, denen das Sternbild Leier näher ist als das Volk, das sie bezahlt, und deren einzige Existenzberechtigung darin besteht, immer neue nutzlose Thesenpapiere zu erstellen und üppige Bezüge zu kassieren? Wir sehen: Bei allen Gegensätzen sind sich die beiden Sparringspartner Medien und Politik in manchen Dingen doch sehr ähnlich, eine Art Schicksalsgemeinschaft in ihrem eigenen Freud und Leid: in weiter Ferne, so nah.

Ob Lokalzeitungen oder bundesweites Massenblatt: Die Kauf- oder Abonnementszeitungen kosten zwar etwas, der Löwenanteil ihres Erlöses aber kommt durch Anzeigen und bezahlte Beilagen herein. Dennoch ist es für diese Zeitungen wichtig, viele Leser an sich zu binden, weil sie dann entsprechend höhere Preise für Werbung verlangen können.

Im Gegensatz zu den Kaufzeitungen finanzieren sich die so genannten Anzeigenblätter ausschließlich über Annoncen und andere bezahlte Inhalte. Sie liegen kostenlos aus oder werden von Austrägern „flächendeckend" in die Briefkästen gesteckt. Während die Kauf- und Abonnementszeitungen sich bisweilen als Gralshüter des seriösen, professionellen Journalismus' in Deutschland präsentieren, hinkt die Qualität bei den Anzeigenblättern in der Tat oft hinter den bezahlten Zeitungen her, und sowohl die journalistische Recherche als auch der Wille zum kritischen Kommentar sind weniger ausgeprägt. Vielerorts gilt das Prinzip: Hauptsache, der Platz zwischen den Anzeigen ist halbwegs unkompliziert gefüllt. Aus diesen Gründen unterschätzen Pressestellen diese

Blätter oft. In Wahrheit aber erwägen gerade in wirtschaftlich schlechten Zeiten viele Leser von Kaufzeitungen, ihre Abonnements zu kündigen und sich auf die kostenfreien Anzeigenblätter zu verlassen. Viele Haushalte, sofern sie nicht über Online-Plattformen oder Social Media das lokale Geschehen verfolgen, beziehen ihre Informationen über die Vorgänge in ihrer Stadt mittlerweile nahezu ausschließlich über diese frei Haus kommenden Zeitungen. Spätestens wenn deren Niveau nicht mehr Lichtjahre von der lokalen Kaufzeitung entfernt ist, wird es für den bezahlten Platzhirsch gefährlich. Um diesen kostenbewussten Lesermarkt einzufangen, haben manche Verlage von Bezahlzeitungen längst eigene kostenlose Blätter auf den Markt geworfen (und bisweilen auch wieder eingestampft). Egal, wer sie produziert: Anzeigenzeitungen mit ihrer weiten Streuung und ihrer Bereitschaft, gegen Geld Annoncen, Sonderseiten oder mehrseitige Beilagen zu verbreiten, sind als Multiplikatoren für Rathäuser nicht zu verachten.

In Kaufzeitungen gibt es als eine Art erweiterte Sonderseite so genannte Supplements – regelmäßige Beilagen, wie ein regionaler Veranstaltungskalender, das Fernsehprogramm oder eine kulturelle Umschau. Hier tut sich manchmal ein interessanter Vertriebskanal für Ankündigungen aus der Verwaltung auf. Um ihn zu nutzen, müssen die Verantwortlichen im Rathaus klären, wer die Beilage zusammenstellt. Das muss nicht die bekannte Redaktion, sondern das kann auch ein externes Journalistenbüro sein. Im ersteren Fall dürfte es etwas leichter fallen, Veranstaltungen der Kommune dort unterzubringen.

Während sich die Kauf- und Abonnementszeitungen sowie die Anzeigenblätter an ein breit gefächertes Publikum wenden, haben Fachzeitschriften und die Verbandspresse die Profis und Spezialisten aus der jeweiligen Branche im Visier. Bei fach- oder interessenspezifischen Themen sollten sich Pressestellen auch dieser Kanäle bedienen – je nachdem, welches Sujet sie behandeln wollen. Die „VDI nachrichten" etwa decken die Vorstände der Industriefirmen ab, die Blätter der Handwerkskammern die Handwerksbetriebe und die Deutsche Ärzte-Zeitung die Mediziner. Fachzeitschriften gibt es wie Sand am Meer.[25] Die Palette reicht von „adhäsion – KLEBEN & DICHTEN" (eine Fachzeitschrift für die industrielle Kleb- und Dichttechnik) über das „liftreport-magazin" (eine Fachzeitschrift für die Technologie von Aufzügen und Fahrtreppen) und „Obere Extremität" (ein Fachblatt für

25 Einen guten Überblick über diesen schwer überschaubaren Markt gibt: www.fachzeitungen.de.

behandelnde Ärzte und Notfallmediziner mit Fokus auf den oberen Gliedmaßen) bis zur „zfv – Zeitschrift für Geodäsie, Geoinformation und Landmanagement". Manche Titel wirken auf Außenstehende reichlich bizarr, sie alle aber bedienen eine eng umgrenzte Gruppe von Nutzern, die sich bar massenheischender Flapsigkeit über Interna ihrer Profession austauschen. In aller Regel werden Rathäuser dort keine Meldungen absetzen. Punktuell kann es jedoch Sinn haben, spezielle Informationen an die entsprechenden Fachblätter zu streuen. Manchmal werden sich sogar ausschließlich diese Magazine dafür interessieren. Vielleicht sitzen die Leser, die wir erreichen wollen, genau in diesem eng umgrenzten Bereich. Nehmen wir die Freiwilligen Feuerwehren: Blätter wie „Brandschutz" und „Feuerwehr-Magazin" erreichen in der Breite zahlreiche Kameradinnen und Kameraden. Möchte das Rathaus eine Initiative starten, für die Feuerwehr mit ungewöhnlichen Ideen Mitglieder zu werben, ist hier der Platz, um das anzukündigen. Details zur Energieeffizienz beim neuen Bürgerhaus hingegen sind vielleicht interessant für die Fachpresse der Branche Gebäudewirtschaft/Facility Management. In Fachkreisen kommt da wohl niemand an Magazinen wie „Facility Management" oder „Der Facility-Manager" vorbei. Allerdings muss sich das Rathaus über eines im Klaren sein: Hier begegnet es Spezialisten, und das Thema hat nur Chancen auf Abdruck, wenn es sachlich fundiert aufbereitet auch für Insider neue Aspekte bietet. Wenn das Stadtoberhaupt die Feuerwehren wegen ihres ehrenamtlichen Einsatzes im Dienst für alle lobt, ist das für die einschlägigen Fachzeitschriften eher kalter Kaffee. Wenn aber die Feuerwehr mit städtischer Unterstützung eine technische ABC-Dekontaminationseinheit aufgebaut hat, die bundesweit ihresgleichen sucht und auf der Messe „Interschutz" Furore macht, kann sie in ihren technischen Details sehr wohl ein Thema für diese Blätter sein.

Wieder an einen breiteren Kundenstamm wenden sich Publikumszeitschriften, beispielsweise die TV-Illustrierten. Ein Bürgermeister muss aber schon sehr Originelles bieten, um sich dort mit einem Thema zu platzieren. Vielleicht, wenn er es schafft, eine örtliche Schulband in die deutsche Vorentscheidung zum Eurovision Song Contest zu bringen, oder wenn die eigene Gemeinde der letzte Drehort für den letzten „Tatort" aller Zeiten ist.

Eine weitere Sparte sind Magazine, zu denen auch „Spiegel" und „Focus" zählen. In den seltensten Fällen wird sich der Bürgermeister an diese Redaktionen wenden, der Kontakt läuft meist anders herum. Vielleicht sieht sich der Rathauschef mit Anwürfen von Kritikern konfrontiert. Oder die Stadt dient als ein Fallbeispiel: Ein Redakteur will etwas über Theorie und Praxis des Bürgergelds wissen und fragt quer durch die Republik Erfahrungen ab. Da findet sich eine Kommune dann nach stundenlangen Interviewterminen bisweilen nur als ein einziges Exempel unter fünf anderen wieder, abgefertigt mit einem Sechs-Zeilen-Absatz. Egal, wie das Thema lautet: Das Rathaus hat es hier mit Journalisten zu tun, die sich im Lauf ihrer Recherche bereits einiges an Kenntnissen und Hintergrundwissen angeeignet haben und die sich in der Regel nicht mit ein paar kurzen Argumenten zufrieden stellen lassen. Zudem sind sie bereit, verbrannte Erde zu hinterlassen. Während Lokaljournalisten auch nach Erscheinen des Artikels mit dem Bürgermeister zu tun haben und daher bisweilen die sprichwörtliche „Schere im Kopf" ansetzen, die Selbstzensur, zucken Magazinjournalisten nicht mit der Wimper, wenn sie einen Rathauschef in die Pfanne hauen. Zudem haben diese Publikationen eine so genannte Leitmedienfunktion. Zeitungen, Fernsehsendungen, Radioprogramme, Online-Medien quer durch die Republik verfolgen diese Blätter und ihre Onlineseiten, hängen sich an ihre Themen, vervielfältigen Vorwürfe oder verstärken durch eigene Berichte die von den großen Zeitschriften vorgegebenen Trends. Da kann eine Sechs-Zeilen-Meldung in „Spiegel" oder „Focus" mehr Ungemach bringen, als ein 100-Zeilen-Seitenaufmacher mit Foto in der Lokalzeitung. Stadt- und Gemeindeoberhäupter tun gut daran, sich auf Gespräche mit Magazinjournalisten extrem genau und umfassend vorzubereiten.

Amtsblätter oder auch Rathaus-Zeitungen und ähnlich genannte Publikationen sind Medien, die Kommunalverwaltungen in Eigenregie herausgeben. Ein Amtsblatt auf den lokalen Zeitungsmarkt zu werfen, ist eine Gratwanderung. Sie hat auch schon die Gerichte beschäftigt, wie wir bereits erwähnten: Darf und soll die öffentliche Hand privaten Zeitungsunternehmen Konkurrenz machen? Um Ärger zu vermeiden, sollten Amtsblätter jeden Eindruck vermeiden, eine reguläre Zeitung zu sein. Sie können sich zum Beispiel darauf beschränken, nüchtern gestaltet die wichtigsten Informationen der Kommunalverwaltung sachlich widerzugeben, etwa in Form von Amtlichen Bekanntmachungen oder Einladungen zu Ausschusssitzungen.

1.4.1.2 Radio und Fernsehen

Bei den so genannten audiovisionellen (AV) Medien Radio und Fernsehen hat sich in Deutschland über die Jahrzehnte ein duales System aus öffentlich-rechtlichem Rundfunk und Privatsendern herausgebildet.

Dem selbst gesteckten Anspruch nach sollen die Öffentlich-Rechtlichen die „Grundversorgung" mit Information sichern, de facto aber haben sie und die Privaten sich mittlerweile einander angenähert. Zwar fehlen im Öffentlich-Rechtlichen noch weitgehend die exzessiven Teleshopping- oder Dschungelcamp-Formate mancher Privater, aber sie bieten schon seit Jahren reißerische Boulevardmagazine, für die der Zuschauer früher zur privaten Konkurrenz hätte zappen müssen. Im Privatrundfunk indes haben sich diverse Wissenschaftssendungen und auch anspruchsvolle dokumentarische Spielfilme (Werbe-Etikett: „Doku-Dramen") etabliert, und ein paar Nachrichtensender retten sich mehr oder weniger über die Runden. Wie beim Fernsehen haben im Radio ebenfalls zahlreiche private Sender den etablierten öffentlich-rechtlichen Platzhirschen das Fürchten gelehrt und sie vielerorts in der Zuhörergunst überrundet. Privatsender (Schimpfname: „Dudelfunk") orientieren sich stärker am musikalischen Massengeschmack und versuchen, ihre Zuhörer aktiv ins Programm einzubeziehen, vornehmlich durch Gewinnspiele und Telefonumfragen.

Bürgermeister haben es allerdings selten mit den Zentralredaktionen überregionaler Sender zu tun, auch das ZDF schlägt bei ihnen nur alle Jubeljahre auf. In erster Linie sitzen sie vor Journalisten der jeweiligen Landesanstalt der ARD oder deren direkter privater Konkurrenz mit ihren regionalen Korrespondenten.

Auf Themen in den Kommunen kommen die Redaktionen der Rundfunksender zum einen durch auffallende Pressemitteilungen der Städte und Gemeinden selbst sowie durch Meldungen von Nachrichtenagenturen oder durch die überfliegende tägliche Lektüre der führenden lokalen und regionalen Zeitungen.

Der Rundfunk stellt andere Anforderungen an die Themen als die Printmedien. Das Fernsehen braucht starke Bilder, das Radio starke Original-Aussagen (O-Töne). Ein Bürgergeld-Thema kann der Bürgermeister im Fernsehen kaum unterbringen, wenn er nur sich selbst am Schreibtisch zu bieten hat. Das Fernsehen muss im Sozialamt drehen dürfen und Leistungsempfänger oder andere involvierte Personen vor das Objektiv bekommen. Das Radio braucht zwar keine Bilder aus dem Sozialamt, aber ebenfalls O-Töne von Betroffenen. Wer solche Ansprechpartner nicht vermitteln kann oder will, sollte es besser gleich vergessen, ein Thema gezielt ins Radio oder TV hieven zu können.

Um ein Thema in den AV-Medien zu platzieren, muss es außerdem überschaubar und in wenigen Worten prägnant darzustellen sein. Wozu

Zeitungen vielleicht 100 Zeilen und mehr Raum haben, muss einem Filmbeitrag oft eine Minute mit zwei eingebauten 15-Sekunden-O-Tönen genügen.

1.4.1.3 Die Nachrichtenagenturen

Zu den Print- und AV-Medien kommen Formen, die beides verbinden, wie Nachrichtenagenturen und freie Journalisten/Journalistenbüros. Die Nachrichtenagenturen arbeiten als große Redaktionsbüros mit zuarbeitenden Korrespondenten draußen im Land; sie liefern quasi den journalistischen Rohstoff oder auch das endgültige Material für ihre Abonnenten – die Zeitungen, Zeitschriften, TV- und Radiosender. Agenturen haben in der deutschen Medienlandschaft einen offiziösen Charakter. Andere Medien dürfen ihre Meldungen nachdrucken, ohne sie überprüft zu haben und ohne juristische Folgen zu befürchten. Den Agenturen kommt daher eine Schlüsselstellung zu. Ihre Mitarbeiter sind gehalten, alle Fakten nur gesichert weiterzugeben. Sie arbeiten aber unter starkem Zeitdruck und müssen manchmal binnen Minuten aktualisierte Nachfolgemeldungen liefern. Der angelsächsische Journalismus hat das in den Slogan gepackt: „Get it first, but first get it right" – Hab's zuerst, aber hab's zuerst richtig. Der Anspruch, nur Geprüftes herauszugeben, gipfelt in dem Bonmot eines amerikanischen Agenturjournalisten: „If your mother says she loves you, check it out" (Wenn deine Mutter dir sagt, sie liebt dich – prüf's nach). Die Mitarbeiter sind in der Regel keine Fachjournalisten; sie wollen keine Fachartikel schreiben, sondern brauchen klar strukturierte knappe Sammlungen von Fakten, die auch Laien verstehen.

Die hohe Glaubwürdigkeit aber, die Agenturen in der Medienszene genießen, sowie deren schnelle und weite Streuung von Meldungen können sich Rathäuser zunutze machen, wenn sie eine Nachricht schnellst- und weitestmöglich in die Welt bringen wollen. Um aber eine Mitteilung breiter zu verteilen, muss die Information durch mehrere Filter hindurch die Gnade der Agenturen finden.

Der Marktführer Deutsche Presse-Agentur (dpa) hat ein mehrstufiges Selektionssystem von festen und freien Mitarbeitern in der Provinz über die Landesbüros bis zur Zentrale in Hamburg aufgebaut. Die Pressemitteilung erreicht zunächst den Korrespondenten oder das Landesbüro. Eventuell wird sie dort zu einer Meldung verarbeitet und geht landesweit an die Medien. Scheint sie wichtig genug, läuft sie weiter in die dpa-Zentralredaktion, wo die Redakteure entscheiden, ob sie den Text dann noch weiter kürzen oder umarbeiten, um ihn in den bundesweit gestreuten so genannten Basisdienst zu übernehmen. Je interessanter eine Nachricht ist, je mehr Leser, Hörer oder Zuschauer sich für sie interessieren könnten, desto größer ist die Chance, über den hanseatischen dpa-Ticker annähernd sämtliche Redaktionen von der Waterkant bis zum Alpenrand zu erreichen.

Ein Beispiel:
Wenn der Archivraum 1.015 im Rathaus brennt und das Feuer nach einer halben Stunde gelöscht ist, ohne dass jemand zuschaden kam, dann ist das eine Meldung für die Lokalzeitung. Der regionale dpa-Korrespondent drückt vermutlich gleich die „Delete"-Taste, wenn die Pressemitteilung des Rathauses bei ihm einläuft. Brennt hingegen das ganze Rathaus ab, dürfte der Landesdienst der dpa eine kurze Meldung bringen. Kommen zehn Menschen in den Flammen um oder die Polizei ermittelt gegen eine zornige Bürgerinitiative, die das Feuer gelegt haben könnte, erhält die Nachricht vermutlich die höheren Weihen des Basisdienstes. Mit Rückfragen von Medien aus diversen Teilen der Republik in der betreffenden Stadtverwaltung (sofern nach dem Vollbrand noch erreichbar) darf anschließend gerechnet werden.

1.4.1.4 Die Online-Portale

Über die Jahre sind mehr und mehr Online-Nachrichtenportale hinzugekommen, die Meldungen lediglich unbearbeitet zusammenstellen oder zu den diversen Quellen verlinken. Hinzu gesellen sich Plattformen, die quasi als Vertriebsschiene der Pressestellen Mitteilungen im Original an Medien weiterverbreiten. Ob diese oft kostenfreien Dienste etwas nutzen, ist in der Medien-, Publizistik- und PR-Szene umstritten. Als relativ seriös gilt der Dienst ots (Original-Text-Service) aus der dpa-Gruppe[26], der Pressemitteilungen an einen großen Verteiler sendet, sich das aber gut bezahlen lässt. Der Nutzen für ein Rathaus, die eigenen Meldungen über einen solchen Dienst zu verbreiten, scheint aber höchst zweifelhaft. Die überwiegende Zahl der versandten Informationen stößt ohnehin nur lokal auf Interesse, und um Meldungen von überregionaler Bedeutung zu verbreiten, kann das Rathaus auch das nächste Korrespondenten- oder Landesbüro der Nachrichtenagenturen in den Verteiler aufnehmen. Vor allem muss das Stadtoberhaupt also seine „Pappenheimer" in der Gegend kennen – lokale Kaufzeitungen,

26 www.newsaktuell.de.

Anzeigenblätter, Regionalteile von überregionalen Blättern, Lokalradios und eventuell Regionalbüros von Landessendern.

1.4.2 Die Journalisten und was sie interessiert

Zum „fahrenden Volk der Künstler und Gaukler“[27] wurden sie schon gezählt. Tatsächlich ist die Berufsbezeichnung „Journalist“ nicht geschützt, also darf sich jeder so nennen. Zwar ist eine tarifvertraglich geregelte Ausbildung festgeschrieben, aber eine allgemein gültige Prüfungsordnung oder Zertifizierung nicht. Die Freiheit des Journalistenberufs basiert auf der im Grundgesetz verbrieften Meinungsfreiheit, eine quasi Staatsprüfung für Journalisten würde die Gefahr einer Zensur in sich bergen.

Auch wer einen Presseausweis hat, ist noch lange kein echter Journalist. Die kleinen Plastikkärtchen sind in ihrer Bedeutung mythenumrankt und umstritten. Neben den traditionellen Berufsverbänden geben auch kommerzielle Anbieter Presseausweise heraus, überprüfen aber oft nicht, ob der Antragsteller tatsächlich als Journalist arbeitet.

Inwieweit Behörden, Institutionen und Veranstalter den Ausweis akzeptieren, hängt demnach zuvorderst vom jeweiligen Aussteller ab. Das höchste Ansehen genießen die traditionellen Standesverbände und -zusammenschlüsse der Medienbranche: der Deutsche Journalisten-Verband (DJV), die Deutsche Journalistinnen- und Journalisten-Union in der Vereinten Dienstleistungsgewerkschaft (ver.di), der Bundesverband Deutscher Zeitungsverleger, der Verband deutscher Zeitschriftenverleger, der Verband Deutscher Sportjournalisten und der Fotografen-Zusammenschluss FREELENS. Wer über diese Institutionen einen Ausweis beantragt, muss Mitglied sein oder auf sonstige Weise eine journalistische Tätigkeit nachweisen. Viele andere kommerzielle Anbieter hingegen werben damit, Ausweise praktisch an jeden auszuhändigen. Neben dem bundeseinheitlich gestalteten Presseausweis geben Verlage und Medien aber auch Hausausweise für ihre eigenen Mitarbeiter aus. Hat das Haus einen seriösen Ruf, kann ein solcher Ausweis mehr wert sein als der Presseausweis eines obskuren Anbieters.

Der Ausweis wird jährlich verlängert, er sollte also aktuell sein. Optisch ist die kleine Plastikkarte deutschlandweit gleich gestaltet. Früher zierte sie noch die Unterschrift des Bundesinnenministers; nachdem aber

27 *Schulz-Bruhdoehl,* S. 49.

immer mehr kommerzielle und auch unlautere Anbieter auf den Markt drängten, zog das Haus seine Signatur zurück.

Der Grundidee nach soll der Ausweis den professionellen Journalisten als solchen kenntlich machen und ihm Zugang zu Informationen bei Behörden und Institutionen verschaffen, die er braucht, um seinen Informationsauftrag zu erfüllen. Doch vor allem kommerzielle Anbieter erwecken den Eindruck, der Ausweis öffne quasi sämtliche Türen, sichere dem Träger allezeit und allerorten eine VIP-Behandlung. Völlig aus der Luft gegriffen ist das allerdings nicht. So bieten eine Reihe von Autoherstellern bei Vorlage des Presseausweises Rabatte auf Neuwagen. Gleiche Privilegien genießen übrigens die Sparringspartner auf der anderen Seite des Schreibtischs, die Mitglieder des Bundesverbandes der Kommunikatoren (BdKOM).

Die Bedeutung des Presseausweises für das Alltagsgeschäft allerdings wird weit überschätzt. Bei vielen Großveranstaltungen wie Messen akkreditieren sich Journalisten auf anderen Wegen, etwa mit Schreiben ihrer Redaktion, und bei der alltäglichen Recherche genügt oft eine Visitenkarte. Im Lokalen schließlich lässt sich die Journalistenwelt leicht überblicken, man kennt einander und braucht derlei Plastikkärtchen nicht.

Missverständnisse entstehen aber nicht nur bei den Ausweisen, sondern auch bei ihren Inhabern. Entgegen landläufiger Meinung sind die Journalisten nicht etwa in erster Linie an Negativem interessiert, sondern vielmehr an Neuem und Ungewöhnlichem. Das kann freilich negativ sein, aber eben auch positiv oder einfach skurril. Beispiel Bundestagswahl: Das Einzelergebnis eines bestimmten Wahlkreises taucht in der Regel in bundesweiten Berichten nicht auf. Ganz anders sieht es da aus mit der Hallig Gröde; sie schafft es regelmäßig mit ihren Prozentzahlen in die bundesweiten Nachrichten. Kein Wunder – angesichts von nur einem Dutzend Wahlberechtigter liegt das Ergebnis in Deutschlands kleinstem Wahlbezirk nicht nur ungewöhnlich schnell vor; hier kommt schon der Sinneswandel zweier Wähler einem politischen Umsturz gleich. Wenn wir dann noch sehen, wie neben solchen Schrullen der Gewinn (oder Fast-Gewinn) einer Fußball-WM oder eine plötzliche Gesundung der Wirtschaft umfangreiche Berichte auslösen, kann von einem reinen Negativinteresse der Medien wohl kaum die Rede sein. Das Neue, das Überraschende, das Ungewöhnliche: darum geht es. Nicht „Hund beißt Mann“ ist die Nachricht, sondern „Mann beißt Hund“.

Es ist ein geflügeltes Wort aus der Medienszene, doch manchmal wird es Realität:

Der Autor erinnert sich an einen Deutschlehrer, der einst in eine Zeitungs-Geschäftsstelle kam, als eine Meldung mit der Überschrift „Mann beißt Hund" erschienen war. Tatsächlich hatte ein Mann zugeschnappt, aber die Schlagzeile war auch eine gezielte berufsinterne Anspielung der Journalisten gewesen: Nicht wenn der Hund den Mann beißt, sondern der umgekehrte Fall ist die Nachricht. Freudestrahlend (auch zur Freude des Vertriebs) erstand der Lehrer einen Klassensatz der aktuellen Zeitungsausgabe und meinte: „Ich nehme im Unterricht gerade Journalismus durch und hatte eben die Sache mit ‚Mann beißt Hund' durchgenommen – und da steht das heute bei Ihnen tatsächlich im Blatt!"

Um zu verstehen, wie das Rathaus Informationen in den Medien platzieren kann, müssen über den Neuigkeitswert hinaus die Grundregeln bekannt sein, an denen sich journalistische Neugier orientiert und die eine interessante Nachricht oder Geschichte ausmachen.

Grundsätzlich interessiert Redaktionen das, was mutmaßlich ihr Publikum interessiert. Zwar schreiben bisweilen auch Journalisten an ihrer Zielgruppe vorbei. Aber prinzipiell sind dies die beiden entscheidenden so genannten Nachrichtenfaktoren: Bedeutung und Publikumsinteresse.

Merkmale dieser Nachrichtenfaktoren sind:

- Ausmaß: Zahlreiche Menschen müssen von einem Ereignis oder einer Nachricht betroffen sein. Eine Notiz, die nur sieben Mitglieder eines Kulturbeirats interessiert, wird besser über den internen Verteiler geschickt als an alle Medien herausgegeben. Ein Brand mit 50 Toten hingegen stößt nicht nur wegen des spektakulären Geschehens, sondern auch wegen der Zahl der Opfer auf großes öffentliches Interesse.
- Konsequenzen: Die Nachricht wirkt sich für viele Menschen praktisch aus. Erhöht die Stadt die Müllgebühren oder senkt sie, dann spüren die Bürger das in ihrem Portemonnaie.
- Nähe: Eine Nachricht bezieht sich auf den Ort, an dem die Leser wohnen. Sie hat etwas mit ihrer Lebenswelt zu tun. Der sprichwörtliche Sack Reis, der im Norden von China umgefallen ist, interessiert im Dorf auf der Schwäbischen Alb niemanden. Hat ihn allerdings der Bürgermeister dieser Gemeinde auf Dienstreise umgeworfen und wurde der Schwabe deshalb von einem übereifrigen chinesischen Lokalpolizisten festgesetzt, dann sieht die Sache ganz anders aus.

- Prominenz: Wenn der Dalai Lama sich in das Goldene Buch der Stadt einträgt oder der Schlagersänger Roland Kaiser zur Eröffnung des neuen Bürgerhauses auftritt, ist das eine Nachricht, die viele interessiert.
- Aktualität: Wenn etwas neu ist oder gerade läuft – also beispielsweise die endgültige Entscheidung zum Bau des Bürgerhauses oder der Beginn der Bauarbeiten am heutigen Tag. Oder das Publikum ist gerade für ein bestimmtes, eigentlich permanentes Thema besonders empfänglich:

Der Ausbruch der Schweinegrippe 2009/2010 rückte gesundheitliche Fragen wie die richtige Hygiene in den Mittelpunkt, die davor genauso wichtig waren wie danach. Da diskutierten Fachleute und Laien in den Medien breit über Sinn und Unsinn von Grippeimpfungen; da drohten plötzlich bei jeder Krankmeldung eines Schülers wegen Erkältung kritische Medienfragen, ob denn die Schule jetzt noch guten Gewissens offen bleiben dürfe. In dieser aufgeheizten Atmosphäre nutzten aber auch das Robert-Koch-Institut in Berlin und die Gesundheitsämter die Gunst der Stunde und klärten auf breiter Front über richtiges Händewaschen auf. Dergleichen war noch in stärkerem Maß zu beobachten während der Corona-Pandemie ab 2019/20, als Impf- und Hygienefragen in die Mitte des gesellschaftlichen Interesses rückten und die Schlagzeilen dominierten.

- Human Interest, die menschlichen und gefühl- oder stimmungsvollen Aspekte. Das können Kuriositäten sein, Konflikte, Lustiges, Sexuelles, Tiere oder spannende Forschungsergebnisse. Es sind oft Dinge, die sich in der Zeitung unter „Vermischtes“ sammeln:

Der Bundeskanzler, der sich als Freud'sche Fehlleistung verspricht und mit den Koalitionären statt „pfleglich umgehen“ lieber „pfleglich untergehen“ will; der Lachkrampf eines Schweizer Politikers während einer Parlamentsrede; das Gerichtsverfahren um eine AIDS-infizierte Sängerin und deren ungeschützten Geschlechtsverkehr; der zum hässlichsten Hund der Welt gekürte Vierbeiner; neue Hinweise auf früheres Leben auf dem Mars … Aber ebenfalls bei den Berichten über Fälle wie die Gladbecker Geiselnahme 1988 (bezeichnenderweise auch Geisel-„Drama“ genannt) oder den Amoklauf von Winneden 2009 spielen nicht nur die gesellschaftlichen Phänomene Kriminalität und Gewaltbereitschaft eine Rolle, sondern das Publikum verfolgt die Geschehnisse auch als reale Live-Thriller.

Nicht alle Faktoren und Merkmale treffen auf alle Nachrichten zu. Sie sind mal eher von dem einen, mal eher von dem anderen geprägt. Jemand hat einmal versucht, eine Schlagzeile zu produzieren, die als „Labornachricht" alle entscheidenden Aspekte vereint. Unklar ist, wer sie zusammenmixte: Mal soll es eine Journalismus-Studentengruppe gewesen sein, mal der holländische Entertainer Rudi Carrell seligen Andenkens. Die quasi im Reagenzglas gezeugte Schlagzeile trompetete: „Deutscher Schäferhund leckt Inge Meysel Brustkrebs weg". Sie vereinigt fast alles, was ein breites Publikumsinteresse ausmacht – Spektakulär-Skurriles, Gesundheit/Heilung, Betroffenheit, Prominenz (Inge Meysel war in früheren Jahrzehnten eine bekannte Schauspielerin), sexuelle Anspielung, Tiere, Nationalgefühl.

1.4.3 Wie eine Redaktion arbeitet

1.4.3.1 Funktionen innerhalb der Medien

Auch wenn es das Rathaus mit scheinbar in eigener Befehlsgewalt agierenden Redakteuren und freien Mitarbeitern zu tun hat, gibt es doch eine Arbeitsteilung innerhalb der Medien. Sie zu kennen, kann es erleichtern, den jeweils richtigen Ansprechpartner zu finden.

Bei den Printmedien etwa sieht die personelle und funktionale Struktur, grob schematisiert, so aus:

- An der Spitze steht ein Herausgeber, oft eine Person des öffentlichen oder gesellschaftlichen Lebens, der sich die Zeitung hält, weil ihm das eine Herzensangelegenheit ist oder weil er sich damit gesellschaftlichen Glanz erhofft. Gemeinsam mit dem Verleger, in dessen Verlag die Zeitung erscheint, legt er die Richtung des Blattes fest. Ins Tagesgeschäft greift er selten ein – es sei denn, er ist Herausgeber einer Lokalzeitung, wohnt am Ort und ist über persönliche Bekanntschaften mit der heimischen Szene verbandelt. Der Autor hat auch einen Fall erlebt, in dem der Herausgeber zugleich als Chefredakteur fungierte. Das war manchmal ein Ärgernis, wenn die Redaktion in der Konkurrenzzeitung exklusive Geschichten lesen musste, die ihr eigener Herausgeber und Chefredakteur vorher hatte, aber nichts dazu sagte, weil es um persönliche Freunde ging. Es gab auch einen Fall, in dem der Herausgeber in einem kleinen Büro unterm Dach des Zeitungsgebäudes als Korrektor diente, sonst für die Redaktion aber eher jenseits von Gut und Böse war und eher belächelt wurde. Vermutlich hatte er sich durch das Korrektorat noch ein Zubrot gesichert. Der Begriff des Herausgebers ist allerdings nicht trennscharf. Bei der FAZ etwa übernehmen die fünf Herausgeber auch Rollen einer Chefredaktion.

- Der Verleger ist der Chef des Verlages, in dem die Zeitung neben anderen Publikationen erscheint. Er hat als Unternehmer die finanziell gesunde Ertragslage zu verantworten und ist daher oft für die Redaktionen eine Art böser Dämon, namentlich in Zeiten von finanziellen Krisen des Blattes. Redaktionskreise misstrauen dem Verleger sowieso, weil der normalerweise nicht Journalist, sondern Kaufmann ist, der vor allem schwarze Zahlen unter der Jahresbilanz liebt.
- Der Chefredakteur verantwortet die redaktionelle Gestaltung der Zeitung. Er setzt die organisatorischen und inhaltlichen Linien, entscheidet zum Beispiel, welches Thema die Redaktion kommentiert, und gibt sein Plazet, wenn bestimmte Themen im Rahmen von Sonderseiten größer „gefahren" werden sollen. Gibt es keinen Chef vom Dienst (CvD, der das aktuelle Geschehen an diesem Tag koordiniert), leitet der Chefredakteur die tägliche Redaktionskonferenz. Sie beginnt meist mit einer Kritik der aktuellen Ausgabe, dann melden die diversen Ressorts, wie viel Platz sie für ihren Zeitungsteil brauchen. Innerhalb von kleinen Lokalredaktionen übernimmt der „Redaktionsleiter" oder „Leiter der Lokalredaktion" die Aufgabe des Chefredakteurs. Die Redaktionskonferenz auf dieser Ebene ist weniger stringent organisiert und läuft oft mehr per Zuruf über die Schreibtische hinweg. Der Lokalchef oder der Chefredakteur sind Ansprechpartner des Rathauses, wenn es Probleme mit der Berichterstattung einer Zeitung geht. Glaubt zum Beispiel ein Bürgermeister, eine Zeitung schneidet ihn, müsste er das zuerst mit dem Lokalchef und dann, wenn er mit ihm nicht weiterkommt, mit dem Chefredakteur klären. Will er in der Zeitung eine Sonderbeilage zur Eröffnung des neuen Bürgerhauses anregen, sind ebenfalls der Lokalchef oder der Chefredakteur die Ansprechpartner. Wird hingegen die Zeitung nicht zuverlässig ins Rathaus geliefert, wendet er sich besser an den Vertriebsleiter.
- Der Ressortleiter ist der journalistische Chef der unterschiedlichen Bereiche wie Politik, Sport und Kultur. Der Lokalchef ist quasi der Ressortleiter für seinen eigenen Zeitungsteil. Die Ressortleiter haben Führungsfunktion in ihren Ressorts, kämpfen in den Redaktionskonferenzen um Seiten oder um Reputation. Im Koordinatensystem journalistischer Vorurteile haben die jeweiligen Ressorts ihre unterschiedlichen Images. Das reicht von der Politikredaktion, die sich angeblich auf schampusgesättigten Empfängen mit Ministern ein

Stelldichein gibt und die lokalen Probleme nicht kennt, über die tendenziell politisch liberalen Wirtschaftler zu den eher linkslastigen vergeistigten Feuilletonisten-Softies, die selten Krawatten tragen, und den Sportredakteuren, bei denen ein formloser, bodenständiger Umgang herrscht, bis zu den Arbeitstieren im Lokalen, die sich Abend für Abend bei Kaninchenzüchtern und Feuerwehrversammlungen um die Ohren schlagen.

- Der Redakteur ist der schreibende, redigierende, gewichtende, kommentierende Mitarbeiter. De facto wird diese Arbeit aus Kostengründen (Redakteure erhalten mehr Geld) auch von freien Mitarbeitern oder so genannten Pauschalisten übernommen, die als Quasi-Redakteure in der Redaktion sitzen und die gleiche Arbeit für weniger Geld machen. Redakteure sind, arbeitsrechtlich gesehen, die Crème de la crème unterhalb der Leitungsebene. Der Redakteursvertrag ist eine Art sakrales Dokument, vor dem sich ein Nicht-Redakteursvertragbesitzer in Ehrfurcht verneigt. Allerdings ist Redakteur, genauso wie Journalist, keine geschützte Berufsbezeichnung. Dem Wortsinn nach ist der Redakteur eigentlich der Planende, Redigierende, der die Reporter und Korrespondenten auf Themen draußen ansetzt und dann ihre Beiträge in veröffentlichungstaugliche Form bringt. Im Alltag allerdings haben sich die Rollen angenähert, und so wird beim Kaninchenzuchtverein auch mancher Redakteur die Fahne der Zeitung hochhalten; er wird auch am nächsten Tag seinen Text selbst redigieren und auf der Seite als Dreispalter mit (selbst geschossenen) Bild platzieren. Oder manch einer wird für einen Redakteur gehalten und ist doch vom Status her nur Pauschalist mit fixem Salär oder schlichtweg ein besonders aktiver freier Mitarbeiter, der nach Zeilen honoriert wird.
- Der Fotograf wird landauf, landab auf Termine geschickt und steigt selten tiefer ins Thema ein. Die Fotografen, oft dem Status nach freie Ein-Mann-Fotoagenturen, werden meist nach veröffentlichten Bildern bezahlt. Folglich erhalten sie das gleiche Geld, ob sie nun punktgenau zum Handwerkerspruch beim Richtfest kommen und danach sofort wieder abziehen oder ob sie bei der Hauptversammlung der Feuerwehr zwei Stunden lang ausharren müssen, bis der neue Wehrführer endlich gewählt ist und der Fotograf ihn ablichten kann. Allerdings arbeitet bei vielen Lokalzeitungen nicht ein ausgewiesener Fotograf der Zeitung zu, sondern der Redakteur oder der Freie schießt die Bilder selbst – eine Personalunion, die viele Schreiber größerer Blätter als pure Zumutung empfinden würden. Die Verschmelzung von Texter und Bildberichterstatter greift auch im

Rundfunk um sich. Das Fernsehen setzt immer mehr Video-Journalisten (VJs) ein: Mit einer kleinen Kamera bewaffnet, recherchieren und drehen sie und fungieren auch noch als ihre eigenen Tontechniker. Ein Landessender gab das einmal als Vorteil aus: der VJ sei flexibel und ganz nah dran am Geschehen. In der Tat schreckt ein solches Ein-Mann-Team beispielsweise beim Dreh in heiklen sozialen Milieus Menschen weniger ab als ein Trio mit großem Gerät. Allerdings geht eine solche Personalunion zu Lasten der Qualität, und der Sender hatte VJs schlichtweg eingeführt, weil ein solcher Allrounder Personalkosten spart.
- Die Redaktionen sind ansonsten mit Freien besetzt und mit Volontären, den Azubis der Medienbranche. Der Weg in den Journalismus führt in der Regel über ein zweijähriges Volontariat. Hat der Bewerber bereits ein Studium abgeschlossen, kann es verkürzt werden. Das Volontariat ist eine Mischung aus Theorie und „Learning by doing" mit Durchlauf durch diverse Ressorts. Ein weiterer Weg zum Job sind Journalistenschulen, die teils zu größeren Medienhäusern gehören oder mit ihnen kooperieren. Seltener ist der Weg in den Beruf über publizistische Studiengänge an diversen Hochschulen, die mehr theoretischen Charakter haben.
- Zum personellen Portfolio einer Zeitung gehören noch Vertreter anderer Bereiche, etwa der Vertriebsleiter, der für das korrekte Austragen der Zeitung verantwortlich ist, oder die Anzeigenvertreter, die sich bisweilen auch an Behörden wenden, um Inserate zu akquirieren oder Beilagen vorzubereiten. Vornehmlich in kleineren Redaktionen sind sie bei Kollegen weniger beliebt – namentlich, wenn sie sanfte Hinweise geben, man solle über diese und jene Festivität berichten, weil der Besitzer des Restaurants oder Veranstaltungsortes zuverlässig Anzeigen schalte. Viele Anzeigenvertreter fühlen sich nur bedingt ein in die Redaktion, die ihre journalistische Unabhängigkeit wahren will und gerne den Nachrichtenwert statt den Anzeigenertrag einer Geschichte zum Maßstab ihres Interesses macht. Manche Redaktionen allerdings haben angesichts Existenz bedrohender Zeitungskrisen die Waffen vor den fiskalischen Argumenten der Anzeigenvertreter gestreckt und geben dafür ein Stück journalistischer Souveränität auf.

1.4.3.2 Der Tagesablauf

Die alltägliche Arbeit der allermeisten Journalisten hat nichts mit Bob Woodward und Carl Bernstein zu tun, die sich bei der Aufdeckung des

„Watergate"-Skandals 1972/74 in einer Tiefgarage von dem Informanten „Deep Throat" auf die richtige Fährte setzen ließen, auch nichts mit Morddrohungen oder wilden Verfolgungsjagden, weil ein Journalist ein heißes Eisen angepackt und sich mit sämtlichen Geheimdiensten angelegt hat. Eher mit einer Flut von Pressemitteilungen, Anrufen, vorgesetzten Terminen von Partikularinteressenten und der dumpfen Erkenntnis, dass mit alledem nicht der renommierte „Wächterpreis der Tagespresse" zu holen ist. Hinzu kommen Leser, die mit Anrufen nerven, besonders die ewigen Nörgler, die Skandalwitterer, die Verschwörungstheoretiker, die Wichtigtuer, die Paranoiden. Manchmal wechselt da der Journalist zwischen Beichtvater und Briefkasten-Oma. Eine dem Autor bekannte Redaktion titulierte nervende Leser als „Pflegefälle" und nummerierte sie von P-1 (dem ersten Anrufer morgens) aufsteigend im Tagesverlauf durch: P2, P3, P4 …

Von rund um die Uhr arbeitenden Nachrichtenagenturen und Nachrichtensendern abgesehen, gehören Journalisten tendenziell nicht zu den Frühaufstehern. Der ein oder andere, seit halb sieben im Dienst sitzende Verwaltungsmitarbeiter rümpft leicht die Nase, wenn manche Journalisten erst vier Stunden später das erste Mal ihre Kaffeemaschinen anwerfen. Doch wenn der Verwaltungsmitarbeiter am späten Nachmittag oder frühen Abend im Kreise der Seinen den Feierabend genießt, hängt der Journalist vielleicht mitten im hektischen Redaktionsschluss oder muss nach einer hastig verschlungenen Pizza weiter zu den Feierabendpolitikern des Kommunalparlaments eilen, die sich bis Ultimo über dem Haushalt die Köpfe heiß reden.

Der Tag in der Redaktion einer Zeitung beginnt mit dem Studium des eigenen Blattes und der Konkurrenz. Die Journalisten ärgern sich wahlweise über die eigenen Druckfehler oder über die Geschichten, die der Mitbewerber exklusiv hat. Dann sortieren sie, was vom Vortag liegen blieb oder was neu hereinkam. Je nach Größe der Redaktion findet dann im Laufe des Vormittags oder Mittags die mehr oder weniger streng formalisierte Redaktionskonferenz statt. Dabei legen die Journalisten, nach Meldungen aus der Anzeigenabteilung und dem eigenen Platzbedarf, die Seitenzahl für jedes Ressort und den Lokalteil fest.

Um den Mittag herum zeichnet sich der Umfang der einzelnen Teile ab, die Pflöcke für den Tag sind eingerammt. Anhand dieses Rasters planen die Redakteure die Seiten. Auf wichtige Nachrichten wie den Rücktritt eines Bürgermeisters kann die Redaktion aber auch noch am Abend reagieren und notfalls „die Seite umschmeißen", also komplett umgestalten. Für geplante Ereignisse wie entscheidende Abstimmungen im Stadtparlament oder Kommunalwahlen halten die Zeitungen auch Platz frei, den die Redaktion dann am Abend aktuell füllt.

Konsequenz für das Rathaus: die aktuellen, presserelevanten Nachrichten sollten am Nachmittag spätestens gegen 16 Uhr in den Redaktionen sein, wenn sie am nächsten Tag noch ins Blatt kommen sollen. Die genauen Zeiten des Redaktionsschlusses variieren von Zeitung zu Zeitung; manche haben auch einen Spätdienst eingerichtet, der vielleicht sogar bis 22 Uhr noch Aktuelles einbauen kann. Wie das jeweils geregelt ist, lässt sich in den jeweiligen Redaktionen abfragen.

Wie die Zeitung am Ende aussieht, liegt mancherorts aber nicht in der Macht des Redakteurs. Bisweilen gibt die Zentrale Layouts vor, machen ganz andere Kollegen die Überschrift, die den Text allenfalls überflogen haben. Das führt manchmal zu ärgerlichen Fehlern, die auch den Journalisten am Ort peinlich sind.

1.4.3.3 Die Saure-Gurken-Zeit

Redaktionen haben darüber hinaus immer wieder mit einem saisonalen Problem zu kämpfen: der berühmt-berüchtigten Saure-Gurken-Zeit. Solche nachrichtenarmen Tage und Wochen sind zum Beispiel die Parlamentspausen in den Sommerferien (auch „Sommerloch“ genannt), die Osterzeit oder die Zeit zwischen den Jahren, wenn das politische Leben quasi komplett zum Erliegen kommt. Hätte die Redaktion jetzt Heerscharen von Mitarbeitern, die ausschwärmen und irgendwo „Geschichten ausgraben“ könnten, wären diese Lücken leichter zu füllen. Oft aber ist das Gegenteil der Fall: Storys aufzutun und auszurecherchieren, kostet Zeit, und wenn der Redakteur als Einzelkämpfer täglich eine Seite zu füllen hat oder in den Rundfunksendern mit mehreren Themen diverser Formate und Sendungen bestücken muss, wird es zeitlich ziemlich eng.

Gerade in der Saure-Gurken-Zeit sind Journalisten dankbar für Themen, die Rathäuser ihnen kommod auf dem Silbertablett servieren, also nahezu umfassend aufbereitet. Oder die so überschaubar daherkommen, dass eine Redaktion sie mit wenig Rechercheaufwand spektakulär auswalzen kann. So schaffen es mangels Themen und Ressourcen dann Kuriositäten wie die Fahndung nach dem Kaiman „Sammy“, sich Tage oder Wochen auf Top-Plätzen in Medien auch jenseits des Boulevards zu halten: Jenes Reptil tauchte 1994 in einem nordrhein-westfälischen Baggersee ab und gilt in der erfahrenen Medienbranche als Inbegriff der

Sommerloch-Geschichte. Die Saure-Gurken-Zeit ist eine Saison, in der es das Rathaus leichter als sonst hat, etwas in den Medien unterzubringen. Bunte Themen, so genannte „Soft News", laufen besonders gut, aber auch sonstige zeitlose und längerfristig zu planende Geschichten. Es ist die Zeit, die sich zum Beispiel für einen Zwischenstand des Programms zur städtischen Kulturförderung eignet oder im Sommer auch für eine Geschichte mit einem Blick hinter die Kulissen des Schwimmbadbetriebs. Allerdings sollte das Rathaus in dieser Zeit keine bürgernahen Themen von überragender Wichtigkeit lancieren, weil viele der potenziellen Leser, Zuhörer und Zuschauer in den Urlaub gefahren sind und die Informationen nicht mitbekommen.

1.4.4 Wie Journalisten schreiben: Textformen und Sprache

Nicht nur die personelle Struktur und die Arbeitsweise der Redaktionen sollte der Öffentlichkeitsarbeiter kennen. Sondern er muss sich auch mit den journalistischen Darstellungsformen vertraut machen. Dann weiß er eher, welche Informationen oder Kontakte ein Journalist braucht, wenn er einen Bericht schreiben will oder was er benötigt, wenn er eine Reportage plant. Für einen Bericht reichen zum Beispiel Gespräche mit Verantwortlichen und Experten, für die Reportage ist es zwingend nötig, Mitarbeiter der Behörde bei der Arbeit zu beobachten und Betroffene als Ansprechpartner zu haben. Soweit dies freilich in der Macht der Behörde steht. Das Sozialamt gibt zwar auf Nachfrage von Medien keine Kontaktdaten von Sozialhilfeempfängern preis, aber es kann unter seinen Klienten herumfragen, ob jemand bereit ist, sich vor einem Journalisten zu äußern, und dann die beiden zusammenbringen.

1.4.4.1 Die journalistischen Darstellungsformen

Die diversen journalistischen Schulen und Buchautoren benennen die Darstellungsformen unterschiedlich. Grundsätzlich verläuft die Trennlinie in der Tradition des angelsächsischen Journalismus zwischen Nachricht und Meinung. Für uns ist hier nur entscheidend, die wichtigsten Formen zu kennen und sie in ihrem Zweck und Stil einordnen zu können.

Grob unterschieden wird zwischen:

- Nachrichtendarstellungsformen/informierende Textsorten. Das sind die „harten Nachrichten", die „Hard News", in einer knapp zusammenfassenden Meldung. Klassisches Beispiel: die kurze Notiz aus dem Polizeibericht zum Unfall mit Fahrerflucht und 2000 Euro Schaden auf dem Supermarktgelände. Oder aber der längere, detaillierte Bericht, etwa der Rapport aus der jüngsten Sitzung des Stadtparlaments, der Abstimmungen und Positionen der Fraktionen zusammenfasst. Im Rundfunk ist die klassische Meldung eine Mitteilung in den Nachrichtensendungen. Berichte sind hier zum Beispiel zusammenfassende Stücke von Parteitagen mit hinein geschnittenen O-Tönen von Hauptrednern und einem abschließenden Minikommentar des Berichterstatters in zwei oder drei Sätzen.

– Meinungsbetonte Darstellungsformen/persuasive (überzeugende) Textsorten. Das sind zum Beispiel Kommentar und Glosse, Leitartikel und Lokalspitze. Der Kommentar bezieht sich auf andere Meldungen und Berichte, die Fakten und Trends mitteilen, und bewertet die Inhalte. Er kann neben dem Ausgangsartikel stehen oder auch in Seiten oder Blöcken zusammengefasst sein, wie auf Seite 1 der FAZ. Glossen sind kurze, stark zugespitzte Kommentare, die mit Mitteln wie Ironie, Spott, Zynismus oder satirischer Übertreibung arbeiten. Ein Beispiel für eine Glosse ist das tägliche „Streiflicht“ auf Seite 1 der Süddeutschen Zeitung. Leitartikel sind längere Meinungsäußerungen, die sich oft jenseits der Tagesaktualität mit zeitgenössischen Trends in Politik, Gesellschaft, Wirtschaft oder Kultur befassen. Sie markieren als eine Art Aushängeschild die grundsätzliche Haltung der Zeitung. Sie sind herausgehoben platziert und aufgemacht, die inhaltlichen Grenzen zu den anderen Kommentarsorten sind allerdings fließend. Die Lokalspitze kommentiert knapp und unterhaltend kommunale Themen, oft auf der ersten Seite des Lokalteils. Sie beleuchtet nicht nur politische Entscheidungen, sondern hält auch skurrile Versprecher in Parlamentssitzungen fest, eine widersprüchliche Verkehrsbeschilderung, ein schräges Kundenerlebnis vom jüngsten Markttag oder technische Probleme bei den Fahrscheinautomaten am Bahnhof. Bisweilen tritt die Lokalspitze auch im Gewand einer historischen oder fiktiven Figur mit Lokalkolorit auf. Zu den meinungsbetonten Darstellungsformen (nach anderer Lesarten auch zu den unterhaltenden, s. u.) gehört ebenfalls das Interview. Dieses Frage-und-Antwort-Spiel dient manchmal nur der Recherche, etwa für ein Portrait oder einen Bericht, in den dann O-Töne aus der Begegnung einfließen. In erster Linie aber ist damit ein im Wortlaut gedrucktes oder gesendetes Gespräch gemeint. Diese Form bietet sich an, wenn das Thema äußerst kontrovers ist oder sehr ins Persönliche geht – in beiden Fällen sind, wenn es der Journalist richtig anpackt, viele pointierte Äußerungen zu erwarten, die im Wortlaut stärker wirken als in einer inhaltlichen Zusammenfassung. Bis zur druckreifen Form wird das Interview meist vom Journalisten bearbeitet (also auf Prägnanz hin gekürzt, übersichtlich strukturiert und grammatikalisch korrigiert) und vom Interviewten und/oder seiner Pressestelle autorisiert, also freigegeben. Es gibt Kurzversionen von Interviews, bei denen Journalisten auf die Schnelle drei, vier Fragen stellen oder hereinmailen, die dann das Rathaus in aller Kürze beantwortet. Das bedeutet weniger Mühe als ein längeres Interview, das die wesentlichen Inhalte eines mitunter einstündigen Gesprächs widergibt. Interviews laufen im Rundfunk als überschaubare Clips mit fünf, sechs Fragen, etwa in Nachrichtenjournalen, oder – weit seltener – als längere Strecken mit Gesprächscharakter, manchmal eine Sendung lang. Letztere Form ist aber eher im Fernsehen denn im Radio zu finden.

– Unterhaltungsdarstellungsformen/erzählende Textsorten. Hierzu zählt das Feature, ein mit locker-bunten Elementen angereicherter Bericht. Ein Text wird, beispielsweise mit Details zur ungewöhnlichen Krawatte des Bürgermeisters in der jüngsten Ratssitzung, zum Donnergrollen am Himmel bei der Eröffnung des neuen Bürgerhauses oder bei eingestreuten Details der Speisekarte beim Fest des Städtepartnerschaftsvereins „angefietschert". Der Autor springt hin und her zwischen mitteilenden, analysierenden, illustrierenden und dramatisierenden Elementen. Anders als in den meinungsbetonten Darstellungsformen kommentiert der Autor nicht durch seine wörtliche Aussage, er kommentiert durch seinen Stil. Beispiele dafür sind Texte über die Auswirkungen von Bundesgesetzen und gesamtgesellschaftlichen Trends in der lokalen Realität. Ein Berichterstatter illustriert oder konterkariert beispielsweise gesamtdeutsche Zahlen oder sozialpolitische Grundsatzthesen aus Berlin, indem er in seinem Beitrag den Sozialamtsleiter, einen Sachbearbeiter oder betroffene Hilfeempfänger zu Wort kommen lässt. Viele Magazingeschichten, etwa in „Spiegel" und „Focus", sind so gestrickt – ein lockerer Mix aus Szenen, Zitaten und eingestreuten Zahlen und anderen Fakten, angereichert mit Details, die Authentizität vermitteln sollen (Seriennummer einer Tatwaffe, Farbe der Wände in einem Sachbearbeiterbüro, PS-Zahl eines Dienstwagens). Radio und Fernsehen liefern nach dem gleichen Grundprinzip ebenfalls Features, wobei hier O-Töne die Rolle der wörtlichen Zitate in den Printmedien übernehmen. Wie das Feature beleuchtet auch die Reportage grundsätzliche Probleme oder Phänomene, setzt dabei aber noch stärker auf dramaturgische Gestaltung, farbige Details und unmittelbares Miterleben. Der Journalist fokussiert das Thema gerne in einer Person, setzt es gewissermaßen in Fleisch und Blut um. In ein Feature baut er einen Sozialhilfeempfänger vielleicht nur als einen Zitatgeber von mehreren ein, in der Reportage hingegen folgt er ihm von früh bis spät zwischen Zwei-Zimmer-Wohnung, Sozialamt, Schwimmbad und Studium der Kleinanzeigen im Stellenteil der Zeitung. Reportagen gelten als die Königsdisziplin der schreibenden Zunft[28], sie sind bisweilen an der Grenze zur Literatur angesiedelt, wie Journalisten à la Hemingway, aber auch die legendäre Seite 3 der Süddeutschen Zeitung zeigen. Gelungene Reportagen im klassischen Sinn sind allerdings intensiv vorbereitet, und dafür investiert der Reporter erhebliche Zeit. Da für beides im Stress einer Lokalredaktion in der Regel wenig Raum ist, gerät das, was die Journalisten dort Reportage nennen, oft nur zu einer bunten Geschichte, einer oberflächlichen Momentaufnahme, die eher einem Feature ähnelt. Klassische Reportagen im Rundfunk bieten zum Beispiel 24-Stunden-Formate, die Polizisten auf dem Oktoberfest begleiten, Feuerwehrleute in der Silvesternacht, chinesische Touristen auf Deutschlandreise, Ärzte in der Notaufnahme, einen Bahnhofsseelsorger in der Beratungsstelle an Gleis 1, die Fremdenlegion beim Training in Französisch-Guayana oder Gerichtsvollzieher beim Hausbesuch. Das Portrait schließlich erzählt keine Geschichte, sondern beschreibt einen Menschen. Es kann Elemente des Features oder der Reportage verarbeiten, aber auch sehr nüchtern den Werdegang, die Expertise, die Bedeutung einer Person schildern. Im Lokalen sind Portraits oft zu lesen, wenn die Zeitung Bürgermeisterkandidaten vorstellt, neue Pfarrer oder Bundesverdienstkreuz-Träger.

1.4.4.2 Nachrichten als Vorbild für Pressemitteilungen

Professionelle Pressemitteilungen orientieren sich an sachlich geprägten Nachrichtendarstellungsformen. Ihr Ziel aber ist persuasiv, sie wollen überzeugen. Verbreitet das Rathaus eine Meldung über die positive Haushaltsentwicklung mit nüchternen Zahlen, rückt es damit aber doch die Stadtpolitik in ein günstiges Licht. Eine Pressemitteilung ordnet die Nachricht zum Beispiel in Selbstzitaten ein: „Als einen ‚Beleg für eine solide Finanzpolitik‘ wertet der Bürgermeister die Entwicklung der Haushaltszahlen“. Mit diesem Kniff können auch nachrichtlich daher-

28 Wer sich in diese Königsdisziplin vertiefend einlesen will, kann sich bei *Haller* orientieren.

kommende Texte werten und werben. Der Journalist kann sie auch unredigiert abdrucken; er behauptet ja nicht selbst, das Rathaus habe solide gewirtschaftet, sondern zitiert lediglich den Bürgermeister. Bewertet der Journalist den Etat ganz anders, kann er dazu einen Kommentar schreiben und so klar Nachricht und eigene Meinung trennen.

Vor meinungsbetonten und unterhaltenden Darstellungsformen sollte sich die Pressestelle hüten, wenn sie Mitteilungen verfasst. Redaktionen lassen sich nicht gerne Stil und Meinung vorgeben. Statt ihnen einen Kommentar, ein Feature oder gar eine Reportage zu schreiben, liefert das Rathaus besser das informative Rohmaterial, aus dem die Redaktion dann nach eigenem Gutdünken den Text übernimmt oder als eine bestimmte Textsorte gestaltet. Auch wenn der Pressestelle ein gutes Feature oder eine gute Reportage gelingen sollte, wollen das die Redaktionen kaum übernehmen. Diese Textsorten sind sehr individuell. Drucken auch andere Zeitungen die schein-individuelle Mitteilung aus dem Rathaus, ist die journalistische Originalität des einzelnen Blattes dahin. Bei der weniger kreativen, nüchternen Nachrichtensprache ist das anders; ein solcher Text erhebt überhaupt nicht den Anspruch, originell zu sein.

Befassen wir uns daher ein wenig mit Prinzipien, Aufbau und Stil einer klassischen Nachricht[29] im Journalismus. Wir halten uns hier an die Texte der Nachrichtenagenturen, die eher als die meisten Zeitungen die Nachrichten in der klassischen Reinform bringen. Daher sollte sich eine gute Pressemitteilung an Struktur und Sprache der Agenturnachrichten von dpa, Reuters und anderen orientieren. Genau genommen sind es die Strukturen bei den „Hard News“. So genannte „Soft News“, die bunten Meldungen, können freier gestaltet sein.

Im Aufbau folgt der Text bei den „Hard News“ dem Prinzip der Nachrichtenpyramide oder dem Nachrichtendreieck. Es gilt der Grundsatz: Das Wichtigste zuoberst und zuerst, dann darunter das Zweitwichtigste, dann das Drittwichtigste und so weiter. Das Wichtigste kommt in den ersten Satz oder, wenn es eine längere Meldung oder ein Bericht ist, in den ersten Absatz, den so genannten Lead (Vorspann). In den nächsten Absätzen folgen in abnehmender Wichtigkeit detailliertere Informationen zu den Teilaspekten. Es ist der so genannte Body (Nachrichtenkörper). Die Absätze sind mit zwei bis drei Sätzen ziemlich kurz gehalten und sprechen jeweils nur ein geschlossenes Unterthema an.

---

29 Wer intensiver in das Thema einsteigen will, dem hilft das Lehrbuch von *Weischenberg*.

In drei bis vier Sätzen beantwortet der Lead die entscheidenden Fragen:

- Wer? (Wer hat etwas gemacht?)
- Was? (Was ist passiert?)
- Wann? (Wann ist es passiert?)
- Wo? (Wo ist es passiert?)
- Wie? (Wie ist es passiert?)
- Warum? (Warum ist es passiert?)
- Welche Quelle? (Woher stammt die Information?)
- Hinzu kommt unter Umständen das analytische W: Was folgt daraus?

Der erste Absatz beantwortet zumindest die wichtigsten Ws. Die Quelle wird möglichst weit vorne benannt, am besten im zweiten Satz („Ein neues Bürgerhaus sollen die Einwohner von X-Stadt erhalten. Wie Bürgermeister XY weiter mitteilt, ...“). Das je nach Nachricht wichtigste W steht am Anfang.

Wie unterschiedliche Einstiege in den Text den Akzent verschieben, sehen wir am Beispiel Bürgerzentrum:

- „Der Schlagersänger Roland Kaiser wird zur Eröffnung des Bürgerhauses singen“ (Wer = Der Prominente ist die große Überraschung)
- „Ein neues Bürgerhaus wird in X-Stadt gebaut“ (Was = Dass es überhaupt ein Bürgerhaus geben wird, ist die entscheidende Nachricht)
- „Noch vor Weihnachten soll das geplante Bürgerhaus von X-Stadt eröffnet werden.“ (Wann = Wenn wegen Verzögerungen am Bau unklar war, ob das Haus noch im alten Jahr fertig wird)
- „Das neue Bürgerhaus wird in der Hauptstraße gebaut.“ (Wo = Wenn vorher drei mögliche Standorte heiß diskutiert wurden)
- „Das neue Bürgerhaus soll in Passivhausbauweise errichtet werden.“ (Wie = Wenn diskutiert wurde, inwieweit der neue Bau energiepolitische Zeichen setzen kann)
- „Wegen eines Konkurses der Baufirma wird das neue Bürgerhaus vermutlich im alten Jahr nicht mehr fertig.“ (Warum = Wenn über die Gründe für einen Baustopp spekuliert wurde)
- „Nach Angaben des Bürgermeisters wird das neue Bürgerhaus noch im alten Jahr fertig“ (Welche Quelle = Wenn zum Beispiel die Opposition öffentlich gemutmaßt hatte, der Bau verzögere sich ins kommende Jahr)
- „Wegen des neuen Bürgerhauses sollen in den kommenden Jahren verschiedene öffentliche Großprojekte von Z-Stadt zurückgestellt werden.“ (Das analytische W, die Konsequenz steht im Mittelpunkt)

Aus der Leserforschung wissen wir, wie wichtig der Lead ist. Vor allem der erste Satz hat eine Lasso-Funktion, es fängt die Leser ein. Die Hälfte von ihnen steigt erfahrungsgemäß nach dem ersten Satz aus.

Bieten die einzelnen Informationen des Gesamttextes kein schlüssiges Bild, ordnet sie der erste Satz zusammenfassend ein. Dieser „Summary Lead" darf aber nicht mit Informationen überladen werden, als Schmerzgrenze gilt je nach journalistischer Schule eine Länge von ungefähr 15 bis 25 Wörtern. – Also etwa maximal die Länge dieses vorangegangenen Satzes.

Ein „Summary Lead" zum Bürgerhaus könnte so aussehen:

> *„Die Arbeiten am neuen Bürgerhaus gehen offenbar weiter voran. Wie Bürgermeister XY mitteilt, wird das Gebäude noch 2024 eröffnet, obwohl eine Baufirma Konkurs angemeldet habe und Kritiker im Stadtrat eine Verzögerung für wahrscheinlich gehalten hatten. Die Bewohner hätten zwar mit mehr Verkehr zu rechnen, aber mit der Passivhaus-Bauweise werde das Gebäude* „energetische Zeichen setzen". *Auch sei es richtig gewesen, den Bau in der Hauptstraße zu errichten. Nach wie vor sei der Schlagersänger Roland Kaiser für die Eröffnungsfeier vorgesehen."*

Die folgenden Absätze erläutern die Aspekte aus den einzelnen Sätzen in genau dieser Reihenfolge. Der Lead gibt quasi den Fahrplan für den Rest des Textes vor.

Der nachrichtliche Aufbau folgt also anderen Gesetzen als Ausschussvorlagen oder Protokolle im Gutachten-Stil. Der Gutachten-Stil ist strukturiert nach dem Prinzip „Einerseits – andererseits – Entscheidung". Der nachrichtliche Text hingegen ist organisiert in der Struktur „Entscheidung – einerseits – andererseits". Auch die im klassischen Schulaufsatz gelehrte Struktur „Einleitung – Hauptteil – Schluss" hat mit dem nachrichtlichen Text nichts gemein. Die Struktur verlangt dem Schreiber ein anderes Denken ab. Beim klassischen Krimi kommt in der Regel am Schluss heraus, wer der Mörder war; in der nachrichtlichen Meldung wird der Mörder gleich am Anfang enttarnt.

Dieser Aufbau hat verschiedene Ursachen und Hintergründe. In der Zeit der Telegrafenmasten im Wilden Westen musste die Hauptbotschaft über den Draht laufen, bevor Sandstürme oder missgünstige Indianer die Kabel kappten. Im immer schnelllebigeren 20. Jahrhundert traten die Vorteile in den Redaktionen offen zutage: Ein Redakteur unter dem Zeitdruck moderner Massenmedien kann einen professionell strukturierten Text notfalls auch ungelesen von hinten kürzen, bis er auf die Zeitungsseite passt. Die griffige Überschrift inklusive Unterzeile bildet er schnell aus dem ersten Absatz oder den mitgelieferten Überschriftenvorschlägen der Nachrichtenagentur.

Klassische Nachrichten sind oft kürzer, als es die Betroffenen für angemessen halten. Viele Politiker freuen sich, wenn Medien ihre Äußerungen in ausführlichen Spalten unters Volk bringen. In Wahrheit aber beachten Leser eher die kurzen Artikel statt die langen Betrachtungen. Die „Bild"-Zeitung hat nicht nur Erfolg wegen ihres Mixes aus Prominenz, Sex, Crime und lebensnahen Themen, sondern auch wegen ihrer kleinen Textpakete. Deshalb sollte sich ein Stadtoberhaupt nicht grämen, wenn seine umfangreichen Auslassungen zu diesem und jenem Thema nur in einer 20-Zeilen-Meldung resultiert. Sie wird vermutlich häufiger gelesen als die eng bedruckte Sonderseite mit der gesamten Rede des Rathauschefs im Wortlaut. Wer darüber den Kopf schüttelt, sollte sich ehrlich fragen: Wie viele Weihnachts- und Neujahrsansprachen von Kanzlern und Präsidenten, in überregionalen Blättern gern im vollen Wortlaut dokumentiert, hat er selbst von vorne bis hinten gelesen? Wahrscheinlich geht es ihm wie dem durchschnittlichen Zeitungsleser, der spätestens nach 100 Zeilen aussteigt.

Neben dem Aufbau pflegen die Autoren nachrichtlicher Texte auch eine besondere Sprache.

- Das Tempus: Die Einstiegszeit bei Meldungen, die sich auf Vergangenes beziehen, ist in der Regel das Perfekt, danach geht die Geschichte im Imperfekt weiter: „Als einen ‚erstklassigen Mittelpunkt für Z-Stadt' hat Bürgermeister XY das neue Bürgerzentrum bezeichnet. Nach einem Eröffnungslied des Schlagersängers Roland Kaiser zerschnitt er das blaue Band vor dem Haupteingang und eröffnete damit offiziell das neue Gebäude." Weiter in die Vergangenheit verweisende Hintergründe schiebt der Autor dann im Plusquamperfekt nach: „Bis zuletzt war wegen des Konkurses einer Baufirma unklar gewesen, ob das Zentrum rechtzeitig eröffnet würde." Nachrichten, die auf die Zukunft verweisen, stehen im Präsens („Das Bürgerhaus wird am 12. Dezember eröffnet."), zum Teil auch im Futur („Wie Bürgermeister XY mitteilt, wird Roland Kaiser zur Eröffnung singen").
- Der Modus: Zitiert wird wörtlich („Das Bürgerhaus wird ein erstklassiger Mittelpunkt für Z-Stadt', fasst Bürgermeister XY zusammen."), indirekt („Das Bürgerhaus werde ein erstklassiger Mittelpunkt für Z-Stadt sein, fasste Bürgermeister XY zusammen.") oder

kombiniert (Das Bürgerhaus werde „ein erstklassiger Mittelpunkt für Z-Stadt“ sein, fasst Bürgermeister XY zusammen.“). Das Zitat kann auch bei bestimmten Formen der Quellenangabe im Indikativ stehen: „Nach Mitteilung von Bürgermeister XY soll das Bürgerhaus zu einem erstklassigen Mittelpunkt für Z-Stadt werden.“ Oder: „Wie Bürgermeister XY ankündigt, wird das Bürgerhaus zu einem erstklassigen Mittelpunkt für Z-Stadt“.

2. Instrumente und Methoden: Die Medienarbeit

2.1 Der Weg zum Thema und zur Form

Man muss das mal aus Journalistensicht sehen: Da mailt jemand den Tätigkeitsbericht der lokalen Sozialstation herein, eine Einbruchsserien-Meldung der Polizei kommt, parallel ein Jahresbericht der Freiwilligen Feuerwehr, die Mitteilung einer Krankenkasse (ein bundesweites Standardschreiben, mit dem in einem Freiraum eingetragenen Namen des Chefs der örtlichen Filiale notdürftig auf Lokalbezug gebracht), ein Statement des heimischen Bundestagsabgeordneten zu jüngsten Steuergesetzentwürfen der Bundesregierung, dann die Ankündigung eines angeblich erstklassigen Streichquartetts, des weiteren die gefühlte 200. Pressemitteilung einer Bürgerinitiative zu einem Straßenbauprojekt, und da steht noch ein zur Ausreise aufgeforderter Georgier aus Süd-Ossetien mit seiner Lebensgeschichte und einer Aktenmappe mit Papieren vor dem Journalisten und klagt über Schikanen der Ausländerbehörde. Als Schmankerl muss der Redakteur dann noch den 250-Zeilen langen Vernissage-Bericht eines selbstbewussten, aber leider nicht in gleichem Maße professionellen freien Mitarbeiters auf 70 Zeilen und textliche Brillanz, mindestens Verständlichkeit, bringen. Und in diesem Wirrwarr soll die Medieninformation aus dem Rathaus noch Aufmerksamkeit erregen?

Wir sind „overnewsed, but underinformed", mit anderen Worten: verwirrt auf einem höheren Niveau. Gerade deshalb ist es wichtig, die griffigen Themen zu identifizieren, sie klar strukturiert und leicht verständlich einzuordnen. Das gilt gerade in der aktiven Medienarbeit – also in den Fällen, wenn der Bürgermeister selbst die Initiative ergreift und nicht erst reagiert, wenn die Redaktionen auf ihn zukommen.

2.1.1 Nachrichtenfaktoren und was sie der Medienarbeit bringen

Im Kapitel über die journalistischen Textsorten haben wir bereits die wichtigsten Nachrichtenfaktoren und Merkmale einer interessanten Information kennen gelernt: Ausmaß eines Ereignisses, seine Konsequenzen, Nähe, Prominenz, Aktualität und Human Interest.

Jetzt gilt es, für die Auswahl an Themen und deren Aufbereitung die richtigen Schlüsse zu ziehen:

- Ausmaß: Eine Nachricht, die bei näherem Hinsehen nur acht Mitglieder eines kommunalen Kulturbeirats interessiert, geht besser lediglich an den internen Verteiler. Plant der Beirat aber eine große Skulpturenschau, wie sie die Gemeinde noch nie gesehen hat, ist das eine Nachricht für alle.
- Konsequenzen: Wenn das Rathaus die Müllgebühren intern in einer anderen Haushaltsposition verrechnet als bisher, ist das weniger spannend. Anders sieht es aus, wenn die Gebühren erhöht oder gesenkt werden. Das geht in den Geldbeutel und interessiert alle. Wenn das Stadtoberhaupt ganz allgemein gegen Reformen des Sozialgesetzbuches in Berlin wettert (gerne auch, wenn die gegnerische Partei dort an der Macht ist), ist das zunächst keine spannende Nachricht; anders sieht es aus, wenn er darstellt, welche finanziellen Folgen für den städtischen Sozialhaushalt das hat und – noch prägnanter – welche kommunalen Förderangebote für Sozialhilfeempfänger dann vor dem Aus stehen.
- Nähe: Ein Ereignis kann alleine deshalb von Interesse sein, weil es am Ort geschieht – etwa wenn in Z-Stadt die nächste Landesgartenschau stattfindet. Jedes Thema muss der Texter auf seinen örtlichen Bezug abklopfen, „aufs Lokale herunter brechen“, wie Journalisten sagen. So können auch geographisch entrückte Vorgänge ganz nahe heran rücken. Die Nachrichten über die Lage beim Autokonzern General Motors in Detroit 2009/2010 wurden besonders im Raum Rüsselsheim mit hoher Aufmerksamkeit registriert, weil dort die GM-Tochter Opel sitzt und viele Arbeitsplätze auf dem Spiel standen. Auch der Bürgermeisterwechsel in einem südfranzösischen Provinzdorf kann für eine Gemeinde im Mecklenburgischen interessant sein, wenn sie mit der entlegenen Provence-Kommune verschwistert ist.
- Prominenz: Die Nachricht vom Ableben einer TV-bekannten Schauspielerin kann eine Lokalzeitung aufgreifen, wenn die Aktrice im örtlichen Gymnasium zur Schule ging.
- Aktualität: Schnell muss ein Rathaus handeln und eine Meldung versenden, wenn ein Thema zeitlich brennt, beispielsweise wenn viele Leute es mitbekommen haben. Die Mitteilung über ein neues Parkleitsystem muss sofort an die Medien gehen, weil Tausende Autofahrer das bemerkt haben und die Nachricht nach drei Tagen ein alter Hut ist. Aktualität kann aber auch heißen: Die Bürger sind offen für ein bestimmtes Thema, wie wir bereits am Beispiel der

Schweinegrippe und den Aufrufen zum richtigen Händewaschen gesehen haben. Ein Rathaus kann sich das zunutze machen. Reden wegen des Wintereinbruchs in ganz Deutschland gerade alle vom Schneechaos, kann die Verwaltung zum Beispiel eine Meldung über den effizient organisierten städtischen Räumdienst und vorsorgliche Planungen des Bauhofs an die Medien schicken – vorausgesetzt, das ist durch die Wirklichkeit gedeckt.

- Human Interest: Was den Menschen am meisten interessiert, ist der Mensch selbst. Eine Mitarbeiterin des Gesundheitsamtes, die in ihrer Freizeit ihr Wissen im Tschad anwendet und dort in Bürgerkriegswirren gerät. Ein Amtsleiter, der im Urlaub zum dritten Mal den Ärmelkanal durchschwimmt, um den bestehenden Rekord zu brechen. Aber auch: „Tiere gehen immer", wissen Journalisten. Ein Beispiel: Vor die Ausländerbehörde einer Kreisverwaltung verirrten sich drei Entenküken, die von der Pressestelle gleich nach den Donald-Duck-Figuren Tick, Trick und Track getauft wurden und deren Foto an die Medien ging. Abends pirschte gar ein Kameramann des Fernsehens durchs Unterholz hinter dem Landratsamt, um die berühmten Küken mit dem Objektiv einzufangen.

2.1.2 Wirklich wichtig? – Die erste Aufbereitung des Themas

Die Nachricht muss eine größere Zahl von Menschen bewegen. Der Bürgermeister muss sich also zunächst fragen, ob das, was er mitteilen will, wirklich bedeutsam ist. Und da beginnt schon das Problem: Bedeutsam für wen? Für den Fraktionsvorsitzenden der Opposition sind höhere Schulden gegenüber den prognostizierten Verbindlichkeiten bedeutsam, den regulären Biertrinker am Tresen der Dorfkneipe lässt das kalt. Ein neuer Kinderhort freut berufstätige junge Familien, interessiert den mit 47 immer noch unverheirateten und kinderlosen Programmierer nicht die Bohne. Ein neuer Radweg am anderen Ende der Stadt begeistert den passionierten Radler, der 87-jährige Altersheimbewohner, Pflegestufe II, ordnet das aber eher unter „ferner liefen" ein. Und die eigenen Parteifreunde drängen auf einen wortreichen Konter nach einem Zeitungskommentar zur jüngst missratenen Finanzausschusssitzung, deren Interna draußen keinen hinter dem Ofen hervorlocken. Die Beispiele ließen sich endlos fortsetzen, und sie zeigen: Wir haben es im Grunde nicht mit „der" Öffentlichkeit zu tun, sondern mit vielen Öffentlichkeiten – weshalb sich neben der Bezeichnung „Zielgruppen" oder „Bezugsgruppen" auch der Terminus „Teilöffentlichkeiten" in der Fachliteratur etabliert hat.

Entscheidend ist: Die möglichen Themen darf der Bürgermeister nicht primär auf die Frage hin abklopfen: „In welchem Bereich sehe ich am besten aus?". Vielmehr muss er sich fragen, wo die Dinge liegen, die konkret im Alltag wirken. Bei manchen ist das offensichtlich: der neue Radweg, der neue Kinderhort. Das ist konkret, das können die Bürger sehen, anfassen, nutzen. Bei den anderen Themen sieht das schon schwieriger aus. Nehmen wir den Haushalt: Kaum ein kommunales Thema ist zugleich so bedeutend für alle und so langweilig für die meisten. Wenn die Schulden wachsen, dann scheint das zunächst nur die Finanzpolitiker zu interessieren. Führen aber steigende Schulden in letzter Konsequenz dazu, dass die Stadt die Gebühren erhöht, dann fühlen sich viele schon eher vom Thema betroffen. Freilich wirken in der Öffentlichkeit nicht alle Themen. Manche Details aus dem Verfahrensweg zwischen Behörden sind derart diffizil, dass der Rathauschef sie besser getrost in den Akten schlummern lässt. Andere aber, wie unser Exempel mit den Schulden zeigt, muss er einfach nur noch ein wenig durchdringen, um herauszukitzeln, was bedeutsam ist. Es ist ein wenig wie bei Joseph Freiherr von Eichendorffs „Wünschelrute": „Schläft ein Lied in allen Dingen,/ die da träumen fort und fort,/ und die Welt hebt an zu singen,/ triffst du nur das Zauberwort."

Sind die relevanten Themen identifiziert, muss der Bürgermeister überlegen, wo er die Schwerpunkte setzt. Möglichst faktenreich soll das sein, was er weitergibt, sonst ist es Werbung. Er kann zwar auch ganz grundsätzliche politische Statements abgeben; aber er sollte sie mit Fakten anreichern, welche die Relevanz des Themas belegen. Wer höhere Landesmittel für die Kinderbetreuung fordert, sollte Zahlen mitliefern, wie viele Kinder in den diversen Tagesstätten der Stadt betreut werden und wie viele Plätze die Kommune in den kommenden Jahren benötigt.

2.1.3 Die Wahl der Mittel

Damit sind wir bei der „Wahl der Waffen" angekommen. Je nach Art der Information muss der Bürgermeister unterschiedliche Wege gehen, sie an den Mann zu bringen. Manche Pressekonferenz ist unnötig wie ein Kropf, weil die enthaltene Information auch problemlos in einer Pressemitteilung unterzubringen wäre. Einen Tag der offenen Tür kann man effizient mit einem Lauftext mit Höhepunkten, angehängtem detaillierten Ablaufplan und Fotos von Akteuren als Pressemitteilung ankündigen. Gezielte inoffizielle Tipps an Journalisten indes können angeraten sein, wenn zum Beispiel bestimmte Äußerungen nicht zur Parteiräson passen. Manchmal bringen Behördenvertreter dann auch Dinge an den Mann, die sie wegen eines schwebenden Verfahrens oder des Datenschutzes offiziell nicht sagen dürften, tun das aber, um den Journalisten in die richtige Richtung zu lenken und Falschinformationen von anderer Seite vorzubeugen.

Oft bieten sich für das gleiche Thema verschiedene Mittel an. Das Rathaus muss jeweils im Einzelfall entscheiden, welches von ihnen es wählt. Kommt die Idee eines Bürgerhauses ins Spiel, genügt als Erstmeldung eine Pressemitteilung. Liegen genauere Pläne vor, bietet sich eine Pressekonferenz an. Gerade die Entscheidung, ein Thema über eine Pressemitteilung oder eine Pressekonferenz zu vermitteln, muss das Rathaus sorgfältig abwägen. Allzu leicht sind Bürgermeister bei der Hand mit der Idee „Da machen wir jetzt sofort eine PK". In Wahrheit trägt das Thema nicht, oder der Schuss geht vielleicht sogar nach hinten los, wenn der Bürgermeister sich in der Pressekonferenz verhaspelt oder unsicher wirkt, weil er auf journalistische Nachfragen noch nicht mit Details herausrücken kann, da sie schlichtweg noch nicht feststehen.

2.2 Der Instrumentenkoffer der Medienarbeit

2.2.1 Tipps unter „1, 2, 3": Der Hinweis

Es gibt eine praktische Arbeitsgrundlage der Medien, auf die sich „Whistleblower" (also Einflüsterer und Gewährsleute aus internen Zirkeln) verlassen können: das Zeugnisverweigerungsrecht. Demnach müssen Journalisten grundsätzlich nicht preisgeben, von wem sie eine Nachricht haben. Der wohl berühmteste Fall war der geheimnisvolle Mann in der Tiefgarage, der einst die beiden Reporter der „Washington Post" auf die Fährte des „Watergate"-Skandals setzte. Jahrzehntelang wurde über den geheimnisvollen Journalistenflüsterer spekuliert, ehe sich kurz vor seinem Tod ein hoher FBI-Vertreter outete. Dem Zeugnisverweigerungsrecht sind zwar gewisse Grenzen gesetzt, wenn es etwa um bestimmte schwere Straftaten wie Mord geht; aber auch ein Bürgermeister oder Pressesprecher kann darauf bauen, dass er nicht als Quelle von Informationen genannt wird, wenn er das wünscht.

In der Journalistenszene der alten Bundeshauptstadt Bonn hatte sich im Gespräch mit Politikern die Abstufung „1, 2, 3" eingebürgert: „Ich sag's Ihnen unter 1" heißt: Der Korrespondent darf alles mit Quellenangabe schreiben oder senden. „Ich sag's Ihnen unter 2" bedeutet: Sie können das schreiben oder senden, aber nennen Sie mich bitte um Himmels willen nicht als Quelle. „Ich sag's Ihnen unter 3" schließlich kommt einer geheimen Verschlusssache gleich: Was ich Ihnen jetzt sage, ist nur für den Hinterkopf. Ich will das morgen nirgendwo lesen oder hören, erst recht nicht mit meinem Namen. Für die 1/2/3-Variante gibt es auch manchmal die Bezeichnung A-/B-/C-Information. Solche Hinweise kann ein Stadtoberhaupt unter vier Augen, aber auch in kleinen Journalistenrunden geben. Die Berichterstatter müssen aber unbedingt Vertraulichkeit wahren. Journalisten, die dieses Vertrauen missbrauchen, sind zwar juristisch nicht zu belangen. Aber wenn sie entgegen einer Vereinbarung etwas drucken oder senden, wird ihnen das Rathaus künftig vertrauliche Informationen verweigern.

Nun könnte jemand einwenden, es sei unredlich von Behörden, sich inoffiziell zu äußern. Sie seien zu Transparenz und Aufrichtigkeit verpflichtet. Es können allerdings aus höherer Not Indiskretionen erforderlich sein. Ein plausibles Beispiel sind laufende Entführungsfälle, bei denen die Polizei die Medien in manche Details einweiht, aber um Verschwiegenheit bittet, um die Sicherheit der Geisel nicht zu gefährden.

Indiskretionen hingegen, die mit anonymer Quellenangabe erscheinen („Nach Informationen unserer Zeitung", „Wie aus dem Rathaus zu hören ist", „Aus Magistratskreisen verlautet ..."), können für die Quelle heikel sein. Gerade in kleinen Kommunen können Eingeweihte den Informanten möglicherweise leicht erkennen. Manche Informationen riechen danach, dass der Bürgermeister selbst sie den Medien gesteckt hat, weil entweder nur er dieses Wissen haben kann, oder weil sie sich auffallend mit seiner Interessenlage in einer bestimmten Sache decken. Journalisten und ihre Informanten behelfen sich manchmal mit folgendem Trick: Der Rathauschef ruft die Zeitung an; sie schreibt dann in ihrem Artikel, der Bürgermeister habe „auf Nachfrage" den Sachverhalt bestätigt. Kenner der Szene dürften den Braten allerdings riechen. Generell gilt jedenfalls: Je mehr Leute von einer Sache wissen, desto schwieriger ist die Quelle einer Information auszumachen.

Indiskretionen mögen zwar aus höherer Warte in einem Einzelfall angehen. Sie sollten aber keine Methode sein, permanent eine bestimmte Zeitung als Leib-und-Magen-Blatt zu bevorzugen. Das spricht sich irgendwann herum, bringt Ärger und die Missgunst der Konkurrenzzeitungen. Die erwarten - und das zu Recht - vom Rathaus gleichbehandelt zu werden.

2.2.2 Das tägliche Brot: Beantwortung von Presseanfragen

Sie sind das tägliche Brot von Pressestellen: Anfragen von Medien. Ein Thema, mit dem man morgens noch nicht gerechnet hat, entwickelt sich plötzlich, kann den Tagesplan umwerfen und sofortige Aktion erfordern. Da hat doch eine Bürgerinitiative behauptet, der Bürgermeister habe in einem Gespräch mit ihr zugesichert, er wolle das größte Bauprojekt der Stadt noch einmal überdenken. Ob denn da was dran sei? Da kam doch die Statistik zum kommunalen Schuldenstand heraus, und die Gemeinde hat die rötesten Zahlen von allen im Kreis – wie sich der Rathauschef das denn erkläre? Da ging es in der Sitzung des Ortsbeirats am Vorabend hoch her, weil der Kreis der Stadt vorwirft, das Wochenendhausgebiet nicht per B-Plan geregelt zu haben, und das sei das ganze Problem, und jetzt sei die Stadt am Zug, und wie sie sich denn nun verhalten wolle? Und was hat es auf sich mit dem so nicht erwarteten Gerichtsurteil, das ein Bauherr in einer Erweiterungssache erstritten hat und das der Stadt schwerwiegende Verfahrensfehler beim Baustopp vorwirft? Und, ach übrigens, vor genau einem Jahr haben Sie doch angekündigt, in spätestens einem Jahr sei der Vertrag mit einem Investor für das städtische Filetstück im Zentrum unter Dach und Fach – aber noch immer gähnt dort eine Brache?

In manchen Fällen hilft zunächst der Standardverweis „Wir prüfen noch“, „Wir brauchen da erst die Fakten“. Bisweilen ist das auch gerechtfertigt: Ein seriöser Journalist kann nicht die Bewertung eines Ergebnisses erwarten, das noch gar nicht feststeht. Und dass der Angesprochene die Fakten klar auf dem Tisch haben will, bevor er spekuliert, muss für seriöse Medien nachvollziehbar sein. Dennoch muss das Prinzip oberste Grundlage bleiben, eine Medienanfrage so schnell wie möglich zu beantworten. Irgendwann wirkt der Bürgermeister unglaubwürdig, wenn er immer noch nichts zur Sache sagen kann.

Zunächst einmal klärt das Rathaus: sind wir überhaupt zuständig? Ein Verwaltungschef muss sich nicht einen Schuh anziehen, den der Leiter einer anderen Behörde trägt. Ist das Rathaus aber verantwortlich, muss das entsprechende Fachamt der Pressestelle oder dem Bürgermeisterbüro aktuelle Informationen zur Sache liefern. Sie sind das Rohmaterial für die Antwort an die Medien.

Es gibt Pressesprecher, die sich Protokolle von Ausschusssitzungen aufheben, um gegebenenfalls nachschlagen zu können, was Sache ist. Dieses Verfahren ist allerdings umständlich. Erst einmal muss der Pressesprecher suchen, wo denn die entsprechende Entscheidung zu finden war und muss aus dem oft sperrigen Verwaltungstext die Aspekte heraussuchen, die für die Journalistenfrage wichtig sind. Und dann ist es immer noch nicht klar: Repräsentiert die Unterlage den neuesten Stand? Vielleicht hat jemand den Plan fortgeschrieben, vielleicht ist der einstige Beschluss aus Praxisgründen nicht umzusetzen und eine neue Entscheidung steht an, vielleicht liegen neue Zahlen vor oder das Bundesland hat Mittel gestrichen, weshalb das beschlossene Projekt jetzt gefährdet ist. Oder es spielen Hintergründe eine Rolle, über die sich die Ausschussvorlage, der Stadtverordneten- oder Ratsbeschluss ausschweigt, oder ..., oder ..., oder ... Kurzum: Die Rückfrage im Fachamt bleibt dem Pressesprecher nicht erspart. Wozu dann also die alten Papiere aufheben?

Es gibt Rathäuser, in denen Medienanfragen per se als Ärgernis gelten. Möglicherweise fällt dann auch die Antwort dementsprechend knurrig oder wenig serviceorientiert aus.

Gute Pressearbeit beginnt bei der eigenen Einstellung:

- Anerkennen, dass die Journalisten überhaupt fragen dürfen – das ist geradezu grundlegend für eine freie Gesellschaft. Dies klingt banal, aber manchen Zeitgenossen scheint das noch nicht ganz klar zu sein. Der Autor hat es einmal selbst erlebt, wie ein saturierter Landesbeamter auf die Anfrage wegen einer Unregelmäßigkeit in einem Briefwahlbezirk gegenfragte, das sei doch längst intern geklärt, und warum das denn die Medien zu interessieren habe? Das lässt tief blicken. Wenn bei Wahlen etwas nicht ganz korrekt läuft, dann ist das in einem Land, in dem laut Gesetz alle Staatsgewalt vom Volke ausgeht, zumindest der Nachfrage wert.
- Verstehen, dass Medienvertreter nicht automatisch einseitig Partei ergreifen, bloß weil sie kritisch nachfragen. Einmal erkundigte sich der Autor, noch in seiner Journalistenzeit, bei einem Kreispressesprecher wegen diverser Verspätungen bei der vom Kreis initiierten Lokalbahn. Leser hatten in der Redaktion angerufen und sich beschwert. Der Journalist wollte vom Pressesprecher wissen, wie oft Züge verspätet gewesen seien. Statt zu antworten, im Detail könne er das nicht sagen, er frage aber nach, knurrte der Öffentlichkeitsarbeiter ungehalten: „Und dann wollen Sie wahrscheinlich auch noch die Kontonummer des Lokführers wissen?“ Bleibt noch anzufügen, dass der erwähnte Pressesprecher groteskerweise früher selbst einmal Journalist gewesen war, aber mit der Seite des Schreibtischs hatte er

wohl seine komplette Einstellung zur Informationspflicht der Behörden gewechselt.
- Nachfragen nicht persönlich nehmen. Der Bürgermeister steht in erster Linie nicht als Mensch, sondern als Funktionsträger in der Kritik. Auch viele Kommunalparlamente können doch zwischen Person und Funktion unterscheiden: Da haben sich Freundschaften entwickelt zwischen Mandatsträgern entgegengesetzter Lager, die sich im Plenum rhetorische Saalschlachten liefern, danach aber stoßen sie problemlos als die besten Kumpels am Biertresen miteinander an.
- Den Dienstleistungsgedanken in die Tat umsetzen. Geht es um die Bürger, propagieren Politiker gerne: Service, Service, Service. Aber auch Journalisten sind Bürger mit Serviceanspruch. Ihr Sachbearbeiter ist der Bürgermeister oder der Pressesprecher; allerdings können die Medienvertreter auf Auskunft nicht so lange warten, wie sich der Ottonormalbürger bisweilen gedulden muss, wenn er Unterlagen einreicht und seines Bescheids harrt oder mit Hinweis auf das Informationsfreiheitsgesetz[30] Auskunft über öffentliche Angelegenheiten begehrt. Zum Serviceanspruch der Medien gehört: Klarheit, Verlässlichkeit, Schnelligkeit. Medienanfragen sollte das Rathaus daher so klar, verlässlich und zügig wie möglich beantworten.

Dem Wunsch der Journalisten nach schneller und umfassender Information sind allerdings oft Grenzen gesetzt. Einige davon können die Medienvertreter nachvollziehen, etwa wenn das Rathaus zum Spatenstich eines Bauprojekts noch nichts sagen kann, weil noch nicht einmal die nötigen Grundstücksverträge unter Dach und Fach sind. Andere wiederum rufen in Redaktionen Kopfschütteln hervor – etwa wenn nach Monaten der interne Denkprozess immer noch nicht abgeschlossen ist und die Verwaltung weiter schweigt. Oder der Bürgermeister ist den ganzen Tag über nicht zu erreichen, weil er ständig auf wichtigen Sitzungen und Außenterminen ist. Klar: Es gibt solche Tage, an denen beim besten Willen nichts geht. Wenigstens sollte dann der Pressesprecher oder der Büroleiter ein Signal senden, nach dem Motto: Wir arbeiten an der Antwort (und das dann auch wirklich tun).

Im Optimalfall herrscht allerdings ein solches Vertrauen zwischen Bürgermeister und Pressesprecher, dass der Pressesprecher nicht bei jeder Medienanfrage Rücksprache mit dem Rathauschef nehmen muss. Ein

30 Das Informationsfreiheitsgesetz (IFG) regelt die Auskunftspflicht von Bundesbehörden, ähnliche Regelungen gelten in den Ländern, die dann jeweils Konsequenzen für die Auskunftspflicht der Bürger bis hinunter auf die Ebene der Kommune haben können.

erfahrener Öffentlichkeitsarbeiter weiß, wann er seinen Chef fragt und wann nicht. Genauso kann er abschätzen, wann ein Journalist über ein Thema persönlich mit dem Bürgermeister sprechen muss und wann eine Auskunft der Pressestelle ausreicht.

Als rituell wiederkehrender Konflikt kommt auch der Datenschutz ins Spiel. Er kann auch bei jemandem greifen, der sich selbst mit seinem Problem an die Redaktion gewandt hat.

Derartige Anfragen sind eine Herausforderung für Rathäuser und Pressestellen:

– Beklagt sich zum Beispiel ein Sozialhilfeempfänger gegenüber der Lokalzeitung über das Sozialamt, darf die Verwaltung nicht automatisch als Konter aus allen Rohren feuern. Sie darf beispielsweise nicht sofort ausplaudern, gegen den Mann laufe ein Verfahren wegen Sozialhilfebetrugs und er habe seit seinem jüngsten Ausraster im Rathaus Hausverbot. Um auf der rechtlich sicheren Seite zu sein, sollte die Verwaltung auf einer handschriftlich unterschriebenen Bestätigung des Sozialhilfeempfängers pochen, die ihr vollumfänglich das Recht gibt, Daten über ihn offen zu legen. Manch einer überlegt es sich dann vielleicht doch, ob er mit seiner Geschichte bei der Zeitung bleibt und riskiert, dass das Rathaus dabei die Leichen aus seinem Keller hervorholt. Alternativ schenken manche Bürgermeister und Pressesprecher Journalisten auch inoffiziell reinen Wein ein und legen ihnen auseinander, mit welch windiger Gestalt sie sich da eingelassen haben. Das läuft aber nur mit persönlich bekannten, vertrauenswürdigen Medienvertretern. Oder der Befragte sagt nichts zum Einzelfall, gibt dem Journalisten aber allgemeine Informationen an die Hand, in der Art: „Grundsätzlich wird in Konflikten mit Sozialhilfeempfängern folgendermaßen vorgegangen …“ oder „Nach den gesetzlichen Bestimmungen ist grundsätzlich geregelt …“

Wie dem auch sei: Der Datenschutz führt immer wieder zum Ärger, zumal es dabei auch immer um die Frage geht: Hebt hier ein übergeordnetes öffentliches Interesse die Persönlichkeitsrechte oder andere Grenzen auf? Pauschale Linien sind hier kaum zu ziehen. Jedenfalls illustriert das Sozialamtsbeispiel, dass die in der PR-Literatur immer wieder propagierte Umgarnungsformel „Wir sind doch eigentlich Partner mit den gleichen Interessen: die Öffentlichkeit zu informieren“ in der täglichen Praxis nicht immer zutrifft. Manchmal haben Journalisten und Behörden tatsächlich unterschiedliche Interessen, und dieser Widerspruch ist in diesem Punkt kaum zu aller Zufriedenheit aufzulösen:

Hier der Wille zur Einsicht in alle Informationen, da die Pflicht zum Datenschutz.

Nehmen wir einmal an, die Journalistenanfrage ist problemlos zu beantworten. Dann sollte das Rathaus nicht aus der Antwort gleich eine Pressemitteilung zusammenzustellen und breit über den Medienverteiler senden, nach dem Motto: Ist ja eine gute Idee, das Thema dürfte alle interessieren. Ist der Journalist mit einer Anfrage gekommen, hat er zunächst einmal völlig berechtigt den Anspruch auf Exklusivität. Es ist ein Gebot der Fairness und der Rücksichtnahme auf die Wettbewerbsbedingungen der Medien, dieses Recht nicht auszuhebeln. Exklusivität zu missachten, gibt böses Blut bei dem anfragenden Journalisten und kann bei künftigen Geschichten auf einen zurückfallen. Die um ihre Exklusivität betrogene Redaktion ruft beim nächsten Thema vielleicht nicht mehr an, um eine Stellungnahme des Rathauses einzuholen; sie kann sich ja nicht sicher sein, ob das Stadtoberhaupt die Sache dann auch wieder an alle hinausposaunt. Missachtet der Bürgermeister Exklusivität, kann er sich unter den Journalisten dauerhaft Feinde machen. Achtet er sie hingegen, werden das die anderen Medien in aller Regel respektieren. Sie ärgern sich zwar insgeheim, weil sie selbst nicht die heiße Geschichte im Blatt hatten, aber sie wissen auch, dass sie bei eigenen Anfragen auf die gleiche Diskretion zählen können.

Kein Verstoß gegen die Exklusivität hingegen ist es, nach der Anfrage des Journalisten eine Pressemitteilung an alle vorzubereiten, die erst am Erscheinungstag des exklusiven Berichts hinausgeht. Den Zeitpunkt kann das Rathaus mit dem Berichterstatter absprechen, er dürfte kooperieren, sofern er die Geschichte als erster veröffentlicht. Um den Nachteil der anderen zumindest teilweise auszugleichen, könnte die Verwaltung die Pressemitteilung mit Details anreichern, die der anfragende Journalist nicht publiziert hatte. Will ein anderes Medium eine Geschichte „nachziehen", wie es im Fachjargon heißt, möchte es sich von der Exklusivmeldung der Konkurrenz abheben und seinem Publikum einen Mehrwert mitgeben. Hieß es in der Exklusivmeldung, der Baubeginn auf dem städtischen Filetstück stehe nach Jahren des Brachliegens unmittelbar bevor, könnte die Pressemitteilung mit Einzelheiten zu vermutlichen Kosten des Objekts und diversen baulichen Details aufwarten.

Schwieriger wird die Sache, wenn das Rathaus ohnehin eine Pressemitteilung zusammenstellt, und der Journalist zufällig gerade auf das gleiche Thema stößt. Muss die Medieninformation aus wichtigen Gründen schnellstmöglich versendet werden, wird das Rathaus nicht warten können. Andernfalls wäre aber auch hier eine verzögerte Aussendung denkbar.

Medienanfragen laufen auch in Zeiten von Internet, E-Mail und Social Media noch gerne per Telefon ein. Sofern es aber nicht Themen mit erheblichem Erläuterungs- und Diskussionsbedarf sind, sollte ein Rathaus versuchen, das Ganze per Mail abzuwickeln. Kommt eine Anfrage online, wird sie rathausintern an den zuständigen Sachbearbeiter weitergeleitet, der dann wiederum eine fachliche Antwort an den Bürgermeister oder den Pressesprecher zurückmailt. Dieser wiederum bereitet sie für die Antwort mediengerecht auf.

Mittlerweile kann es hier und da schon Usus sein, dass ein Journalist sich per Messenger-Dienst à la WhatsApp direkt an die Pressestelle und den Bürgermeister wendet. Wenn es nur um eine kurze Blitzauskunft ohne Tiefgang, Erklärungsbedarf und Datenschutz-Aspekte geht, mag das angehen. Für den vertiefenden Kontakt werden eher die Kanäle wie Telefon oder E-Mail herhalten. Mag sein, dass sich das über die Jahre anders entwickelt. Für umfassende, tiefgreifende Auskünfte jedenfalls sind derzeit auf kommunaler Ebene noch die Kanäle persönlicher analoger Kontakt, Telefon und E-Mail die gängigen Kanäle.

Dem journalistischen Einwand, man habe wohl Angst vor dem direkten Gespräch oder mache die Sache unnötig kompliziert, stehen verschiedene Argumente entgegen:

- Erstens gehen, anders als bei einer Kette von Telefonaten, keine Informationen verloren.
- Zweitens bietet das Verfahren Sicherheit für beide Seiten: Was genau wurde gefragt? Und was genau geantwortet?
- Drittens ermöglicht es eine Antwort unabhängig von der telefonischen Erreichbarkeit des Journalisten und spart damit Zeit. Fällt zum Beispiel einem Redakteur spätabends noch eine Frage ein und mailt er sie ins Rathaus, kann die Pressestelle sie dort frühmorgens bei Dienstantritt an den zuständigen Sachbearbeiter weiterleiten, und wenn die Redakteure am Vormittag in die Redaktion kommen, haben sie die Antwort dann vielleicht schon im elektronischen Postfach. Dann kann der Journalist die Geschichte zusammenbauen und hat den Rücken frei für andere Themen.
- Viertens verhindert dieses Verfahren, dass die Beteiligten immer wieder sinnlos aneinander vorbeitelefonieren.

Die Antwort per E-Mail darf aber nicht papiernen formuliert sein. Der Journalist sollte Teile von ihr als wörtliche Zitate in seinen Artikel übernehmen können. Am besten baut der Bürgermeister einen oder zwei Sätze ein, mit denen er die Dinge auf den Punkt bringt und die der Journalist nur in Anführungsstriche setzen muss – so, als habe er mit dem Rathauschef persönlich gesprochen. Für die Leser ist es letztlich egal, ob das Rathaus per E-Mail geantwortet hat oder per Telefon.

Eine solche E-Mail-Auskunft könnte lauten:

> *„Trotz des Konkurses einer Baufirma sind wir mit dem geplanten Bürgerhaus für Z-Stadt im Zeitplan. Nachdem das Problem im Rathaus bekannt geworden war, haben sich die Fachleute zusammengesetzt und die Rechtslage geprüft. Demnach kann eine andere Firma, die bei der Ausschreibung den Zuschlag nicht erhalten hatte, jetzt berücksichtigt werden. Die Baukosten steigen durch die neue Ausschreibung um rund 50000 Euro, was angesichts der Gesamtinvestitionen in Höhe von 4,5 Millionen Euro eine vertretbare Summe ist. Die Bürger sollen ihr neues Zentrum noch im laufenden Jahr haben – daran arbeiten wir mit Hochdruck."*

Der letzte Satz und auch die Bemerkung „eine vertretbare Summe" sind als wörtliche Zitate für den Artikel geeignet. Den Rest könnte der Journalist indirekt zitierend wiedergeben („Nach Angaben des Bürgermeisters bleibt die Stadt trotz des Konkurses einer Baufirma im Zeitplan").

Ist es mit der Mail doch nicht getan und provoziert die Antwort Nachfragen, kann der Journalist eine Ergänzungsmail nachschieben, oder es ist jetzt die Zeit für den guten, alten Telefonhörer.

Dann aber wiederum gibt es Fälle, in denen sich die Mail weniger oder gar nicht eignet. Wenn zum Beispiel Rundfunkmedien nicht nur Informationen, sondern auch einen O-Ton haben wollen. Dann müssen sie, wenn eine Aufnahme über Telefon nicht ausreicht, im Rathaus vorbeikommen; das Fernsehen mit seinem Bedarf an aktuellen Bildern sowieso.

In manchen Fällen aber gibt es Gründe, einen O-Ton zu verweigern: wenn zum Beispiel der Journalist offenkundig nur pro forma eine Stellungnahme abholt und die Behörde sowieso giftig an die Wand fahren will. Rein rechtlich ist das Rathaus damit auf der sicheren Seite. Öffentliches Interesse vorausgesetzt, müssen Behörden zwar Auskunft geben. Es ist aber nicht vorgeschrieben, auf welchem Weg. Will das Fernsehen einen Verantwortlichen aus dem Rathaus vor der Kamera haben, kann die Verwaltung die Antwort auch per E-Mail oder, wie es früher war, Fax geben – ein Verfahren, wie wir es aus vielen investigativen Magazinsendungen kennen. Da laufen dann Antwortschreiben aus dem Fax, und das filmt das Team mit dem Hinweis „Die Behörde war zu keiner Stellungnahme vor der Kamera bereit und reagierte nur schriftlich"; mittlerweile werden mitunter Computerbildschirme abgefilmt, mit Auszügen aus eintreffenden Mails Wie gesagt, rein rechtlich ein sauberer Vorgang. Auf die Zuschauer allerdings wirkt es verdächtig bis arrogant. Das Rathaus muss im Einzelfall entscheiden, ob der Flurschaden größer ist durch ein abgelehntes Interview oder durch ein gegebenes Interview, das lediglich als Alibi-Baustein in einem Verriss dient.

Unabhängig von der Frage, ob gemailt, telefoniert oder gefilmt wurde: Der Bürgermeister kann es sich sparen zu fragen, ob er den Beitrag noch einmal durchgehen kann, bevor er in dem Medium erscheint. Die Journalisten würden das als Zensur empfinden, auch wenn es nicht so gemeint wäre. Statt zu fragen, ob er den Beitrag noch einmal durchgehen kann, könnte der Bürgermeister etwas weniger heikel formulieren: „Nur, um Missverständnissen vorzubeugen und sicher zu stellen, dass ich mich klar ausgedrückt habe: Mit welcher Aussage wollen Sie mich zitieren?" Es ist kein „Muss" am Ende jedes Telefonats, aber eine Option bei sehr heiklen und komplexen Themen.

2.2.3 „Was Geschriebenes": Die Pressemitteilung/Medieninformation

2.2.3.1 Die Agenturen als Vorbild

„Auch was Geschriebnes forderst du Pedant?" fauchte einst Faust dem Mephisto entgegen[31]. „Was Geschriebnes" ist auch Journalisten nicht abhold, sofern es Wichtiges mitteilt. Die schriftliche Information gehört nach wie vor, trotz Social Media, Videoclips, Podcast usw. zu den wichtigsten Instrumenten der Medienarbeit.

Bezeichnungen wie Pressemitteilung, Presseerklärung oder Presseinformation sind im Grunde veraltet. Da selbst kommunale Pressestellen es inzwischen verstärkt mit Rundfunksendern oder auch Online-Medien zu tun haben, wäre Medienmitteilung oder Medieninformation eine angemessene Alternative. Mit dem gleichen Einwand könnten auch der Presse- durch den Mediensprecher und die Presse- durch die Medienkonferenz ersetzt werden, aber derartige Begriffe sind noch

31 Faust I, Vers 1716.

weniger verbreitet als die Bezeichnungen Medienmitteilung und Medieninformation, die inzwischen hier und da verwendet werden.

Adressat der Medieninformationen oder Pressemitteilungen sind zwar nominell die Journalisten. In Wahrheit aber zielt das Rathaus auf die Endverbraucher: die Leser, die Zuhörer, die Zuschauer, die Internetsurfer. Diese Perspektive müssen wir eingangs festhalten, denn die Rathäuser drohen über allzu engem Kontakt mit den Medien zu vergessen: In Wahrheit sprechen sie nicht mit dem Journalisten, sondern letztlich mit dem Bürger.

Um diesen Bürger zu erreichen, sollte das Rathaus eine Pressemitteilung so gestalten, dass die Zeitung sie eins zu eins oder doch in weiten Teilen übernehmen kann. Vorbild sind nicht etwa die bisweilen glossierend aufgepeppten Artikel der Lokalpresse, sondern die eher sachlichen Meldungen der Nachrichtenagenturen; mit deren Prinzipien haben wir uns bereits an früherer Stelle kurz vertraut gemacht. Verfasser von Agenturmeldungen sind auf größtmögliche Objektivität und Distanz bedacht, damit ein breites Spektrum ihrer Abonnenten die Texte übernehmen kann – von der FAZ bis zum sozialistischen „Neuen Deutschland", das sich mittlerweile nd nennt. Je distanzierter eine Mitteilung, desto höher ihre Abdruckchancen bei den Medien unterschiedlichster Zielgruppen und politischer Couleur. Gefragt sind nicht seitenlange geballte Superlative, sondern eine faktenorientierte, verständliche Sprache, die Wertungen allenfalls in sparsamen Selbstzitaten übermittelt.

Freilich: Manche Medien redigieren nicht oder kaum, da scheint es theoretisch egal zu sein, wie journalistengerecht eine Meldung formuliert ist. Nehmen wir als Beispiel die Anzeigenzeitungen. Obwohl manche die Qualität gegenüber früher gesteigert haben, wollen deren chronisch minimal besetzte Redaktionen oft nur den Freiraum zwischen den Anzeigen mit Text füllen. So finden dann Mitteilungen von Pressestellen unbearbeitet ihren Weg ins Blatt. Vielerorts läuft es bei Kaufzeitungen genauso. Was die Pressestelle freut, ist indes eine Absage an das journalistische Ethos. Nach dem Pressecodex (Richtlinie 1.3.) muss eine Redaktion Pressemitteilungen als solche kennzeichnen, falls sie nicht bearbeitet wurden. Im Grunde hätten sie damit den Rang von Annoncen, die ein Medium zum Beispiel mit dem kleinen Schriftzug „Anzeige" markieren muss. Allerdings gelten sie bereits als bearbeitet, wenn die Redaktion den Text der Mitteilung lediglich gekürzt hat.

Am qualitativ unteren Level aber sollte sich das Rathaus nicht orientieren. Es sollte Pressemitteilungen verbreiten, die ein breites Spektrum von Medien veröffentlichen kann, auch die Qualitätszeitungen. Wie ein Rathaus diesen Anspruch möglichst erfüllt, darum geht es auf den folgenden Seiten.

2.2.3.2 Anlass und Thema

Bei einer Pressemitteilung unterscheiden wir Anlass und Thema: Anlass ist der unmittelbare Anstoß zu der Veröffentlichung, das Thema ist der Inhalt, den die Mitteilung transportiert. Anlass kann die Eröffnung eines Kindergartens sein, Thema die Förderangebote in dem Kindergarten oder aber die Betreuungsquote in der Stadt. Anlass kann die Ernennung eines neuen Bauamtsleiters sein, Thema Erleichterungen für Häuslebauer beim Genehmigungsverfahren. Anlass kann heftige Kritik der Opposition über Misswirtschaft im gemeindlichen Haushalt sein, das Thema die Lage vor dem Hintergrund der allgemeinen Entwicklungen bei den deutschen Kommunalfinanzen.

Im Kern steht die Frage: Was von dem, was das Rathaus mitzuteilen hat, ist für den Leser wichtig?

Beispiel Schulerweiterung:
Die Kernfragen vor allem für die Eltern sind: Wird die Schule erweitert? Wann geht es damit los, wann ist der Bau fertig? Welche Räume bietet er? Ist wegen der Bauarbeiten der Unterricht eingeschränkt? Warum muss die Schule erweitert werden? Was kostet das? – Und zwar mehr oder weniger in dieser Reihenfolge (mit der Kostenfrage aus Elternsicht definitiv als letzter Aspekt). Die Information, wie lange alles geplant wurde und von wem, welche Detailprobleme zu lösen waren, welcher Ausschuss wann darüber befunden hat, interessieren den durchschnittlichen Leser kaum. Allerdings können solche Punkte in den Mittelpunkt rücken, wenn etwa die Kosten aus dem Ruder laufen und womöglich das Projekt gefährden. Um die wichtigen Punkte zu identifizieren, sollte sich der Bürgermeister fragen: „Hätte ich Kinder an der Schule – was würde ich zuerst wissen wollen?“

Sind die wichtigen Aspekte klar, dann gilt es: auf den Punkt bringen, vereinfachen, anschaulich machen. Lässt sich ein Thema an Beispielen illustrieren, sollte der Bürgermeister diese Möglichkeit nutzen.

Beispiel Sozialbezüge:
Ein Verwaltungschef beklagte beispielsweise, der Abstand zwischen Sozialbezügen nach Hartz IV (inzwischen Bürgergeld genannt) und Handwerkergehältern sei himmelschreiend gering. Er ließ sich von

Fachleuten der Handwerkskammer Lohntabellen zeigen und konnte dadurch konkrete Zahlen vorlegen. Die Handwerker lagen mit ihrem Einkommen teilweise unter dem gesetzlichen Existenzminimum und waren auf so genannte aufstockende Leistungen angewiesen, um die Lücke zu füllen.

Besondere Kreativität ist gefragt, wenn das Rathaus mit einer Mitteilung zu spät reagiert hat und andere Institutionen vorgeprescht sind. Dann muss der Bürgermeister Ansätze suchen, die andere ausgeblendet haben.

Beispiel regionaler Plan:
Ein Regionalverband, zu dem die Kommune gehört, hat ein Papier zur Lage der Region vorgestellt. Die Eckpunkte stehen schon in der Zeitung, Journalisten und auch andere Kommunen kommentieren sie bereits. Jetzt ist es wenig spannend, auch noch „seinen eigenen Senf dazuzugeben“. Wie bereits geschildert, sind Journalisten per se an Neuem, Ungewöhnlichen interessiert. Daher könnte das Stadt- oder Gemeindeoberhaupt den regionalen Plan auf Aspekte abklopfen, die bislang in der Diskussion fehlten. Dort könnte er eine Nische finden, um sich zu positionieren, und dabei auch die Diskussion voranbringen. Vielleicht haben alle bislang alleine über die Konkurrenz der Wirtschaftsstandorte in der Region diskutiert, dabei beklagt das Papier eher beiläufig, die Angebote von Bus und Bahn würden in der Peripherie immer dünner. Die eigene Gemeinde liegt in einer solchen Randzone, für sie ist das Thema wichtig; überdies trägt ein funktionierender öffentlicher Personennahverkehr zur Qualität des Wirtschaftsstandorts bei. Warum also nicht diesen Aspekt aufgreifen und damit eine eigene kommunikative Duftmarke setzen? Oder vielleicht geht es unter „ferner liefen“ auch um die Sportförderung, doch gerade da hat die Stadt viel getan und dazu beigetragen, gleich mehrere Vereine in Landes- und Bundesligen zu bringen – was damit ein Vorbild für andere Kommunen wäre. Oder vielleicht lobt die Studie den Wandel der Region vom Industriestandort zum Weiße-Kragen-Business – und gerade in der eigenen Stadt produziert eine Maschinenfabrik mit 200 Arbeitsplätzen als „Hidden Champion“ und eine der Global Player auf ihrem Arbeitsfeld erfolgreich „Made in Germany“. Sollte der Bürgermeister da nicht vor einer de-industrialisierten Monokultur warnen? Oder vielleicht blendet der regionale Plan die Kulturförderung aus; dabei wirkt in der eigenen Stadt ein Orchester, das Erfolge bis nach Tokio feiert?

2.2.3.3 Die Textorganisation

Eine Pressemitteilung von mehr als einer Seite Länge (bei normalen Seitenrändern) ist ein Risiko: Die Gefahr steigt, dass eine Redaktion stark kürzt, und dann eventuell das Falsche. Der Text muss übersichtlich gegliedert und sofort zu verstehen sein. Es heißt zwar immer wieder, wenn dem Leser etwas nicht klar sei, könne er den Text doch ein zweites Mal lesen. Das aber ist Missachtung des Kunden. Der eilige Zeitungsleser muss auf Anhieb alles begreifen, sonst steigt er aus dem Thema aus. Der Bürgermeister sollte in aller Regel eine Magistratsvorlage oder fachliche Stellungnahme nicht unverändert übernehmen, sondern medien- und laiengerecht aufbereiten. Allenfalls in kurzen Auszügen sollte er wörtlich zitieren, wenn es auf bestimmte Formulierungen ankommt.

Der Aufbau folgt dem Prinzip der Hard News bei den Agenturmeldungen: Headline (Überschrift mit dem schlagzeilenartigen Kern der Nachricht), Lead (Vorspann, der die wichtigsten W-Fragen beantwortet), Body (Nachrichtenkörper mit Details und Hintergründen oder Angaben zur Vorgeschichte). Die folgenden Beispiele zeigen, wie wir bestimmte Themen inhaltlich-textlich strukturieren können.

Die Stadt plant ein Bürgerhaus:

- Headline
  Oberzeile: Ein Bürgerhaus für Z-Stadt
  Unterzeile: Bürgermeister: Neues Zentrum wird 2012 eröffnet
- Lead
  Der Vorspann beginnt mit dem Kern der Nachricht, eventuell wird schon die Quelle genannt: Ein Bürgerhaus ist geplant, das teilt Bürgermeister XY mit. Es folgen ein oder zwei Sätze mit wesentlichen Details: Für welche Art von Veranstaltungen ist es vorgesehen, wo soll es stehen, wann wird es eröffnet, was kostet es? Eine kurze politische Wertung des Bürgermeisters rundet den Einstiegsabsatz ab: „Bald haben die Bürger nach vielen Jahren des Wartens endlich einen Mittelpunkt.“
- Body
  1. Absatz: Er liefert einige Details zum Gebäude: Welche Art von Räumen bietet es, wie ist es ausgestattet, wie groß ist es, wie sieht es aus?
  2. Absatz: Er erläutert, angereichert mit wörtlichen Zitaten des Bürgermeisters, die Motivation für das Projekt: Warum ist es nötig?

3. Absatz: Hier folgt ein kurzer Überblick über politische Aspekte: Wie lief der bisherige Entscheidungsprozess, muss die Kommune noch etwas Konkretes beschließen? Welche Schwerpunkte bestimmten die Planungsdiskussion? Ist das Projekt finanziert?
4. Absatz: Zum Schluss ein knapper Überblick über die bisher genutzten Versammlungsstätten der Stadt.

- Illustration: Falls schon vorhanden, kann das Rathaus der Pressemitteilung die Zeichnung einer Außenansicht des neuen Gebäudes beifügen.

Die Stadt erhöht die Müllgebühren:

- Headline
  Oberzeile: Höhere Müllgebühren
  Unterzeile: Bürgermeister: Durchschnittlich X Euro mehr pro Tonne
- Lead
  Zu Beginn der Kern der Nachricht: Die Stadt erhöht die Müllgebühren um durchschnittlich X Euro pro Tonne. Dann die Quelle der Nachricht und eine Angabe zum Zeitpunkt: Wie Bürgermeister XY mitteilt, sollen die neuen Gebühren von 1. Januar kommenden Jahres an gelten. Anschließend die politische Begründung: Warum ist es unumgänglich, die Gebühren zu erhöhen?
- Body
  1. Absatz: In ihm erfährt der Leser Details: Wie sollen die neuen Gebühren gestaffelt sein?
  2. Absatz: Belebt mit wörtlichen Zitaten, erläutert er den Hintergrund: Warum muss die Stadt die Gebühren erhöhen? Wie lange waren sie stabil?
  3. Absatz: Er vergleicht, falls es ratsam ist, die Müllgebühren mit denen in anderen Kommunen.
  4. Absatz: Hier liefert das Rathaus ein paar statistische Angaben: Wie hat sich die jährliche Müllmenge entwickelt? Gibt es Besonderheiten beim Sammelsystem?
- Illustration: Der Pressemitteilung könnte eine Grafik zur Gebührenstaffelung beigefügt sein oder ein Foto von einem Müllwagen, der Abfall abholt.

Die Stadt präsentiert eine neue Kindertagesstätten-Leiterin:

- Headline
  Oberzeile: „Immer für die Kinder da“
  Unterzeile: Bürgermeister XY stellt neue Leiterin Z der Kita W vor

- Lead
  Am Anfang steht der Informationskern: Z ist neue Leiterin der Kindertagesstätte W. Danach wird der Bürgermeister als Quelle genannt und bewertet kurz die Qualität der Erzieherin. Anschließend begründet der Text, warum die Stadt die Stelle neu besetzen musste, zum Beispiel: Die bisherige Leiterin ging in den Ruhestand.
- Body
  1. Absatz: Er erläutert Herausforderungen und Schwerpunktaufgaben in der Kindertagesstätte. Eventuell zitiert der Text auch die neue Leiterin mit ihrem wichtigsten Ziel.
  2. Absatz: Er bietet einen Überblick über Werdegang, Expertise und persönlichen Angaben zur neuen Leiterin.
  3. Absatz: Er würdigt kurz die Arbeit ihrer Vorgängerin.
  4. Absatz: Er liefert Eckdaten zur Kindertagesstätte (Zahl der Kinder, Besonderheiten, Baujahr) oder auch Statistisches zur Tendenz der Kinderbetreuung in der Stadt.
- Illustration: Beigefügt wird am besten ein Foto der neuen Chefin beim Spiel in einer Kindergruppe. Vorher muss aber geklärt sein, dass das Rathaus Fotos der Kinder veröffentlichen darf.

Die wichtigsten Wörter eines Textes sind die Überschrift. Sie entscheidet, als wie dringlich der Journalist das Thema einstuft und ob der Zeitungsleser in den Text überhaupt einsteigt. Mit der Headline kann sich ein ganzes Buch beschäftigen[32], und in manchen Redaktionen sammeln Mitarbeiter in speziellen Konferenzen zündende Ideen für die Schlagzeilen. Gerade für Boulevardzeitungen sind griffige Überschriften außerordentlich wichtig, um Leser zu packen. Manchmal überdauern schlagkräftige Headlines sogar den Tag und mutieren zum geflügelten Wort. Bestes Anschauungsmaterial lieferte „Bild“ mit der inzwischen legendären euphorischen Schlagzeile nach der Wahl des Deutschen Joseph Karl Ratzinger zum Heiligen Vater Benedikt XVI.: „Wir sind Papst!“[33]

Mit der Papstwahl, eines Deutschen zumal, kann es die kommunale Pressemitteilung an Brisanz wohl eher selten aufnehmen. Aber auch die Medieninformation aus dem Rathaus verlangt nach einer prägnanten – nicht reißerischen – Überschrift. Sie muss zuerst einmal den Journalisten aufhorchen lassen und dann seine Leser. Sie weckt Interesse, fasst die zentrale Aussage des Textes griffig zusammen und liefert den Redaktionen gleichzeitig eine Ideenvorlage für ihre eigene Headline. In

32 *Schneider/Esslinger.*
33 Bild, 20.4.2005.

den seltensten Fällen nämlich übernimmt eine Zeitung die Überschrift eins zu eins. Dem stehen nicht nur der eigene Berufsstolz und die Sorge um die gleiche Headline bei der Konkurrenz entgegen, sondern schlichtweg der zur Verfügung stehende Raum auf der Zeitungsseite. Die Pressestelle kann nicht wissen, ob der Artikel als Ein-, Zwei-, Drei- oder gar Vierspalter erscheint.

Eine gute Überschrift erfüllt folgende Anforderungen:

- Aufbau. Die Überschrift kann aus einer einzigen Headline bestehen oder aber zweigeteilt sein: Einer kurzen Oberzeile (manchmal ebenfalls Headline genannt) folgt eine längere Unterzeile (Subheadline). Bei manchen Medien steht über der Headline noch eine Dachzeile, die oft die Unterzeile ersetzt. Im Arrangement von Ober- und Unterzeile sind drei Modelle möglich. Beispielsweise erläutert die Unterzeile die Aussage aus der Oberzeile; so in der oben erwähnten Meldung über die Müllgebühren: Die Oberzeile „Höhere Müllgebühren" wird in der Unterzeile durch den Hinweis „durchschnittlich X Euro mehr" präzisiert. Oder aber die Unterzeile ergänzt die Oberzeile und schreibt sie gewissermaßen fort. Beispiel dafür ist unsere Bürgerhaus-Pressemitteilung. In der Oberzeile steht der Nachrichtenkern: „Ein Bürgerhaus für Z-Stadt". Die Unterzeile nennt nicht nur die Quelle (Bürgermeister), sondern auch den Zeitpunkt der Eröffnung – „Bürgermeister: Neues Zentrum wird 2012 eröffnet". Oder aber die Oberzeile bietet nicht den sachlichen Nachrichtenkern, sondern interpretiert ihn feuilletonistisch-emotional, während die Unterzeile die nüchterne Information nachreicht. Ein Beispiel dafür ist die Mitteilung zur neuen Kita-Leiterin: Das Zitat „Immer für die Kinder da" aus dem laufenden Text wird in der Unterzeile entschlüsselt: „Bürgermeister XY stellt neue Leiterin Z der Kita W vor". Ohne Erläuterung würde der Leser die Oberzeile nicht verstehen. Sie reißt das Thema lediglich an: Es geht irgendwie um Kinder. Ob es aber von der neuen Kita-Leiterin handelt, ob der Kinderschutzbund seine Jahresbilanz vorlegt, ob ein ortsbekanntes Spielwarengeschäft Jubiläum feiert oder ein Puppentheater in der Stadt gastiert, bleibt bis zur Lektüre der ersten paar Sätze des Leads unklar. Das ist der Charme dieser Oberzeilen-Variante mit Erläuterung: Sie ist griffig, weckt Aufmerksamkeit und lässt das Thema anklingen, ohne gleich alles zu verraten.
- Aufrichtigkeit. Was die Headline verspricht, muss der Text darunter halten. Kündigt die Überschrift ein „Neues Bürgerhaus noch in diesem Jahr" an, aber bei genauer Lektüre des Textes merkt der Leser,

wegen diverser Bauverzögerungen ist der Zeitpunkt der Eröffnung keineswegs gesichert, dann ist das Etikettenschwindel.

- Bezug auf den Nachrichtenkern. Die Überschrift insgesamt meldet die entscheidende Neuigkeit des folgenden Textes, sie beleuchtet nicht ausschließlich Randaspekte. Das gilt besonders, wenn die Überschrift nur eine einzige Zeile hat, also ohne Dach- oder Unterzeile auskommt. Die klassischen „Hard News" der Nachrichtensprache formulieren die Headline oft aus dem Leadsatz. Meldet dieser erste Satz: „Die Müllgebühren in Z-Stadt werden erhöht", dann lautet die Headline zum Beispiel: „Höhere Müllgebühren in Z-Stadt". Auch wenn der Bürgermeister danach beschreibt, warum die Stadt so entscheiden musste, bleibt dies die wichtigste Botschaft für die Bürger und Leser: Sie werden für ihren Müll mehr zahlen.
- Klare, verständliche Aussage. Die Überschrift sollte dem Laien auf den ersten Blick den Inhalt der Nachricht zusammenfassen. Demnach dürfen darin auch nur solche Namen, Abkürzungen und Fachbegriffe vorkommen, die der Leser versteht oder die sich aus dem Zusammenhang der Überschrift erklären. Diese Bedeutung kann sich auch aus der Unterzeile erschließen. Ein Beispiel ist unser Überschriftenvorschlag für die Meldung über die neue Kita-Leiterin: Die Headline „Immer für die Kinder da" wird von der Subheadline „Bürgermeister XY stellt neue Leiterin Z der Kita W vor" präzisiert. Bestünde die Überschrift nur aus einer einzigen Zeile, müsste sie in etwa lauten: „Z neue Kita-Leiterin". Lange Wörter („Kindertagesstättenleiterin") und unverständliche Fachwörter sollte die Headline ebenso vermeiden wie unverständliche Abkürzungen. Statt „Doppik: HFA berät über MiFriFi" (Doppische Haushaltsführung: Haupt- und Finanzausschuss berät über mittelfristige Finanzplanung) formuliert das Rathaus besser: „Im Ausschuss: Stadtfinanzen bis 2026".
- Neuigkeiten und keine Selbstverständlichkeiten. In der Meldung über die neue Leiterin der Kindertagesstätte würdigt die Headline nicht in erster Linie die Verdienste der nunmehr pensionierten Vorgängerin, sondern sie teilt mit, wer die neue Frau an der Spitze ist. Eine weitere Variante – „Kita W erhält wieder eine Leiterin" – wäre allenfalls angemessen, wenn die Tagesstätte zuletzt von einem Mann geführt worden oder ein Mann ernsthaft als Nachfolger der Ruheständlerin im Gespräch gewesen wäre. Oder wenn die Stadt überlegt hätte, die Kita W von der Leiterin einer anderen Einrichtung mit betreuen zu lassen.
- Kein Ausrufezeichen. Ein Ausrufezeichen sollte, wie der Name sagt, wirklichen Ausrufen wie „Feuer!", „Haltet den Dieb!" oder

„Toooooooooooooooor!“ vorbehalten bleiben. Niemand würde durch die Stadt rennen und wild brüllen: „Müllgebühren werden erhöht!“ oder „Z neue Leiterin der Kita!“ Ist die Nachricht als solche bedeutend genug, weckt alleine der Inhalt das Leserinteresse, dazu braucht es keine Ausrufezeichen. Setzt hier und da ein Texter hinter Nicht-Rufen Ausrufezeichen, ist das ein unbeholfener Versuch, seine Worte spektakulärer zu machen, als sie es sind.

2.2.3.4 Die Sprache

„Den Stil verbessern – das heißt den Gedanken verbessern, und gar nichts weiter“, insistierte der Philosoph Friedrich Nietzsche in „Menschliches, Allzumenschliches“[34]. Was Nietzsche schrieb, gilt bis auf den heutigen Tag und bis zur jüngsten Pressemitteilung, bei welcher das Stadtoberhaupt die Winkelzüge der Planung eines Bürgerhauses knapp auf den Punkt bringen will. Je genauer wir am sprachlichen Ausdruck feilen, desto mehr stellen wir manchmal fest: Wir wissen gar nicht, was wir ganz konkret sagen wollen. Was ist gemeint, wenn das Wort „Infrastruktur“ fällt – Straßen? Schulen? Jugendcafés? Luxushotels? Oder jemand schreibt im Passiv, weil er nicht weiß oder nicht zugeben will, wer für etwas verantwortlich ist, wer der Adressat für Forderungen ist. Aus dem gleichen Grund greifen Schreiber und Redner oft auf das Wörtchen „man“ zurück: „Man müsste“, „man sollte“ ... Es sind Szenen, die wir oft genug in täglichen Gesprächen erleben. Oder der Schreiber will gerne politisch korrekt bleiben und scheut sich drastisch zu präzisieren: Ist ein Sozialhilfebezieher mit „multiplen Vermittlungshemmnissen“ faul, ungebildet, unzuverlässig, asozial, ein Trinker?

Wenden wir uns der Sprache der Pressemitteilungen zu, setzen wir Maßstäbe, die teils auch für andere Formen der Kommunikation gelten – etwa für Reden, Grußworte in Festschriften, Bürgerbriefe und auch E-Mails.

Zum Einstieg ein abschreckendes Originalbeispiel aus dem sprachlichen Gruselkabinett eines Landesministeriums:

> *„Die für fahrzeugbezogene Gefahrenwarnungen notwendige Vernetzung intelligenter Systeme im Fahrzeug mit intelligenter Infrastruktur durch Kommunikation und Kooperation im Verkehr wird derzeit im Rahmen des von den Bundesministerien für Wirtschaft und Technologie sowie Bildung und Forschung geförderten Forschungsprojektes AKTIV entwickelt und erprobt.“*

34 II, 2. Aph. 131.

Wer diese Zeilen zwei- oder dreimal lesen muss, um sie genau zu verstehen, ist vermutlich nicht allein auf der Welt.

Eine leichter verständliche Fassung könnte folgendermaßen lauten:

> *„Wie mit Hilfe technischer Systeme der Verkehr auf den Straßen sicherer werden kann, erproben derzeit Forscher in dem Projekt ‚Aktiv'. Dabei geht es um Warnsysteme im Fahrzeug, die mit Steuerungs- und Informationssystemen im Straßenverkehr verknüpft werden. Unter anderem werden neue Mittel der elektronischen Kommunikation eingesetzt. Das Forschungsprogramm wird von den Bundesministerien für Wirtschaft und Technologie sowie Bildung und Forschung gefördert."*

Ein paar Hinweise, wie ein Rathaus Pressemitteilungen flüssiger gestalten kann, liefern die folgenden Abschnitte.

Zunächst zum generellen Stil. Soll eine Pressemitteilung verständlich und prägnant sein, gelten die allgemeinen Grundsätze von Stilkunde und Journalismus[35]. Allerdings orientiert sie sich nicht an großer Literatur in Lyrik und Prosa, sondern ist in einer informierenden Sprache gehalten. Sie wertet nicht verdeckt und spricht den Leser auch nicht direkt an: Statt „Das neue Bürgerhaus kostet nur 4,5 Millionen Euro" steht da: „Das neue Bürgerhaus kostet nach städtischen Angaben 4,5 Millionen Euro. Diese Kosten seien relativ niedrig, erläutert Bürgermeister XY." Es heißt auch nicht: „Gehen Sie am kommenden Sonntag zur Wahl!", sondern: „Der Bürgermeister ruft die Bürger dazu auf, am kommenden Sonntag zur Wahl zu gehen."

Auch „Soft News", die bunte Geschichten mitteilen, sollten möglichst sachlich geschrieben sein, allenfalls kann eine kursive Überschrift Skurriles andeuten.

In manchen Fällen darf ein Text bei weichen Themen auch etwas lockerer daherkommen.

So hat ein Landkreis einmal eine Mitteilung zu einem gestohlenen historischen Grenzstein herausgegeben. Sie war in einer sachlichen Sprache abgefasst, allerdings verwies der Landrat – freilich überspitzt – in einem Zitat auf eine Bibelstelle aus dem Alten Testament, in der es heißt, es sei derjenige verflucht, der einen Grenzstein verrückt[36]. Dieses

35 Ein Standardwerk zur Stilkunde im Journalismus ist der Überblick von *Schneider,* der seinerseits in vielen Argumenten auf *Reiners* aufbaut. *Reiners* wiederum werden selbst Plagiate vorgeworfen (s. dazu *Reuschel*).

36 5. Mose 27, 17.

Zitat diente dann tatsächlich diversen Medien als Aufhänger für ihre Berichte und sicherte entsprechende Aufmerksamkeit.

Keinesfalls sollte das Rathaus den Journalisten den Sprachstil vorgeben, etwa durch eine Pressemitteilung im bissig-ironisierenden Stil einer Glosse oder im persönlich gefärbten Stil einer Reportage. Journalisten könnten sich stilistisch bevormundet fühlen und würden einen Text in einer solchen Form selten übernehmen. Dinge zu glossieren, in buntem Erleben zu schildern, ist Aufgabe der Medien; die Rathäuser liefern in ihren Pressemitteilungen nur das informative Rohmaterial.

Nach dem Stil nun zur Wortwahl.

Bestimmte Floskeln und Formulierungen halten sich beharrlich in der Sprache von Pressestellen und auch Journalisten. Manche offenbaren sich bei näherem Hinsehen als nichtssagende Worthülsen, andere gar als widersinnig. Absender von Medieninformationen sollten diese Versatzstücke aus ihrem Repertoire verbannen.

Zu diesen unverwüstlichen Formeln gehören:

- „Die Veranstaltung war ein voller Erfolg" (Ein Glück, dass es kein leerer Erfolg war)
- „Der Bürgermeister konnte als Ehrengast den Ministerpräsidenten begrüßen" (Glücklicherweise war der Bürgermeister nicht heiser und war tatsächlich in der Lage zu sprechen)
- „Der Bürgermeister ließ es sich nicht nehmen, das Bürgerhaus persönlich zu eröffnen" (Er überwältigte an der Zufahrt zum Gelände mehrere Bodyguards, die ihn am Auftritt hindern wollten)
- „Für Speis und Trank ist gesorgt" (historisierend-poetisierende Umschreibung für: Es gibt etwas zu essen und zu trinken, oder: für Essen und Trinken ist gesorgt)
- „Ob das gelingt, muss die Zukunft zeigen" (Ein Standardsatz, oft am Ende von Zeitungskommentaren. So banal wie der Hinweis, dass die Erde sich auch morgen noch dreht. Und so entlarvend für den Autoren, der keine Prognose zur Lage wagen will. Am besten einfach weglassen.)
- „Der Bauhofleiter wurde in den verdienten Ruhestand verabschiedet" (Gerne würden wir einmal lesen, jemand sei in den unverdienten Ruhestand gegangen). Besser schlicht: „Der Bauhofleiter wurde in den Ruhestand verabschiedet". Warum er den Ruhestand verdient hat, sollte der Text an konkreten Leistungen des Bauhofleiters zeigen. Ebenso abgedroschen übrigens der laue Wortwitz, jemand

sei „im Unruhestand“ (Würden wir diesen Kalauer allen Ernstes mündlich in unserer Alltagssprache benutzen, gerade gegenüber denen in der Altersgruppe 70 minus?)

- „Das Jubiläum wirft seine Schatten voraus“ (Örtlich unlogisch: Wenn das Jubiläum bevorsteht, wirft es seine Schatten nicht voraus, sondern gewissermaßen in der Zeit zurück ins Jetzt, das Ganze ist, genau betrachtet, ziemlich widersinnig)
- „…, so Bürgermeister XY abschließend“ (Überflüssige Standardfloskel am Ende zahlreicher Pressemitteilungen. Wenn das Zitat die Medieninformation abschließt, merkt das der Leser auch ohne diesen Hinweis)
- „betont“ (ist ein falsches lautmalerisches Bild, weil in einer Pressemitteilung auf dem Papier oder der E-Mail nichts tönt; überdies steht es oft an Stellen, an welcher der Autor einfach „sagen“ schreiben könnte)
- „Das ist nur die Spitze des Eisbergs“ (War zwar für die Passagiere der „Titanic“ eine überraschende Erkenntnis, gehört aber heute auf den Schrottplatz der abgenutzten Metaphern)
- „Es gibt Handlungsbedarf“ (Ein Satz aus der Blähwort-Kiste. Meint schlichtweg: „Wir müssen etwas tun.“ Gehen wir einmal in unsere Stammkneipe und sagen dem Wirt, wir hätten „Trinkbedarf“)
- „Alle Interessierten sind herzlich eingeladen“ (In Stein gemeißelter Satz in Pressemitteilungen von Vereinen und Veranstaltern. Doch die Uninteressierten kommen sowieso nicht. Empfehlung: Komplett streichen. Oder ersetzen durch Hinweise wie „Die Veranstaltung ist öffentlich“ oder „Alle können kommen“.)
- „Wie Bürgermeister XY erklärt …“ (Das schlichte Sagen wird in den Rang einer Deklaration erhoben oder als Erläuterung charakterisiert. Ein Stadtoberhaupt sollte nur etwas „erklären“, wenn er zum Beispiel etwas feierlich verkündet wie die Verschwisterung zweier Partnergemeinden, oder wenn er tatsächlich etwas erläutert, zum Beispiel eine komplizierte Rechtsverordnung)
- „Der Bürgermeister ist vor Ort“ (Das Vor-Ort-Konstrukt taucht auch gerne in Verlautbarungen der Feuerwehr und leider selbst in Redaktionen auf: Feuerwehrkräfte vor Ort, Korrespondent vor Ort. Wir erwarten aber den Bürgermeister, den Feuerwehrmann, den Korrespondenten präzis am Ort des Geschehens und nicht davor)
- „Seitens des“ (Unverwüstliches Wortpaar, besonders beliebt bei Bürokraten: „Seitens des Regierungspräsidiums wurden keine Einwände erhoben“. Wir können es durch ein „von“ oder „vom“ er-

setzen: „Vom Regierungspräsidium gab es keine Einwände“, oder noch besser: „Das Regierungspräsidium hatte keine Einwände“)
- „Mitbürger“ (Oft inhaltsleere Umarmungsformel. Die „Bürgerinnen und Bürger“ genügen)

Zu derartigen Floskeln gesellen sich weitere Wortbildungen und Wortverbindungen, die immer wieder auftauchen, aber sprachlich in sich nicht stimmen. Das Rathaus sollte einen Beitrag dazu leisten, sie nicht weiter zu verbreiten.

Auch hier ein paar Beispiele:

- „Eigeninitiative“ (doppelt-gemoppelt: Die Initiative geht immer von einem selbst aus, sonst ist es keine)
- „vorprogrammiert“ fällt ebenfalls in die Kategorie „doppelt-gemoppelt“. Programmieren ist stets auf den Zustand danach bezogen, das „vor“ ist also überflüssig. Der Ärger ist also nicht vorprogrammiert, sondern schlichtweg programmiert.
- „habe“/„hätte“, „sei“/„wäre“: Redner und Schreiber verwechseln gerne die beiden Konjunktive, dabei sagen die Formen jeweils Unterschiedliches. Steht im Text: „Der Bürgermeister unterstreicht, er habe die Lage im Griff“, dann hat der Bürgermeister wörtlich gesagt: „Ich habe die Lage im Griff“. Heißt es aber „Der Bürgermeister unterstreicht, er hätte die Lage im Griff“, dann hat er gesagt: „Ich hätte die Lage im Griff, wenn mir nicht ständig meine Parteifreunde in den Rücken fallen würden.“ Das Beispiel zeigt: Hier geht es nicht nur um sprachwissenschaftliche Feinsinnigkeiten, sondern um sachliche Unterschiede. Missverständnisse entstehen auch, weil Schreiber und Sprecher oft „sei“ und „wäre“ verwechseln. Steht geschrieben: „Der Bürgermeister sagt, er sei Herr der Lage“ – dann hat er wörtlich gesagt: „Ich bin Herr der Lage“. Heißt es dort aber: „Der Bürgermeister sagt, er wäre Herr der Lage“ – dann hat er gesagt: „Ich wäre Herr der Lage, wenn mir nicht ständig meine Parteifreunde in den Rücken fielen.“ Korrekt zu schreiben, ist demnach kein Prinzipienritt, sondern der Weg zu klarem Verstehen. Der Vollständigkeit halber sei noch erwähnt: Der gelegentlich zu lesende oder hörende Konjunktiv „er/sie/es bräuchte“ existiert in Wahrheit nicht; es heißt: „er/sie/es brauchte“.
- „25-jähriges Dienstjubiläum“, „1000. Stadtjubiläum“: Beides trifft nicht die Sache. Gemeint sind: Jemand ist seit 25 Jahren im Dienst, und die Stadt wird 1000 Jahre alt. Gesagt wird aber: 25 Jahre lang wird das Dienstjubiläum gefeiert (Wird auch zwischendurch irgend-

wann einmal gearbeitet?), und zum tausendsten Mal begeht die Stadt ein Jubiläum – quasi ein Jubiläumsjubiliäum. Richtig wäre: „Er ist seit 25 Jahren im Dienst", und „das 1000-jährige Bestehen der Stadt".

- „Räumlichkeiten", die eine Kommune auch gerne „anmietet". Eine Räumlichkeit ist die Dimension, gemeint sind aber schlicht die Räume. Angemietet heißt: nur teilweise gemietet. Die Räume will die Stadt oder Gemeinde aber komplett mieten. Ähnlich verhält es sich auch mit dem „Ankauf", zum Beispiel von Sammlerstücken für das Stadtmuseum. Eine Skulptur wird in aller Regel vollständig erworben und nicht nur deren linkes Bein.
- Unpräzise oder sogar falsch sind auch die Substantivierungen „Fragestellung" und „Zielsetzung". Dem Wortsinn nach beschreiben sie den Vorgang, Fragen zu stellen und Ziele festzulegen. Gemeint sind aber in der Regel die Fragen und Ziele selbst.

Hinzu treten Wörter, die nur füllen und keine informative Bedeutung transportieren. Wir können sie getrost streichen: „ja" („Wir haben ja bereits vor einiger Zeit ..."), „nun" und „also" („Wir müssen nun also Folgendes tun ..."), „natürlich" („Wir werden uns natürlich für eine Lösung des Problems einsetzen."). Beharrliche Überlebenskunst zeigt auch das Wort „bekanntlich": „Bekanntlich hat die Stadt das Grundstück für das Bürgerhaus bereits im vergangenen Jahr gekauft." Wenn etwas bekannt ist, muss es der Texter nicht noch einmal schreiben. Das Gleiche gilt für „selbstverständlich": „Die Besucher erhalten selbstverständlich ihr Geld zurück." Versteht sich etwas von selbst, müssen wir es nicht erwähnen.

Ersetzen sollten wir nach Möglichkeit Verneinungen und Passivkonstruktionen, weil sie entweder aufgebläht sind, schwer zu verstehen oder unbestimmt: statt „ungut" lieber „schlecht", statt „er hat nicht allzu viel zu verlieren" lieber „er hat wenig zu verlieren". Das verschleiernde und schwerer verständliche Passiv sollte der Texter durch das Aktiv ersetzen: „Die Müllgebühren wurden erhöht" lässt im Unklaren, wer Schuld ist, im Gegensatz zum klaren „Die Stadt hat die Müllgebühren erhöht". Das aus dem Lateinischen stammende Wort Passiv heißt auf Deutsch „Leideform"; es sollte auch nur dort auftauchen, wo der Schreiber die Opferrolle hervorheben will: „Zehn Menschen sind beim ersten Herbststurm schwer verletzt worden" statt „Der erste Herbststurm hat zehn Menschen schwer verletzt".

Geradezu klassisch verschleiernd ist das bereits erwähnte, allseits beliebte Wörtchen „man“: „Man muss dieses Problem lösen.“ Wer muss das lösen: Wir? Die anderen? Wer auch immer? Um klar zu schreiben, muss der Texter präzise benennen, wer Schuld hat und wer gefordert ist – es sei denn, er will gezielt vernebeln; zum Beispiel, weil zu dem „man“ er selbst gehört.

Um prägnant und lebendig zu schreiben, sollten Pressemitteilungen den so genannten Papierstil meiden. Er verwendet häufig abstrakte Wörter und ersetzt aktive Verben durch spröde Substantive (letzteres Phänomen heißt Nominalstil).

Oft weisen die Endungen „-ung“, „-heit“, „-keit“, „-schaft“ und „-ion“ auf ein solch sprödes Substantiv hin, das wir mit einem plastischen Ausdruck oder einem lebendigen Verb ersetzen können: „Dieser Text liegt dem Ausschuss zur Beschlussfassung vor“ können wir austauschen durch: „Der Ausschuss kann über diesen Text beschließen“; „Die Beschaffenheit des Erdreichs an der Baustelle ist schwierig“ klingt besser in der Variante „Der Boden an der Baustelle ist schwierig.“; „Die Gültigkeit des Angebots ist abgelaufen“ können wir ersetzen durch „Das Angebot gilt nicht mehr.“; „Die Bürgerschaft von Z-Stadt befürwortet ein Bürgerhaus“ sollten wir austauschen durch „Die Z-Städter wollen ein Bürgerhaus“; „Die Installation der neuen Gebäudetechnik ist für Juni vorgesehen“ liest sich besser in der Variante „Die neue Gebäudetechnik soll im Juni installiert werden“. Texter können viele Wörter und Verbindungen auch ersetzen, ohne den ganzen Satz umzubauen: „Bevölkerung“ durch „Bürger“ oder „Menschen“, „Gebietskörperschaften“ durch „Kreise“, „Städte“ und „Gemeinden“. In die Kategorie der Papierwörter gehören auch „durchführen“ und „veranstalten“: „Eine Veranstaltung wird durchgeführt“. Das klingt nach pflichtgemäßer, dröger Langeweile. Es geht aber noch ungelenker: „Eine Veranstaltung wird zur Durchführung gebracht“. Warum nicht einfach schreiben „Es wird gefeiert“ oder „Die Feier beginnt um 16 Uhr“? Feiern wir unser Wiegenfest, sagen wir doch auch, wir hätten „Geburtstag gefeiert“ und nicht, wir hätten „unsere Geburtstagsfeier zur Durchführung gebracht“.

Ein Signalwort für tote Sprache ist ferner das Wort „erfolgen“: „Die Ehrung erfolgt im Rahmen der nächsten Ratssitzung“; das lässt sich austauschen durch: „Er/sie wird in der kommenden Sitzung des Rats geehrt.“

In den Reigen der ungelenken Blähkonstrukte reiht sich auch das ein, was Sprachwissenschaftler ein Funktionsverbgefüge nennen. So umständlich wie dieser Fachbegriff ist es oft auch: eine standardisierte Verbindung von Haupt- und Tätigkeitswort. Die Phrase „zur Durchführung bringen“ ist solch ein Beispiel. Oft können wir diese Konstrukte durch ein einziges Verb ersetzen: „einen Beschluss fassen“ durch „etwas beschließen“, „Bezug nehmen auf“ durch „sich beziehen auf“, „eine Reise unternehmen“ durch „reisen“. In der bürokratischen und rechtlichen Fachsprache hat dieses Sprachmittel Vorteile, weil es feinste Bedeutungsabstufungen ermöglicht; so bezeichnet „eine Strafe verhängen“ im Gegensatz zum simplen „bestrafen“ einen rechtlich-formalen Akt. In den meisten Fällen spielen solche feinen Unterschiede in Pressemitteilungen aber keine Rolle.

Überhaupt sollten sich die Autoren von Medieninformationen vor fachsprachlichen Begriffen und Fremdwörtern hüten. Fachwörter, die sie aus bestimmten Gründen nicht streichen dürfen, müssen sie kurz erläutern, beispielsweise durch eine Klammer: „Für die Dekontamination (Entgiftung) von Ausrüstung nach Chemieunfällen setzt die Feuerwehr eine extra dafür entwickelte Anlage ein“. Muss der Texter einen Begriff etwas genauer erklären, schiebt er diese Information ans Satzende oder in einen zweiten Satz: „Demnächst wird der Flächennutzungsplan beschlossen, der einen Rahmen setzt für den Städtebau der kommenden Jahre“ oder „Der Flächennutzungsplan wird demnächst beschlossen. Dieses Dokument setzt einen Rahmen für den Städtebau der kommenden Jahre.“

Gutachter, Ingenieure, Architekten und andere Experten von außerhalb sind für ihre fachsprachlichen Präsentationen in Ausschusssitzungen berüchtigt. Viele mögen ausgezeichnete Fachleute auf ihrem Gebiet sein, haben aber nicht gelernt, ihre Themen vor einem Laienpublikum allgemein verständlich darzulegen. Aber auch mancher Verwaltungsmensch hat seine Fachsprache so verinnerlicht, dass er selbst nach Feierabend nicht von ihr lassen kann. Dem Autor war vor Jahren ein Stadtbaurat persönlich bekannt, der selbst beim abendlichen Bier in der Kneipe von „fußläufigen Verbindungen“ statt von Gehwegen sprach.

Verständliches Schreiben heißt bildliches Schreiben. Wörter müssen in den Köpfen der Leser Bilder zeichnen. Nicht nur die Architekten und Ingenieure bieten dafür reichlich negatives Anschauungsmaterial, sondern auch der Katastrophenschutz – ausgerechnet diese Profession mit ihren plastischen, bildstarken Themen. Wenn ein Unwetter über X-Stadt niedergegangen ist, dann soll das in der Pressemitteilung auch ein Unwetter sein und kein „Starkregenereignis“, wie es die Katastrophenschützer nennen. Und wenn die Desaster-Experten von einem „Großschadensereignis" oder gar einem MANV (Massenanfall von Verletzten) sprechen, dann nennt es die Pressemitteilung je nach Lage der Dinge eine Katastrophe, ein großes Unglück, eine Massenkarambolage oder was auch immer es präzise gewesen ist.

Manche Fachleute im Rathaus schütteln den Kopf, wenn die Autoren von Pressemitteilungen Fachwörter für den Laien übersetzen. Zeter und Mordio schreien sie – nicht alleine, weil sie kein Verständnis haben für das Unverständnis der Laien, sondern auch, weil sie dann in den eigenen Fachkreisen womöglich als Dilettanten gelten: „Wenn wir das so schreiben, machen wir uns doch landesweit vor den Kollegen lächerlich." Doch bei Pressemitteilungen für die Massenmedien gibt es nichts zu diskutieren: Finden wir kein Wort, das einerseits die Fachleute ernst nehmen und andererseits die Laien verstehen, dann schlagen wir uns auf die Seite der Laien. Der Köder muss dem Fisch schmecken, und nicht dem Angler.

Bildlich, verständlich zu schreiben heißt aber nicht nur, die richtigen Wörter zu verwenden, sondern wir brauchen auch griffige Vergleiche. Das gilt gerade bei Zahlen und Größenordnungen, unter denen sich Laien nur schwer etwas vorstellen können. Vor allem Hohl-, Flächen- und Gewichtsmaße sind den meisten Lesern zu abstrakt. Ein sehr großes Hohlmaß können wir beispielsweise auf den Inhalt von Schwimmbecken umrechnen, für eine Fläche eignen sich als Vergleich Fußballfelder oder, bei sehr großen Dimensionen, bekannte Städte oder Bundesländer. Gewichte lassen sich je nach Größenordnung auf Kleinwagen oder auch Bauwerke umrechnen.

Eine Pressestelle übersetzte die in einer Region gesammelte Menge an Haus- und Sperrmüll in Eiffeltürme: Auf der Deponie waren im Jahresverlauf insgesamt 411000 Tonnen Abfall gelandet. Die meisten Leser hätten sich darunter nichts vorstellen können. Anders war das, als sie erfuhren, auf der Deponie sei das Gewicht von 41 Eiffeltürmen abgeladen worden.[37]

Wörtliche Zitate in einer Pressemitteilung sollen Farbe bringen und werten, nicht bloß Fakten nennen: „Die Einwohnerzahl ist um 15 Prozent gewachsen" ist kein geeignetes Zitat, sondern „Das Plus von

---

37 Wer griffige Vergleiche für ein bestimmtes Maß sucht, kann in der Internet-Enzyklopädie Wikipedia nachschauen. Dort sind für die diversen Maße Größenvergleiche gelistet, eine Gesamtübersicht zum Einstieg bietet die Seite „Größenordnung" (http://de.wikipedia.org/wiki/Größenordnung).

15 Prozent Einwohnern zeigt, wie attraktiv unsere Stadt ist". Die puren Fakten (Anstieg der Einwohnerzahl) gehören in die indirekte Rede („Der Bürgermeister sagt, die Einwohnerzahl sei um 15 Prozent gestiegen") oder in den relativierten Indikativ („Nach Angaben des Bürgermeisters ist die Einwohnerzahl um 15 Prozent gestiegen.")

Damit bei der Quellenangabe des Zitats nicht immer eintönig „sagte" steht, müssen diverse Varianten her. Möglich sind „erläuterte", „erklärte", „stellte fest", „unterstrich" (aber nur, wenn der Zitierte tatsächlich etwas erläutert, feierlich erklärt oder etwas hervorhebt, also unterstreicht). Der Schreiber könnte auch zu einem verkürzenden „so" greifen: „Die Einwohnerzahl sei um 15 Prozent gestiegen, so der Bürgermeister." Das Wort „laut" empfiehlt sich weniger, weil der Rathauschef das Zitat in aller Regel nicht herausschreit. Andere Varianten sind „nach Mitteilung von", „nach Angaben von", „nach Darstellung von", „wie XY mitteilt", „wie XY berichtet", „XY zufolge". Das Zitierte steht dann allerdings im Indikativ („Nach Angaben des Bürgermeisters ist die Einwohnerzahl um 15 Prozent gestiegen"). Diese Variante bietet sich an, wenn sich bei längeren indirekten Zitaten sonst eintönig Konjunktiv an Konjunktiv reihen würde. In einer Medieninformation empfiehlt sich ein moderater Wechsel zwischen Konjunktiv- und Indikativ-Varianten.

Vorsicht ist geboten bei Zitaten von berühmten Persönlichkeiten. Der Band mit Goethe-Bonmots kann getrost im Schrank verstauben. So mancher drittrangige Texter will damit krampfhaft sein glanzloses Elaborat adeln, und die Leser merken dennoch, dass er nichts Hochgeistiges zu bieten hat. Manches Dichterwort in einer politischen Rede wirkt wie schnell herbeigegoogelt. Der Schreiber sollte allenfalls auf Zitate zurückgreifen, wenn sie tatsächlich einen erhellenden Mehrwert bringen – beispielsweise ein auf Bildung gemünzter Aphorismus jenes Dichters, nach dem eine Schule benannt wird.

Worte, die berühmten Personen zugeschrieben werden, bergen ein historisches Risiko. Manches Zitat ist nicht so gefallen, wie es die eine Generation an die nächste vererbt, oder es stammt gar von einem anderen Autor. Vielleicht fehlt auch ein wichtiger Nachsatz aus dem Original, und so wird die Aussage ins Gegenteil verkehrt. Sind die Gegner unter den Journalisten, den Lesern oder den Politikern halbwegs gebildet, könnte sie einem das Zitat dann um die Ohren hauen.

Zwei Beispiele für geläufige Zitate, die in Wortwahl oder Bedeutung auf schwankendem Boden stehen:
Der namentlich von der Friedensbewegung bemühte Satz „Stell dir vor, es ist Krieg und keiner geht hin“ stammt angeblich von dem Dramatiker Bertolt Brecht. In Wahrheit aber taucht er in dem Gedicht „The People“ des Amerikaners Carl Sandburg (1878–1967) auf und lautet dort weniger elegant: „Eines Tages werden sie einen Krieg machen, und niemand wird kommen“ („Sometime they'll give a war and nobody will come“).

Eine der größten Fehlinterpretationen leisteten sich die Nazis mit der Deutung, „Deutschland über alles“ markiere den Anspruch an die Weltherrschaft. In Wirklichkeit aber hatte der Dichter Hofmann von Fallersleben zu Zeiten der Kleinstaaterei des 19. Jahrhunderts die Bedeutung eines vereinigten Deutschlands gegenüber territorialer Zersplitterung gerühmt: Deutschland über Bayern, Baden und all den Provinzfürstentümern.

Quellen, auf die sich eine Medieninformation bezieht, sollte das Rathaus nennen. Das gilt zum Beispiel, wenn eine Pressemitteilung auf Statistiken und Rankings fußt: „Laut der jüngsten Umfrage des Instituts von Allensbach …“ oder „Nach einer Untersuchung der Stiftung Warentest …“ Für Nachfragen von Journalisten sollten der Bürgermeister oder seine Pressestelle die Studie oder zumindest den genauen Quellenbeleg parat haben.

Abgesehen von Stil und Wortwahl müssen Medieninformationen aber auch gewisse Formen wahren.

Zunächst zu den Zeitangaben. In der Regel sind detaillierte Daten im Text überflüssig, ausgenommen bei Terminankündigungen. Statt „Am Montag, 17. Oktober, hatte die Stadtverordnetenversammlung beschlossen …“ genügt: „Vergangenen Oktober hatte die Stadtverordnetenversammlung beschlossen …“ Vielleicht reicht aber auch „2023 hatte die Stadtverordnetenversammlung beschlossen …“ Wichtig sind solche exakten Datumsangaben hingegen, wenn der genaue Zeitpunkt eine besondere Rolle spielt. So zum Beispiel, wenn bei Skandalen Politiker und Medien diskutieren, welcher Verantwortliche wann genau von einem Vorgang erfuhr. Bei der Aufbereitung von Katastrophen geht es manchmal um Minuten („Um 9.10 Uhr ging der Alarm vom Brand in der Chemiefabrik ein, aber erst um 9.55 Uhr erreichte der erste Feuerwehrwagen das Werksgelände“). Muss die Meldung genaue Daten nennen, gehört bei Ankündigungen von Veranstaltungen oder

Ereignissen der Wochentag dazu. Der Monat wird dabei ausgeschrieben („Der Tag der offenen Tür beginnt am Sonntag, 17. Oktober, um 10 Uhr"). Dieses Reglement entspricht der Sprache der Nachrichtenagenturen, die auch Radio und Fernsehen beliefern. Die Angabe „17. Oktober" hört sich eleganter an als „17.10.", außerdem verstehen sie die Hörer etwas leichter. Die Jahreszahl sollte wegfallen, wenn das Ereignis im laufenden Jahr stattfand oder noch stattfindet. Eine Ausnahme gilt, wenn der Leser die Angaben missverstehen könnte, wenn etwa der Text von verschiedenen Ereignissen in verschiedenen Jahren spricht oder wenn das Rathaus die Meldung um die Jahreswende herum verschickt.

Zeitangaben wie „gestern", „heute" und „morgen" sollten in Pressemitteilungen grundsätzlich nicht auftauchen. Das Rathaus weiß nicht, wann die Medien die Meldung bringen, und schon morgen wird das „heute" nur noch ein „gestern" sein. Ist aus bestimmten Gründen, beispielsweise der Aktualität wegen, eine derartige Zeitangabe nötig, sollte die Mitteilung den Wochentag mit anführen; sonst könnten Redaktionen die Meldung liegen lassen und aus Versehen nach dem betreffenden Tag veröffentlichen in der irrigen Annahme, sie sei noch aktuell. Nachrichtenagenturen lösen das Problem zum Beispiel mit einer Klammer: „Heute (Donnerstag) öffnet in Z-Stadt das neue Bürgerhaus". Dann kann die Redaktion den Wochentag streichen, wenn der Text an jenem Tag erscheint. Denkbar wäre auch „Am heutigen Donnerstag öffnet in Z-Stadt das neue Bürgerhaus".

Auch bei Namen gibt es einiges zu beachten.

Die Anrede „Herr" oder „Frau" fällt weg, der Vorname taucht nur bei der ersten Nennung im Text auf. Bei akademischen Titeln schreiben wir den „Professor" aus, den „Dr." hingegen kürzen wir ab. Manche Medien und Pressestellen erwähnen akademische Titel nur, wenn die Person in einem wissenschaftlichen Kontext auftritt – beispielsweise, wenn ein Professor Dr. in der Stadthalle über Krankheiten der Herzkranzgefäße vorträgt. Andere wiederum sparen die Titel generell aus. Auf jeden Fall aber fallen der Dipl.-Ing., der M.A. und dergleichen weg. Tauchen überhaupt Titel auf, gilt das Gleiche wie bei den Vornamen: nur bei der Ersterwähnung. Die permanente Wiederholung im Text kann auf die Leser penetrant, arrogant oder antiquiert wirken.

Großbuchstaben bei Namen von Firmen und Institutionen übernimmt die Pressemitteilung nur, wenn es Abkürzungen sind, beispielsweise die Kürzel der Parteien oder NATO und EU. Werden sie im Original nur aus werbetaktischen Gründen groß geschrieben, übersetzen wir sie in Groß- und Kleinbuchstaben („Bündnis 90/Die Grünen“ statt „BÜNDNIS 90/DIE GRÜNEN“).

Vorsicht auch bei Bindestrichen: Viele setzen bei mehrteiligen Namen oft nur den letzten Bindestrich, was schlichtweg gegen die Orthographie verstößt. Sprachlich korrekt heißt es „Johann-Wolfgang-Goethe-Gymnasium“, auch wenn sich die Schule selbst „Johann Wolfgang Goethe-Gymnasium“ schreiben sollte. Das wäre dann nämlich ein gewisser Herr Goethe-Gymnasium, mit Vornamen Johann Wolfgang.

Fallstricke lauern auch bei der Geschlechtertrennung.

Der Wunsch, Mann und Frau gleich zu behandeln, hat manch sprachliches Kuriosum kreiert. Darunter fällt das in der deutschen Rechtschreibung nicht vorgesehene Binnen-I („MitbürgerInnen“) und in jüngerer Zeit auch quasi allumfassende und deutschlandweit umstrittene Markierungen wie der Gender-Stern[38] ebenso wie die sprachliche Kapriole einer Kirchengemeinde im Hessischen, die einmal einen Brief nicht nur an ihre Mitglieder, sondern auch ihre „Mitgliederinnen“ adressierte. Derartige Irrwege sollte ein Rathaus in seinen Pressemitteilungen nicht einschlagen. Auch die in Stellenanzeigen statthaften Varianten mit Klammer, Schrägtisch und mittlerweile unbestimmten diversen Identiäten, die die Kategorien von Mann und Frau sprengen („Leiter(in)“, „Leiterer/in“, „Leiter (m/w/d)) eignen sich nicht für Medieninformationen. Es gilt das Prinzip der Texte von Nachrichtenagenturen: Der Text muss sich vorlesen lassen, also beispielsweise im Radio, und die Hörer oder Leser müssen ihn sofort verstehen. Vertretbar wären noch vollständige Wortpaare wie „Bürgerinnen und Bürger“; aber wenn eine Pressemitteilung sie permanent wiederholt, machen sie den Text sperrig und verlängern ihn unnötig. Das Rathaus könnte begrenzte geschlechterspezifische Ungerechtigkeiten in Kauf nehmen, indem es zum Beispiel alle unter der maskulinen Form „Bürger“ zusammenfasst. Wem das zu männerlastig ist, kann auch von der „Bevölkerung“ sprechen, aber dann haben wir wieder eines dieser papiernen „-ung“-Wörter. Wir reden bezeichnenderweise auch von einem „Bürgerhaus“ und

38 Die Frage, wie neben Mann und Frau weitere geschlechtliche Identitäten abgebildet werden könnten oder sollten, würde den Rahmen dieses Buches sprengen. Aus sprachlich fundierter Sicht hilft hier ein Blick auf Empfehlungen der Gesellschaft für deutsche Sprache: https://gfds.de/standpunkt-der-gfds-zu-einer-geschlechtergerechten-sprache/.

nicht von einem „Bevölkerungshaus“, und am männlich benannten „Einwohnermeldeamt“ nimmt ebenfalls niemand Anstoß.

Das Stadtoberhaupt kann das heikle Kap auch geschickt durch sprachliche Alternativen umschiffen. Statt zu formulieren „Die Bürgerinnen und Bürger können es kaum erwarten, endlich ein Bürgerhaus zu haben“, kann der Bürgermeister auch feststellen: „Wer in Z-Stadt lebt, freut sich auf das Bürgerhaus“. Damit hat er die Aussage auch noch prägnanter und damit zitierfähiger formuliert – und überdies auch jenseits von Mann und Frau alle geschlechtlichen Identifikationen zusammengefasst.

Bei Abkürzungen muss der Texter ebenfalls einiges beachten. Abkürzungen für Adressen, Größenangaben, Maßeinheiten und dergleichen schreibt er am besten aus: „Prozent“ statt „%“, „Straße“ statt „Str.“, „Kilometer“ statt „km“, „Quadratmeter“ statt „qm“ oder „m^2“. Das Gleiche gilt für sprachliche Standardkürzel wie „unter anderem“ („u. a.“), „zum Beispiel“ („z. B.“), „und so weiter“ („usw.“).

Zahlen sind in Medieninformationen ab der 13 grundsätzlich ausgeschrieben; eine leicht zu merkende, alte Regel der Zeitungssetzer fordert: „elf, zwölf, 13“. Ausnahmen sind beispielsweise Uhrzeiten (9 Uhr statt neun Uhr), Daten (15. Mai statt fünfzehnter Mai) und Schulklassen (8. Klasse statt achte Klasse). Bisweilen bedeuten eine ausgeschriebene und eine nicht ausgeschriebene Zahl sogar Verschiedenes: Die „8. Klasse“ ist die Klasse in der Jahrgangsstufe zwischen der 7. und der 9. Klasse, die „achte Klasse“ aber kann zum Beispiel die mittlerweile achte Klasse einer Schule sein, die bei Wettbewerben einen Preis gewonnen hat.

Auch unterhalb der 13-er Schwelle werden Ziffern geschrieben, wenn sie mit höheren Zahlen verbunden sind, zum Beispiel „von 9 bis 13 Uhr“, „von 6 bis 16 Jahren“ oder „zwischen 5 und 15 Euro“.

Lange oder zu detaillierte Zahlen werden in Buchstabe n ausgedrückt oder gerundet: „eine Million“ statt „1000000“, „rund 120 Quadratmeter“ statt „121,43 Quadratmeter“. Es sei denn, es gibt triftige Gründe, die exakte Zahl zu nennen: „Von dramatisch höheren Schulden der Stadt könne keine Rede sein, so der Bürgermeister. Die Schulden seien im vergangenen Jahr von 23,456 auf 23,457 Millionen Euro gestiegen.“ In aller Regel werden Millionenbeträge allerdings nur bis zur ersten, maximal bis zur zweiten Stelle hinter dem Komma angegeben.

All das hilft nichts, wenn der Satz zu sperrig gebaut ist. Der Leser muss ihn im ersten Anlauf verstehen. Neben der Wortwahl entscheiden darüber Satzlänge und Satzbau. Als verständlich gelten Sätze mit bis zu 18 Wörtern, der Durchschnitt in Zeitungen beträgt 16 Wörter. Der vorangegangene Satz hat genau diesen Mittelwert.

Der Satzbau folgt dem Prinzip: Hauptsachen in Hauptsätze, Nebensachen in Nebensätze. Ein Indiz für eine Schieflage ist das Wörtchen „dass“: „Der Bürgermeister kündigt an, dass ein neues Bürgerhaus gebaut werde“. Die Hauptsache ist: Es gibt ein neues Bürgerhaus. Die Leser interessiert erst in zweiter Linie, wer das gesagt hat. Also: „Ein neues Bürgerhaus soll gebaut werden. Das kündigt der Bürgermeister an.“ Oder „Ein neues Bürgerhaus solle gebaut werden, teilt der Bürgermeister mit.“ Oder: „Nach Mitteilung des Bürgermeisters soll ein neues Bürgerhaus gebaut werden“.

Wichtiges sollte möglichst an den Satzanfang, dabei kann der Text die traditionelle Reihenfolge Subjekt-Prädikat-Objekt vernachlässigen. „Der Stadtrat hat beschlossen, ein neues Bürgerhaus zu bauen“ kann der Schreiber ersetzen durch: „Den Bau eines neuen Bürgerhauses hat der Stadtrat beschlossen.“ Nachrichtlich orientierte Meldungen wählen dieses Prinzip gerne im Leadsatz. („Als ‚neuen Mittelpunkt für die Z-Städter‘ für die Stadt hat Bürgermeister XY das geplante Bürgerhaus gewertet“, „Höhere Müllgebühren hat der Rat von Z-Stadt beschlossen“.)

Unübersichtliche Sätze gehören entschachtelt und entklammert. Der deutsche Schachtelsatz ist berüchtigt.

Die Beispiele reichen von Heinrich von Kleist bis Thomas Mann, die aus den Nebensatz-Ketten Kunst machten, bis hin zu Magistratsvorlagen und ungelenken Pressemitteilungen, die den Leser nur verwirren:

> *„Der Stadtrat hat, wie Bürgermeister XY mitteilt, in seiner jüngsten Sitzung am 17. Juni, der letzten vor Beginn der Sommerpause, den Bau eines neuen Bürgerhauses, der ‚ein Mittelpunkt für alle Z-Städter‘ sein soll, für das kommende Jahr beschlossen.“*

Hier gehen die beiden Geschwister des Wirrwarrs, der Satzbau und die Satzlänge, eine unheilige Allianz zum Nachteil des Lesers ein – oder wer kann nach dem ersten Lesen sämtlichen Fakten aus dem Satz auswendig wiederholen? Dieser einzige Satz enthält, je nach Lesart, fünf bis zehn Informationen: vom Urheber des Beschlusses (Stadtrat) über den Inhalt (Bau eines Bürgerhauses) und die Quelle (Bürgermeister XY) bis zum Zeitpunkt des Beschlusses (am 17. Juni, noch vor der Sommerpause) und eine Wertung („ein Mittelpunkt“). Es sind allesamt

Informationen, die besser über mehrere Sätze verteilt wären, und zwar sortiert nach deren Wichtigkeit.

Der lange Satz fordert uns nicht nur auf zu entschachteln, also Haupt- und Nebensätze übersichtlich zu ordnen; sondern wir müssen ihn auch entklammern. Hier stoßen wir auf einen weiteren Pferdefuß der deutschen Sprache: Während im Englischen „has decided" beieinander steht, erlaubt die deutsche Grammatik, zwischen „hat" und „beschlossen" eine theoretisch unbegrenzte Zahl von Wörtern zu packen. Im Beispiel mit dem Bürgerhaus-Beschluss sind es 35, es könnte aber auch ein ganzer Roman sein. Wir entklammern, indem wir die Bestandteile „hat" und „beschlossen" möglichst nahe zusammenführen und die übrigen Informationen in einen Nachsatz oder in weitere Sätze schieben.

Das Ergebnis könnte so aussehen:

> *„Den Bau eines neuen Bürgerhauses hat der Stadtrat beschlossen. Nach Mitteilung von Bürgermeister XY wird das Zentrum im kommenden Jahr eröffnet, es solle ‚ein Mittelpunkt für alle Z-Städter' werden. Entschieden habe der Rat noch vor der Sommerpause in seiner Sitzung vom 17. Juni."*

Seine Tücken hat das Perfekt auch als Partizip.

Es dient oft als Vehikel, um ein tonnenschweres Informationspaket auf einen Satz zu packen:

> *„Die Eröffnung des nach Mitteilung von Bürgermeister XY in der jüngsten Sitzung des Stadtrats vom 17. Juni beschlossenen Baus des Bürgerhauses ist für das kommende Jahr vorgesehen."*

Das Partizip Perfekt „beschlossenen" bläht der Schreiber unerträglich auf durch die Erweiterung „nach Mitteilung von Bürgermeister XY in der jüngsten Sitzung des Stadtrats vom 17. Juni".

Unübersichtlich aufladen kann ein Schreiber seinen Satz aber auch mit Gedankenstrichen oder Klammern: „Die Müllgebühren – die Stadt hat sie seit zehn Jahren nicht erhöht – sollen angepasst werden" oder „Die Müllgebühren (seit zehn Jahren nicht von der Stadt erhöht) sollen angepasst werden". Die ins Mittelfeld gepressten Informationen wandern besser ans Ende oder bilden gleich einen neuen Satz: „Die Müllgebühren sollen erhöht werden, nachdem sie seit zehn Jahren von der Stadt nicht verändert worden sind." Alternativ: „Die Müllgebühren werden erhöht. Seit zehn Jahren sind sie von der Stadt nicht verändert worden."

Sind Stil, Wortwahl, Formalien, Satzbau beachtet, geht der Schreiber die Pressemitteilung nochmals durch. Am besten liest er sich die Medieninformation laut oder zumindest halblaut vor. Bisweilen stolpert er dabei über sprachliche oder logische Brüche, die ihm beim stummen Querlesen nicht aufgefallen wären.

Beim Lautlesen markieren wir alle falschen Wörter und Konstruktionen und setzen Schlangenlinien, wo wir rhythmisch stolpern. Nachdem wir sprachlich gefeilt, vereinfacht, klarer formuliert und strukturiert haben, lesen wir den Text nochmals laut oder zumindest murmelnd. Am besten wäre es, wenn ihn noch jemand anderes kritisch durchgeht, bevor wir ihn versenden. Ist es nicht möglich oder angesichts des Themas übertrieben, den Text laut zu lesen, sollten wir ihn wenigstens zur Kontrolle einer zweiten Person geben.

2.2.3.5 Die formale Gestalt

Der Text muss eine übersichtliche Länge haben. Nur in wenigen Ausnahmefällen sollte er eine DIN-A4-Seite überschreiten. Er ist einseitig bedruckt; zweiseitig bedruckte Texte stammen aus der Zeit, da Pressestellen sie per herkömmlicher Post verschicken mussten und auf diese Weise Porto sparen wollten. Gewiss darf die Pressemitteilung auch länger sein, aber mit jeder zusätzlichen Zeile steigt das Risiko, das die Redaktion sie kürzt, und zwar an den falschen Stellen. Sogar Anzeigenblätter, die Pressemitteilungen oft wortgetreu übernehmen, kennen Schmerzgrenzen. Und selbst wenn die Zeitung einen langen Text komplett abdruckt: Das schmeichelt zwar dem Selbstbewusstsein des Stadt- oder Gemeindeoberhaupts, aber die meisten Leuten lesen es nicht.

Der Text ist anderthalbzeilig abgefasst, mit einer Leerzeile zwischen den Absätzen. Damit können ihn Journalisten am Bildschirm leichter lesen. Alle anderen Formatierungsratschläge, die manche Kommunikationshandbücher früher gaben, orientierten sich wohl an einem Berichterstatter, wie es ihn immer seltener gibt: der sich die Medieninformation ausdruckt und auf dem Papier redigiert. Sie empfahlen Seitenränder von bis zu fünf Zentimetern, und mal sollten 40 bis 60 Zeichen in eine Zeile passen, mal nur 35 bis 45. Auch rieten manche, die Zeilen- und Zeichenzahl anzuführen, damit der Redakteur leichter abschätzen konnte, wie lang der Text im Layout der Zeitung wäre. Der Journalist von heute aber kopiert den Text eher gleich in die Maske seines Redaktionssystems. Seitenränder spielen da keine Rolle, und die Tastaturfunktionen „Ausschneiden“, „Einfügen“ und „Löschen“ haben oft den Kugelschreiber oder Textmarker zum Redigieren abgelöst. Liest der Journalist die Medieninformation ins Redaktionssystem ein, erkennt er sofort, wie lang der Text im Druck werden dürfte, wenn er ihn nicht kürzt.

Versandt wird der Text entweder als angehängte Word-Datei (im Fall einer Medieninformation als pdf) und als Nur-Text im Fenster der Mail.

Verschiedene formale Hinweise allerdings müssen die Absender beachten. Über dem Text sollte „Pressemitteilung“, „Pressinformation“, „Medienmitteilung“, „Medieninformation“ oder ähnliches stehen. Das stellt klar: Es folgt eine offizielle Information der Stadt, und die Medien dürfen sie veröffentlichen. Der Absender gibt auch den Ort, das Datum und den Ansprechpartner für Rückfragen an (Name, Adresse, Telefon, Fax, Mailadresse, städtische Homepage). Anders als die Publikationen der freien Presse unterliegen Pressemitteilungen und andere Veröffentlichungen der Kommune zwar nicht den Landespressegesetzen und müssen demnach kein Impressum haben oder auf andere Weise einen Verantwortlichen benennen[39]. Aber es ist Standard und Gebot des Service, trotzdem einen Kontakt für Rückfragen anzugeben. Über dem Text kann der Absender für bestimmte aktuelle Fälle auch eine Sperrfirst setzen („Bitte Sperrfrist beachten: Beginn der Veranstaltung“ oder das Datum und die Uhrzeit). Allerdings müssen sich Journalisten nicht an diese Frist halten, auch wenn viele Pressestellen denken, sie sei rechtlich bindend. Die Konsequenz aus alledem: Entstünde durch eine Vorabveröffentlichung großer Schaden, lieber die Mitteilung erst versenden, wenn die Medien sie sofort publiziert dürfen. Für Tageszeitungsjournalisten ist diese ganze Frage irrelevant, für aktuell sendende Rundfunkredaktionen aber spielt es sehr wohl eine Rolle.

Die graphische Gestalt der Medieninformation folgt dem Corporate Design (CD) des Rathauses. Die Pressemitteilung trägt das Wappen oder Logo der Stadt und ist abgefasst in der Standardschrift der Kommunalverwaltung. Auf diese Weise unterstützt sie den einheitlichen öffentlichen Auftritt der Stadt oder Gemeinde.

2.2.3.6 Der Versand

Um Medieninformationen zu versenden, bieten sich der eigene Verteiler oder ein externer Dienst an. Ob solche Anbieter etwas bringen – seien es kostenlose wie „Open PR“[40] oder kostenpflichtige wie OTS[41] –, ist aber umstritten. Zwar erreichen sie rein theoretisch bundesweit viele Medien. Für lokale Geschichten aber ist die Kommune mit einem

39 Ausnahme ist ein Amtsblatt mit einem Anzeigenteil. Für diesen Anzeigenteil muss ein presserechtlich Verantwortlicher benannt werden.

40 www.openpr.de.

41 www.newsaktuell.de.

eigenen Verteiler besser bedient. Mit Mailverteilern lässt sich das heute gut organisieren.

Baut ein Rathaus einen eigenen Verteiler auf, sollte es neben den regulären Print-, Rundfunk- und Onlinemedien des Ortes oder der Region auch die Nachrichtenagenturen berücksichtigen. Dazu muss die Behörde bei den Agenturen herausfinden, wo der zuständige Ansprechpartner oder das Korrespondentenbüro sitzen. Die Schwelle, ab der Nachrichtenagenturen Pressemitteilungen aus Kommunen aufgreifen, ist viel höher als diejenige der Lokalzeitungen. Aber scheint die Nachricht wichtig und interessant genug, kann die Kommune über die Agenturen Informationen schnell und weit streuen. Als ein Landkreis einmal eine Meldung über einen Sozialhilfebetrüger mit Segelyacht über den Verteiler gab, verbreiteten das die Agenturen rasant im ganzen Bundesgebiet: Bereits innerhalb der ersten Stunde, nachdem der Pressereferent den „Send"-Button gedrückt hatte, fragten Online-Redaktionen diverser Leitmedien von Hamburg bis München nach Details.

Die Verwaltung kann den Verteiler untergliedern, beispielsweise nach lokalen/regionalen und überregionalen Medien sowie Fachblättern. Auf diese Weise spricht sie unterschiedliche Zielgruppen über unterschiedliche Texte an. Das Energiemanagement bei den stadteigenen Gebäuden etwa wäre als Thema bei Facility-Management-Fachzeitschriften im technischen Detail interessant; die Lokalpresse hingegen würde vor allem schlicht fragen: Spart das Geld? Für die Medienarbeit einer Kommune allerdings dürfte ein gemeinsamer Verteiler der Massenmedien ausreichen, eine weiter gegliederte Medienarbeit ist personell und zeitlich kaum zu leisten. Allenfalls punktuell kann das Rathaus bei fachspezifischen Themen einige Fachmedien gezielt bedienen. So könnte es bei feuerwehrrelevanten Themen Fachblätter aus der Blaulicht-Branche ansprechen.

Baut das Rathaus einen Mailverteiler auf, sollte es sich nicht sofort mit info@-Adressen zufrieden geben, sondern die jeweiligen Ressorts und deren Kontaktdaten identifizieren.

Das Rathaus versendet die E-Mails an den Medienverteiler über die Blind-Copy-Funktion (BCC). Auf diese Weise sehen die Adressaten nicht die kompletten Anschriften im Verteiler. Das Rathaus leistet damit einen Beitrag im Kampf gegen das Spamming, das Versenden unerwünschter Werbemails. Wer weiß, welchen Weg durch das Internet die Adressen im Verteiler sonst gehen würden.

Ein längeres Begleitschreiben zur Medieninformation ist überflüssig – etwa ein ausführlicher Hinweis im Textfeld der Mail, wie wichtig das Thema sei und die Redaktion es doch bitte aufgreifen solle, um ihre Leser/Zuhörer/Zuschauer zu informieren. Allenfalls bei der Jungfernmitteilung des frisch ernannten Bürgermeisters oder Pressesprechers könnten sich die Aussender kurz vorstellen.

Aufmerksamkeit erregen sollte statt eines Begleitschreibens lieber eine kurze, aussagekräftige Subject-Zeile zur E-Mail. Dadurch erhält der Redakteur schnell einen Hinweis, wie relevant oder dringend das Thema ist. Dementsprechend konkret sollte der Betreff formuliert sein: Statt „Pressemitteilung der Z-Stadt zum Bürgerhaus" besser „Z-Stadt baut Bürgerhaus". Ankündigungen von Ereignissen oder Veranstaltungen sollten im Subject ein Datum enthalten, um bei kurzfristigen Terminen zu signalisieren, wie dringend die Sache ist („Baubeginn Bürgerhaus Z-Stadt 18.8.").

Pressemitteilung, Fotos, Grafiken und Dokumente sollte das Rathaus nur in gängigen Formaten liefern, die von den Redaktionssystemen ohne Probleme verarbeitet werden (etwa .doc, .jpg, .pdf, .xls).

Haben der Bürgermeister oder der Pressesprecher die Information ausgesendet, sollten sie die Journalisten mit Nachfragen verschonen, wann der Artikel erscheint. Das nervt nur, und Zeitungen können wegen des unwägbaren Tagesgeschäfts ohnehin keine Garantie für eine bestimmte Ausgabe geben. Die Nachricht vom geplanten Bürgerhaus fliegt schnell aus dem Blatt, oder die Redaktion stutzt sie auf eine Kurzmeldung zurecht, wenn an diesem Tag plötzlich die Polizei eine ganze Beamtenriege wegen Korruptionsverdachts festnimmt und die Berichte darüber viel Platz brauchen.

2.2.3.7 Fallbeispiel: Wie eine Pressemitteilung verbessert werden kann

In einer Kommune erschien in etwa folgende Pressemitteilung:

> *„Angesichts der drastischen Negativentwicklung auf dem Lehrstellensektor hatte Bürgermeister XY im November 2012 an Handwerk und Gewerbe appelliert, dringend zusätzliche Ausbildungsplätze zu schaffen und gegebenenfalls auch über den eigenen Bedarf auszubilden, um jungen Menschen die Chance zur Qualifikation zu bieten.*
>
> *Gleichzeitig hatte der Bürgermeister angekündigt, auch die Stadt werde ihren Beitrag zur Verbesserung der Situation leisten. Auf seine Initiative*

hin wurde ein Programm zur Förderung von Lehrstellen für benachteiligte Jugendliche aufgelegt. Die Richtlinien für die Durchführung des Förderprogramms sehen eine Bezuschussung für solche Stellen vor, die dem Arbeitsamt zusätzlich nach einem zu bestimmenden Stichtag gemeldet wurden. Gefördert werden ausschließlich Bewerber, die ihren Hauptwohnsitz in der Stadt haben. Auch sollen Hauptschulabgänger bevorzugt werden, da sie in der Konkurrenz mit Absolventen weiterführender Schulen oft benachteiligt werden.

Das Programm konnte zwar nicht die Ursachen des Lehrstellenmangels beheben, die aus der schlechten allgemeinwirtschaftlichen Situation und einem damit einhergehenden Rückgang der Auftragslage resultierten. Aber jungen Menschen, die nach Beendigung ihrer schulischen Laufbahn ansonsten vor dem Nichts ständen, konnte so eine Perspektive geboten werden.

Nach einem Jahr zog der Bürgermeister jetzt bei einem Besuch des Lehrbauhofs der Kreishandwerkerschaft eine positive Zwischenbilanz. 21 Ausbildungsverhältnisse wurden aufgrund des Förderprogramms neu begründet. Mittel für neun weitere stehen noch bereit. Die Rate für das erste Ausbildungsjahr wird laut den Richtlinien jeweils am Ende der Probezeit ausgezahlt. Die weiteren Auszahlungen erfolgen dann ebenfalls jeweils halbjährlich.

‚Bislang haben wir mehr als 54000 Euro im Rahmen des Lehrstellenprogramms aufgewendet‘, erklärte der Bürgermeister. ‚Weitere Mittel sind veranschlagt, so dass die Förderung gesichert ist.‘

Die meisten Ausbildungsplätze seien im Bereich des Handwerks entstanden. Der Bürgermeister nahm dies zum Anlass, sich bei den Betrieben zu bedanken, die einmal mehr in vorbildlicher Weise ihr Verantwortungsbewusstsein bei der Schaffung und Besetzung von Lehrstellen gezeigt hätten. Aber auch im Dienstleistungsbereich, in der Gastronomie und im Gesundheitswesen seien zusätzliche Ausbildungsplätze entstanden. Das für das Förderprogramm bereit gestellte Geld bezeichnete der Bürgermeister als sinnvolle Investition, da es jungen Menschen eine Zukunftsperspektive eröffne.“

Die Medieninformation enthält mehrere strukturelle, sprachliche und inhaltliche Mängel.

Hier die gravierendsten:

- Der Text ist nicht nach Wichtigkeit der Fakten strukturiert. Die Pressemitteilung beginnt mit der Vorgeschichte (Es wurde ein Lehrstellenprogramm aufgelegt). Da in einer Medieninformation das

Wichtigste am Anfang steht, wäre in diesem Fall der Kern der Nachricht gewesen: 2012 hatte der Bürgermeister mehr Lehrstellen gefordert. Damals mag das zwar eine interessante Neuigkeit gewesen sein, aber jetzt ist das Schnee von vorgestern. Erst im vierten Absatz kommt die aktuelle, konkrete Botschaft: 71 zusätzliche Ausbildungsverhältnisse. Das ist die Zwischenbilanz, das ist das Neue, das gehört nach vorne.

- Der Einstiegssatz ist viel zu lang und enthält zu viele Informationen (Bürgermeister appelliert, Zeitpunkt und Adressaten des Appells, Inhalt und Ziel des Aufrufs, Negativtrend bei den Lehrstellen).
- Wertungen stehen im Indikativ (zum Beispiel, dass Hauptschulabgänger gegenüber anderen „benachteiligt werden") statt dies durch Konjunktiv oder Quellenverweis zu relativieren („Nach Angaben des Bürgermeisters werden Hautschulabgänger benachteiligt").
- Ein Zitat, das nur Fakten wiederholt und nicht wertet („Bislang haben wir mehr als 54000 Euro … aufgewendet").
- Falsche Zeitform: „erklärte der Bürgermeister" im vorletzten Absatz statt Präsens.
- Lebloser Nominalstil mit jeder Menge „-ung"-Wörter („Die Richtlinien für die Durchführung … sehen eine Bezuschussung … vor", „Verantwortungsbewusstsein bei der Schaffung und Besetzung von Lehrstellen").
- Ergänzende Fakten zur Einordnung fehlen, beispielsweise hätte das Rathaus im letzten Absatz die Zahl der Betriebe nennen können, die Zahl der Lehrstellen in den vergangenen Jahren, vielleicht auch Schwerpunkte nach Branchen. Oder der Bürgermeister könnte schildern, inwiefern das Rathaus mit eigenen Ausbildungsplätzen Perspektiven bietet.

Eine verbesserte Version könnte so aussehen:

> *„21 zusätzliche Ausbildungsplätze in Z-Stadt: Das hat nach Angaben von Bürgermeister XY ein städtisches Förderprogramm gebracht. Wie XY erläutert, wird damit jungen Menschen trotz Mangels an Lehrstellen ‚eine Perspektive geboten'. Die Stadt hatte das Programm 2012 gestartet, Mittel für weitere Lehrstellen sind den Angaben zufolge gesichert.*
>
> *Aus dem Förderprogramm erhalten Betriebe einen Zuschuss für Stellen, die dem Arbeitsamt nach einem bestimmten Stichtag zusätzlich gemeldet wurden. Geld fließt aber nur für Bewerber, die mit Hauptwohnsitz in der Stadt leben. Zudem sollen Hauptschüler bevorzugt werden; sie sind nach*

Angaben des Bürgermeisters gegenüber Abgängern anderer weiterführender Schulen benachteiligt.

Die meisten zusätzlichen Ausbildungsplätze habe das Handwerk geboten. Aber auch das Dienstleistungsgewerbe, die Gastronomie und das Gesundheitswesen hätten mehr Plätze eingerichtet.

Wie XY erläutert, hat die Stadt bislang rund 54000 Euro aufgewendet. Weitere Mittel seien eingeplant, das Programm laufe also weiter. Derzeit liege Geld für sieben weitere Stellen bereit: ‚Das sind sieben Chancen für eine berufliche Zukunft'.

Zwar könne die Stadt an der deutschlandweiten Wirtschaftslaute nichts ändern, die für leere Auftragsbücher bei den Firmen sorge: ‚Aber wir senden mit unserer Initiative ein klares Signal für die berufliche Zukunft junger Menschen. Die Auszubildenden von heute sind die Mitarbeiter und Führungskräfte von morgen', so XY. Die Mittel aus dem Förderprogramm seien daher ‚eine Investition im Interesse der ganzen Stadt'.

Der Bürgermeister hatte das Programm im November 2012 angekündigt. Damals rief er Handwerk und Gewerbe auf, mehr Ausbildungsplätze zu schaffen, als sie in ihren Betrieben benötigten. Wer zusätzliche Plätze anbiete, handle ‚vorbildlich und verantwortungsbewusst'.

Wie XY weiter mitteilt, stellen in Z-Stadt 25 Betriebe insgesamt 125 Ausbildungsplätze bereit. Darin sind die 21 zusätzlichen Plätze noch nicht eingerechnet. Vor zehn Jahren wurden noch 212 Ausbildungsplätze angeboten. Den 125 Ausbildungsplätzen im laufenden Jahr stehen 327 Bewerber gegenüber. Der Bürgermeister beruft sich dabei auf Zahlen der Kreishandwerkerschaft sowie der Industrie- und Handelskammer."

2.2.4 Blick in die Zukunft: Die Presseankündigung

Die Presseankündigung weist in aller Kürze auf ein bevorstehendes Ereignis hin, etwa auf eine Veranstaltung. Sie gehorcht, streng verdichtet, den gleichen Gesetzen wie die Pressemitteilung.

Der Text ist nicht als persönliche Einladung an die Redaktionen und Journalisten konzipiert, sondern als Information an deren Leser, Zuhörer und Zuschauer. Das muss der Zusammenhang zeigen. Eine Presseankündigung informiert zum Beispiel über ein Konzert, zu dem alle ins Rathaus kommen können; eine Presseeinladung hingegen lädt beispielsweise zu einer Pressekonferenz ein, bei der nur Journalisten zugelassen sind; sie wird nicht veröffentlicht.

Eine Presseankündigung könnte so aussehen:

> *„Das Y-Orchester gastiert am XX in Z-Stadt. Gespielt werden Werke von Felix Mendelssohn Bartholdy und Gustav Mahler. Das Konzert findet in der Reihe „Rathaus konzertant" statt. Bürgermeister XY wertet das Engagement als weiteren „Glanzpunkt am Kulturstandort Z-Stadt". Das Orchester wurde 1985 gegründet, gewann mehrere internationale Preise und widmet sich vor allem der Romantik. Karten zum Preis von XX Euro gibt es bei …"*

2.2.5 Mehr als tausend Worte: Das Pressefoto

„Ein Bild sagt mehr als tausend Worte" ist ein oft bemühter Spruch, aber er stimmt. Das Auge dominiert die Sinne des Menschen: Das Fernsehen kann schlichtweg ohne Bilder nicht leben, und auch auf Zeitungsseiten fällt der Blick des Lesers zuerst auf die Fotos. Das haben Tests nachgewiesen, bei denen spezielle elektronische Geräte den Weg des Auges über die Zeitungsseite aufzeichneten. Konsequenz für die Pressestellen: Liefert sie zu einer Medieninformation ein passendes Foto und druckt die Zeitung das ganze Paket, steigen Leser über das Bild in den Artikel ein, den sie als reinen Textblock vielleicht ignoriert hätten.

Einige Rathauschefs wollten einmal auf ihre klamme Finanzlage aufmerksam machen: Zusammen stiegen sie ins Becken eines kommunalen Freibads und zeigten: Uns steht das Wasser bis zum Hals. Die badebehosten Bürgermeister hatten, bewusst oder unbewusst, von „Greenpeace" gelernt: Die Umweltschutzorganisation hat spektakuläre, teils auch grenzwertig entstandene Bilder zum Markenzeichen erhoben. Ohne die Fotos und Filmaufnahmen von Kühlturmkletterern an Kernkraftwerken oder von Walfang-Störtrupps in Schlauchbooten würden ihre Botschaften nur eine Minderheit von Medien und Menschen erreichen.

Die großen Themen von „Greenpeace", Atomenergie und Walfang, liefern naheliegende Motive. Manches Sujet aber scheint zunächst abstrakt und zu sperrig für ein Foto. Doch was lehrt das Beispiel der Bürgermeister, die das eigentlich trockene Thema Kommunalfinanzen im kühlen Nass zum Leben erweckten? Ein paar kreative Gedanken lohnen sich.

2009 flossen bundesweit riesige Summen aus Bundes- und Landesmitteln in kommunale Bauprojekte. Dieses so genannte Konjunkturpaket visualisierte ein hessischer Landkreis mit simplen Mitteln. Für eine Pressekonferenz zu den Investitionen, die der Kreis aus dem Programm finanzieren wollte, schnürte die Pressestelle jede Medieninformation als ein kleines Päckchen in braunes Papier. Dieses kleine Konjunkturpaket diente zugleich als Illustration für die Artikel und ergänzte diverse Fotos von Schulen, welche der Kreis mit den Mitteln des Programms sanieren oder erweitern wollte.

Hier wurde der Begriff „Paket" wörtlich genommen. ein simpler Kreativitäts-Trick: Die Pressestelle hat die Situation in ein Wort, eine Redewendung, ein Sprichwort gefasst – und das dann in ein Fotomotiv umgesetzt. Die Bürgermeister mit ihrem Wasser-bis-zum-Hals-Bild taten desgleichen.

Redakteure gerade von Lokalredaktionen haben oft keine Zeit für aufwändige Bilderrecherche und wollen Fotografen nicht auf lange, umständliche Suche nach Motiven schicken. Hier kann das Rathaus Service bieten und Bilder mitliefern, die zur Sache passen. Geht es um die Abfallgebühren, warum dann nicht gleich ein Bild anhängen von städtischen Müllmännern im Einsatz, die eine Tonne in den Laster hieven? Will das Rathaus einen verstorbenen Alt-Bürgermeister würdigen, warum nicht ein älteres Bild aus dem Archiv hervorholen, das ihn bei einer Schlüsselszene seiner Amtszeit zeigt? Lobt die Verwaltung einen seit vielen Jahren im Rathaus beschäftigten Mitarbeiter, warum nicht ein Bild an seinem eigenen Arbeitsplatz schießen, mit oder ohne Stadtoberhaupt auf dem Foto? Grundsätzlich gilt jedenfalls: Es muss etwas Lebendiges in den Deich, um es mit einem (erfundenen) Friesenbrauch aus Theodor Storms „Schimmelreiter" zu formulieren. Also sollte der Fotograf den neugestalteten Dorfbrunnen nicht als menschenleeres Stillleben verewigen, sondern mit Erwachsenen oder Kindern, die sich über den Rand zum Wasser beugen. Und es sollte sich etwas bewegen: Der geehrte Mitarbeiter der Stadtgärtnerei steht nicht mit hochgezogenen Schultern militärisch-stramm da und lächelt aufgesetzt in die Kamera, sondern er sticht fest zupackend mit dem Spaten ins Blumenbeet. Die Politiker, Planer und Bauleute, die zum Spatenstich für das neue Bürgerhaus einladen, stehen nicht sauber aufgereiht nebeneinander und lächeln in die Linse, sondern werfen mit den Schaufeln Erde auf einen Haufen, und die Kamera fängt genau den schmissigen Moment ein, in dem der Lehm durch die Luft fliegt.

Überhaupt sind die Stehbilder mit Herren in dunklen Anzügen, die sich die Hände schütteln und dabei in die Kamera grinsen, vielen Medien und noch mehr Lesern ein Graus. Wann immer es geht, sollten wir sie durch realitätsnahe Motive zum Thema ersetzen. Unfreiwillig komisch wirkt aber auch eine ganz spezielle Sorte von Pressebildern, die manche Lokalredaktionen pflegen: Jemand steht vor einem Schild, einem Rathaus, einer Burg, einer Anzeigetafel, einem Graffiti oder einer zerstörten Bushaltestelle und zeigt darauf. „Schaut mal her", will uns dieses Bild sagen. Ein Motiv, bei dem sich der Rathauschef das fragliche Objekt einfach ansieht und seinen Zeigefinger einmal unten lässt, hätte es in den meisten Fällen auch getan. Gerne würden wir einmal ein Bild sehen, auf dem zwei Bürgermeister mit ausgestrecktem Arm aufeinander zeigen.

Neben den Steh- und Zeigefinger-Bildern gibt es noch die für Fotografen undankbare Aufgabe, eine mehr oder wenige größere Gruppe von für was auch immer Geehrten abzulichten. Will die Stadt Kleintierzüchter auszeichnen, sollte der Rathauschef das sinnvollerweise direkt in ihrer Anlage bei ihren langohrigen Schützlingen anberaumen. Manchmal lässt sich das aber nicht organisieren, da lädt die Kommune die Geehrten ins Rathaus ein. Der Fotograf hat dann keine andere Möglichkeit, als sie mehr oder weniger interessant um den Rathauschef zu drapieren. Mit einfachen Mitteln ist damit schon etwas gewonnen. Beispielsweise steht die Gruppe nicht in einer militärisch ausgerichteten geraden Linie (der Drang, sich so zu positionieren, scheint ein Instinkt des Menschen zu sein), sondern in einem Halbkreis. Der Fotograf muss auch nicht exakt mittig stehen, sondern kann die Gruppe aus einer Dreiviertel-Vorderansicht aufnehmen, so dass ein paar von ihnen ein wenig die Köpfe zu ihm drehen müssen. Dieser Perspektivwechsel gibt dem Bild eine räumliche Tiefe und macht es damit lebendiger.

Manchmal, das müssen wir leider festhalten, sind aber gerade die Bürgermeister das Problem. Unbedingt wollen sie mit aufs Bild, sei es aus persönlichem Geltungsbedürfnis oder weil die Leser wissen sollen, wer für die berichtete Sache verantwortlich ist. Bisweilen wäre ein wenig Bescheidenheit angebracht, die in den meisten Fällen auch die Medien goutieren dürften. Geht es zum Beispiel um ein Streetworker-Programm der Gemeinde, sollte das Foto statt dem Bürgermeister und Sozialamtsleiter im Rathaus und im Anzug lieber die Sozialarbeiter im Einsatz zeigen. Dem Verfasser sind Fälle im lokalen und bundespolitischen Bereich bekannt, in denen genervte Redaktionen gezielt versuchten, das x-te Foto eines Politikers zu vermeiden: Der photographische Kleinkrieg nahm bisweilen groteske Formen an, wenn sich Politiker zum Beispiel in der Mitte von Gruppenbildern platzierten, nur damit die Redaktion sie nicht aus dem Bild schneiden konnte. Größe könnte zum Beispiel ein Verwaltungschef zeigen, wenn nicht er es ist, der das Band für die neue Straße durchschneidet, sondern ein Geselle der Baufirma, der selbst an der Strecke gearbeitet hat. Gegebenenfalls könnte ihm der Bürgermeister das Band halten.

Gerade bei geplanten Bauprojekten im frühen Stadium sind in manchen Fällen keine interessanten Fotomotive zur Hand. Ersatzweise tun es auch Architektenzeichnungen des geplanten Gebäudes, die mittlerweile von den Planern immer realistischer als computergenerierte Simulationen geliefert werden. Grundrisspläne eignen sich nicht, weil sie für Laien schwer zu verstehen sind. Eine Simulation der Vorderfront aber bedient die Sinne des Betrachters: So also sieht das neue Haus aus.

Sind weder ein Foto noch eine Grafik zum Thema greifbar, kann sich das Rathaus auch einer Illustration aus dem Internet bedienen. Allerdings sollte es die Urheberrechte klären: Allzu leicht können Nutzer Bilder und Grafiken über ein beliebiges Thema herunterladen, zum Beispiel über „Google Bilder". Aber was leicht zu greifen ist, darf noch lange nicht genutzt werden. Würden Rechtsanwälte einmal flächendeckend in bundesdeutschen Weiterbildungsseminaren schnüffeln, welche Bilder dort Powerpoint-Präsentationen aufpeppen, klingelten bei ihnen und ihren Auftraggebern die Kassen. Relativ solide gesichertes Material scheint die Bildrecherche über die Plattform „Wikipedia" zu bringen, die ausführliche Bildnachweise mit Vermerken enthält, ob ein Foto „gemeinfrei" ist, der Nutzer es also frei verwenden darf. Zudem bietet das Netz kostenlose Bilderplattformen wie www.pixelio.de. Bei manchen Recherchen merkt der Suchende aber ziemlich schnell, warum sie kostenlos sind. Oft bietet diese so genannte Stock-Fotografie nicht das, was eine Pressestelle sucht.

Kann das Rathaus, ob aus eigenen oder fremden Quellen, Fotos oder Grafiken liefern, müssen sie bestimmte Anforderungen erfüllen, damit die Chancen eines Abdrucks steigen. Die Bilder sollten eine Auflösung von 300 dpi (dots per inch) haben, also 300 Punkte pro Zoll. Bildanhänge bei Mails von Megabyte-Größen im einstelligen Bereich bereiten heute in den meisten Redaktionssystemen kein großes Problem. Um auf Nummer Sicher zu gehen, kann die Kommune die Bilder auch auf ihrem Internetauftritt zum Download anbieten, vielleicht in einem geschlossenen Pressebereich. Die Mail an die Redaktionen sollte dann den entsprechenden Link zur Unterseite nennen.

Fotos muss der Absender erläutern. So sollte er abgebildete Personen bis zu einer Gruppengröße von etwa acht mit vollem Namen von links nach rechts benennen. Haben wir es mit einer größeren Gruppe zu tun, sollte er die wichtigsten auch in der Pressemitteilung auftretenden Akteure identifizieren („3. v. r.", „2. v. l." oder dergleichen). Auch Personen, die der Redaktion bekannt sein dürften – wie der Bürgermeister – sollte er benennen. Es könnte nämlich auch ein Neuling das Bild auf der Seite platzieren, der den Rathauschef nicht kennt.

2.2.6 Aug' in Aug' mit den Medien: Die Pressekonferenz

Eine Pressekonferenz (PK) ist eine Mischung aus Pressemitteilung, Statement, Interview, Pressegespräch, Presseanfrage und heißem Stuhl in einem. Hier wird bisweilen großer Bahnhof gemacht. Ein großes DAX-Unternehmen zieht seine Bilanz-Pressekonferenz als aufwändige Hallenveranstaltung auf. Die Pressekonferenz im Rathaus findet in der Regel nicht solche Aufmerksamkeit, wenn nicht gerade auf dem Dorfplatz eine 747 abgestürzt oder sich der Popstar Taylor Swift kurzfristig für eine Stippvisite in der Stadt entschieden hat. Dennoch gibt es ein paar Regeln, die bei der Bilanz-Pressekonferenz der Volkswagen-AG ebenso gelten wie beim lokaljournalistischen Tête-à-tête im Magistratszimmer des Rathauses.

Eine Rathaus-Pressekonferenz erfordert in der Vorbereitung weniger Aufwand als die Journalisten-Informationsgala eines Weltkonzerns; die Organisation zieht sich nicht über mehrere Monate hin, sondern allenfalls über ein oder zwei Wochen oder auch nur ein paar Tage. Aber das Rathaus muss die gleichen Prinzipien beachten, auch wenn sich die Reihenfolge der Planungsschritte je nach Verwaltung geringfügig unterscheiden. Zunächst müssen Teilnehmerkreis und Termin klar sein, dann Details zum Thema, zum Ort und zum Ablauf. Nun lädt das Rathaus die Medien ein, während die Mitarbeiter noch das Material für die Pressekonferenz zusammentragen. Zudem sind weitere Details zur Organisation fällig: Sind Notebook und Beamer nötig, was gibt es zu essen und zu trinken? Langsam ist es jetzt Zeit, die Medienunterlagen zusammenzustellen und Redenotizen für die Statements der Akteure zusammenzuschreiben. Anschließend wird überlegt, was Journalisten vielleicht noch fragen könnten, um eine Antwort darauf parat zu haben. Abschließend legen die Organisatoren noch einmal im Detail den Ablauf fest, also auch die Reihenfolge der Redner. Dabei müssen sie thematische Überschneidungen in den Statements vermeiden.

Dieser Fahrplan ist gewissermaßen die reine Lehre. Je kleiner der Rahmen und die Teilnehmerzahl, desto flexibler kann ein Rathaus die einzelnen Schritte handhaben, bis hin zu unkomplizierten Kurzabsprachen am Telefon. Die Grundforderungen aber muss die Verwaltung erfüllen: Konkret definiertes Thema, sachgerechter Teilnehmerkreis mit abgestimmten Statements, Ort und Zeitpunkt, Logistik geklärt, schriftliche Unterlagen vorbereitet.

2.2.6.1 Anlass und Thema

Es gilt das Prinzip: Ein Thema – eine Pressekonferenz. Das Rathaus muss das Sujet klar eingrenzen. Steht der Sozialbericht im Vordergrund, wird nicht auch noch nebenbei der Umweltbericht unters Volk gebracht und obendrein den Journalisten untergejubelt, was der Bürgermeister schon immer zu den Radwegen in der Region sagen wollte. Liegt nur ein einziges Thema auf dem Tisch, kann sich die Pressekonferenz dem intensiv widmen; bei mehreren Themen droht oberflächliches Abhaken im Telegrammstil. Außerdem beraubt sich der Veranstalter der Chance, bei mehreren interessanten Themen jeweils passende, interessante Orte für die Pressekonferenz aufzusuchen. Auch die Möglichkeit, authentische Gesprächspartner vom Fach einzubeziehen, schränkt das Rathaus stark ein, weil bei der Themenfülle die Zeit dazu fehlt.

Der Vorteil einer Pressekonferenz liegt auf der Hand: Im direkten Kontakt mit Medienvertretern kann die Kommune Misstrauen überzeugender abbauen, als es beispielsweise auf dem geduldigen Papier einer Pressemitteilung möglich wäre. Wer eine PK veranstaltet, kann im Gespräch flexibler auf Anwürfe reagieren und, sofern vorhanden, sein Charisma und seine Überzeugungskraft einsetzen, um seine Aussagen zu unterstreichen. Zudem liefert das Rathaus authentische O-Töne für Artikel und Rundfunkbeiträge.

Zunächst aber muss klar sein, ob sich ein Thema überhaupt für eine Pressekonferenz eignet. Den Erfolg von Pressekonferenzen pflegen manche Politiker an der Zahl der anwesenden Medienvertreter zu messen. Gewiss ist es angenehm, vor vielen Zuhörern zu sitzen. Aber sie geben die Informationen lediglich an die Leser weiter. Diese Endverbraucher hätte das Rathaus vielleicht ebenso per Pressemitteilung erreicht. Nicht die Zahl der teilnehmenden Journalisten, sondern die Zahl und Qualität der Medienberichte zum Thema sind Maßstab für Erfolg oder Misserfolg einer Pressekonferenz. Drum prüfe, wer eine Pressekonferenz anberaumen will.

Eine Pressekonferenz bietet sich beispielsweise an, wenn

- das Thema komplex ist und das Rathaus viele Hintergründe, Zusammenhänge und Details erklären muss. Ein Beispiel: Nach langen Diskussionen um Für und Wider und verschiedene Standorte stellt die Verwaltung die Pläne für ein neues Bürgerhaus vor.
- drängende, kritische Nachfragen zu einer heiklen Sache zu erwarten sind: Es kursieren massive, aber unbegründete Spekulationen über Zerwürfnisse des Bürgermeisters mit seinem Amtskollegen aus der Nachbarstadt wegen eines gemeinsamen Projekts, die er zerstreuen will.
- zum Thema Teilnehmer zur Verfügung stehen, die aufgrund ihrer Funktion oder Medientauglichkeit am besten im O-Ton zu erleben sind: Der Sozialbericht wird vorgestellt, und Sozialarbeiter berichten aus erster Hand von der Lebenswirklichkeit hinter aller Statistik.
- sich für die Pressekonferenz eine interessante, zum Thema passende und illustrierende Location anbietet: In einem ausgedienten Lokschuppen öffnet ein Jugendzentrum. Die Pressekonferenz findet dort statt, nicht im Sitzungszimmer des Magistrats.
- ein Thema Personality-Charakter hat: Der Bürgermeister erklärt, ob und warum er zur Wiederwahl antritt oder nicht.

Untauglich ist in der Regel eine reine Veranstaltungsankündigung, etwa wenn die Verwaltung das Programm zum Tag der offenen Tür im Rathaus vorstellen will.

2.2.6.2 Zeit und Ort

Manche Bürgermeister oder Landräte setzen Pressekonferenzen zu festen Terminen an, bei denen alles auf den Tisch kommt. Das ist zwar einfacher zu organisieren als themenbezogene Einzel-Pressekonferenzen. Wie wir aber bereits gesehen haben, verschenkt das Rathaus auf diese Weise manch interessantes Thema.

Für eine Pressekonferenz sollte im Terminkalender eine Stunde freigehalten sein, bei komplexen Themen sicherheitshalber auch etwas mehr. Da zumindest die Lokaljournalisten ihren Tag deutlich später anfangen als die Verwaltung (dafür aber abends länger arbeiten), sollte eine Pressekonferenz nicht vor 10.30 Uhr beginnen; besser erst ab 11 Uhr. Den Wochenanfang und das Ende der Arbeitswoche sollten die Terminplaner am besten meiden, denn am Montag kehren die Lokalredaktionen die Reste vom Wochenende zusammen und stellen sie ins Blatt, und am Freitag drängen sich ohnehin die Termine, weil jeder sein Thema unbedingt in der viel gelesenen Samstagausgabe sehen will. Wenn es möglich ist, sollte das Rathaus vorsichtshalber auch klären, ob zum avisierten Zeitpunkt in der Stadt oder Gemeinde bereits ein ernst zu nehmender Konkurrenztermin einer anderen Behörde oder Institution angesetzt ist. Am leichtesten lässt sich das mit einem Anruf bei der führenden Lokalzeitung klären, sie hat die wesentlichen Termine im Kalender.

Verdruss bereiten bisweilen die Wochenblätter. Manchmal liegt deren Redaktionsschluss bereits zwei Tage vor dem Erscheinungsdatum. Kommt die Pressekonferenz für die Zeitung zu spät, hat das Blatt gegenüber den Konkurrenzmedien eine Woche Zeitverzug in der Berichterstattung. Der Bürgermeister könnte das ignorieren, es ist eben das spezielle Problem des Wochenblatts, und er kann seine Termine nicht nach jedem einzelnen Medium einrichten. Kann er den Termin nicht anders wählen und möchte trotzdem die Wochenzeitung rechtzeitig informieren, könnte er ihr aber auch ein paar Vorabinformationen geben, allerdings nur in groben Umrissen. Das sollte allerdings die Ausnahme sein. Hat das Methode, werden auch die tagesaktuellen Medien verlangen, die Informationen vor der Pressekonferenz zu erhalten. Am Ende kann sich die Verwaltung dann die Pressekonferenz sparen.

Der Ort einer Pressekonferenz sollte zum Thema passen. Für manche Standardthemen, etwa zum Haushalt, bietet sich das Rathaus an, bei manchen anderen Themen aber kann die Verwaltung auf externe Orte ausweichen. Bisweilen hat das fast Event-Charakter. Ein Landkreis zum Beispiel wollte über sein Energiesparkonzept informieren und lud zur Pressekonferenz auf das Flachdach einer Schule, wo eine Photovoltaikanlage installiert war. Solche Ideen kommen, wenn der Bürgermeister oder sein Pressesprecher aus dem Thema heraus denken: Welcher Ort ist angemessen, welcher Platz ist selbst schon in der Geschichte angelegt? Ein ungewöhnlicher Set lockt auch mehr Bildjournalisten an als das übliche Sitzungszimmer im Rathaus, weil der Ort die Bilder zum Thema mitliefert. Der Bürgermeister, der ein Energiesparkonzept Hände schüttelnd mit einem Bauamtsleiter im Magistratszimmer präsentiert, ist als Bildmotiv uninteressant. Daher kamen mehr Bildberichterstatter zur erwähnten Pressekonferenz auf dem Schuldach.

Liegt der Raum der Pressekonferenz in einem unübersichtlichen Gebäude, sollten Hinweisschilder den Journalisten ab dem Haupteingang den Weg weisen. Es sei denn, der Raum ist bekannt.

Für die Besucher der Pressekonferenz muss die Verwaltung genügend Parkplätze anbieten. Falls nötig, könnte sie ein paar Stellplätze am Rathaus reservieren. Wer schon genervt von langer Parkplatzsuche oder einem Fußmarsch von drei Tagesreisen zur Pressekonferenz kommt, ist ein potenziell schwieriger Zuhörer. Im Sinne des Servicegedankens sollte das Rathaus den Journalisten die Anreise so kommod wie möglich gestalten.

Erwarten die Organisatoren wegen des Themas außerordentlich viele Medienvertreter, sollten sie die Tische der Teilnehmer und die Tische der Gäste frontal anordnen: Der Rathauschef sitzt den Journalisten gegenüber, mit Freiraum dazwischen. Diese konfrontative Stellung ist in der alltäglichen Praxis seltener zu finden. Im kommunalpolitischen Alltag sitzen alle an einem großen Tisch im Kreis oder im Karree, oder der Tisch ist in U-Form angeordnet, mit den Gastgebern an der Stirnseite. Moderiert ein Pressesprecher die Pressekonferenz, sitzt dieser direkt neben dem Bürgermeister, um sich bei Bedarf kurz mit seinem Chef abstimmen zu können.

Sitzen die Veranstalter den Journalisten gegenüber und ist der Blick auf ihre Beine frei, sollte eine Decke über den Tisch gelegt werden, eventuell mit dem Logo oder Wappen der Stadt. Verkrampfte Beine könnten verraten, wie angespannt und nervös ein Teilnehmer ist – wenn sie etwa ineinandergeschlungen sind oder der Redner ständig mit den Füßen wippt.

Treten über den Bürgermeister und seinen Pressesprecher hinaus unbekannte Personen auf, sollten sie durch Tischschilder mit vollem Namen und Funktion gekennzeichnet sein. Ist beides in den Presseunterlagen erwähnt, die am Tisch ausliegen, reichen Nachname und Institution.

Die Organisatoren müssen auch an das Ambiente denken. Bei Straßenbauprojekten können sie zum Beispiel Karten an die Wand pinnen. Sie eignen sich auch gut als Hintergrundmotiv, wenn ein Fotograf den Bürgermeister ablichtet.

Bei alledem sollten wir aber auch eine Online-PK als Möglichkeit im Blick behalten. Was vor Corona für die Mehrheit der Kommunen wohl undenkbar war, hat sich während der Pandemie etabliert und kann je nach Anlass und Thema auch weiterhin als Option dienen. Das hängt – sofern nicht wieder eine Pandemie kommt oder eine andere Lage, die solche Varianten erfordert – aber an einigen Faktoren: Das Thema sollte in einer Online-PK vermittelbar und die technischen Voraussetzungen auf beiden Seiten gegeben sein. Eine Online-PK bringt zumindest eine Arbeitsersparnis: Wir müssen keinen Raum reservieren und herrichten, kein Catering organisieren und dergleichen. Den Journalisten ersparen wir den Weg ins Rathaus oder Landratsamt. Egal, welcher Internet-Plattform wir uns dabei bedienen: Wir brauchen auf der Seite der Verwaltung jemanden, der sich um das Technische beim Ablauf kümmert, und auf der andere Seite Journalisten, die sich darauf einlassen und ebenfalls die entsprechenden technischen Möglichkeiten haben – und auch bereit sind, sie zu nutzen. Es ist immer wieder erstaunlich, wie gerade im Lokalen Journalisten wie andere Menschen auch die Möglichkeiten zeitgemäßer Online-Kommunikation über Smartphone & Co. nutzen, aber bei der Arbeit mit Behörden auf traditionelle Kanäle und Materialen wie ausgedruckte Unterlagen und persönliche Gespräche und Telefonate setzen. Das ist bei manchen Themen verständlich, und tatsächlich können wir Manches besser im persönlichen Aug‘-in-Aug‘-Kontakt klären. Aber können wir nicht beispielsweise die Pläne für einen neuen Kindergarten oder der Erweiterung einer Schule nicht genauso gut online präsentieren? Mit einem Mix aus Statements der Verwaltung, Präsentation der Pläne und anschließender Fragerunde? In diesem Fall sollten wir die Unterlagen den Medien aber auch parallel zur PK zum Nachlesen zur Verfügung stellen, etwa mit kompakter Pressemitteilung und einem pdf der Pläne, ergänzt mit ein oder zwei anschaulichen Grafiken oder Simulationen künftiger Gebäudeansichten.

Der Ablauf einer Web-PK stellt besonders hohe Anforderungen an die Moderation, da sie ja auch die Technik im Blick behalten muss (Sind alle zu hören/zu sehen?). Die Struktur indes – Begrüßung, Eingangsstatements – Fragerunde, klarer Schluss – ist in Präsenz wie auch online das probate Muster.

2.2.6.3 Inhaltliche und organisatorische Vorbereitung

Die Güte einer Pressekonferenz hängt nicht nur vom richtigen Thema, dem richtigen Ort und der richtigen Zeit ab, sondern auch von den richtigen Teilnehmern. Auf Seiten des Stadt- oder Gemeindehaupts sollten so wenige Leute wie möglich sitzen. Nur wer etwas Handfestes zum Thema beizutragen hat, gibt ein Statement ab. Bei komplexeren Themen können sich weitere Fachleute im Hintergrund halten, um bei detaillierten Nachfragen nötigenfalls zu ergänzen. Grundsätzlich sollten auf dem Podium nicht mehr Veranstalter sitzen als anwesende Journalisten, was gerade bei kleineren Kommunen mit einer begrenzten Medienzahl Mut zur Beschränkung fordert.

Eine Pressekonferenz bietet die Chance, Journalisten mit Menschen zusammenzubringen, die ganz nah am Thema sind, und auf diese Weise die Botschaft mit authentischen Aussagen glaubwürdiger zu machen, als es durch eine Pressemitteilung möglich wäre. Daher sollten die Organisatoren auch die sprichwörtlichen Leute vom Fach einbeziehen, beispielsweise zuständige Sachbearbeiter. Sie können jenseits politischer Grundsatzerklärungen echtes Leben vermitteln.

Nicht teilnehmen allerdings sollten Zaungäste wie fachfremde Personen aus dem Rathaus oder Vertreter von Bürgerinitiativen. Auf einer Pressekonferenz gibt es nur zwei Arten von Teilnehmern: Auf der einen Seite die Veranstalter mit eventuell externen Kooperationspartnern und auf der anderen die Journalisten. Sonstige Besucher könnten selbst das Wort ergreifen oder Fragen stellen und auf diese Weise den Charakter des Treffens als Pressekonferenz vernebeln. Eine Ausnahme bei den Beobachtern sollten allenfalls Praktikanten oder neue Mitarbeiter in der Pressestelle sein, die auf diese Weise das Alltagsgeschäft kennen lernen und sich als reine Beobachter im Hintergrund halten.

Nehmen über den Bürgermeister und seinen Pressesprecher hinaus weitere Gäste auf Seite der Veranstalter teil, müssen die Rollen klar verteilt sein. Im günstigsten Fall lässt sich das Statement jedes Teilnehmers gedanklich in einem Satz zusammenfassen. Neben den Inhalten, quasi der Rolle der einzelnen Redner, müssen die Organisatoren die Reihenfolge der Eingangsstatements vorher klären.

Nehmen wir als Beispiel eine Pressekonferenz, in der das Rathaus eine neue Beratungsstelle bei Fällen von Gewalt in der Familie vorstellt. Die verschiedenen Rollen könnten so aussehen:

Der Pressesprecher (wenn keiner da ist, dann der Bürgermeister) übernimmt die Moderation (Begrüßung, Teilnehmer vorstellen, für Statements das Wort erteilen, Diskussion moderieren, die Pressekonferenz beenden). Der Rathauschef unterstreicht den politischen Willen, das Thema anzugehen, und erklärt die Beweggründe. Ein Vertreter der Polizei liefert Zahlen, welches Ausmaß Gewalt in der Familie in der Stadt hat. Ein Sprecher des Trägers der Beratungsstelle erläutert das Konzept, wie dort geholfen wird. Ein Vertreter des Sozialamts schildert anonymisiert ein paar konkrete Fälle, aus denen sich ergibt, wie notwendig eine solche Beratungsstelle ist.

Der Bürgermeister als Hauptveranstalter der Pressekonferenz gerät in Medienberichten zwar gegenüber den O-Tönen der Leute von der

Basis ins Hintertreffen, aber wenn es ihm wirklich um das Thema geht, muss er dieses Manko verkraften. Um dennoch in Zitaten eine Rolle spielen, sollte er bei dieser Gelegenheit einige politische oder perspektivische Anmerkungen machen. Beispielsweise könnte er ein umfassendes Anti-Gewalt-Konzept der Stadt ankündigen, mit einem Präventionsrat als Koordinierungsstelle. Oder er kündigt höhere Fördermittel für solche Kampagnen an. Alleine die Klage, wie schlimm prügelnde Ehemänner und Väter seien, hat keinen Nachrichtenwert und dürfte ihm kaum die erhoffte Aufmerksamkeit bringen.

Das Beispiel zeigt: Eine Pressekonferenz vermittelt ein Anliegen authentischer, wenn Experten die verschiedenen Aspekte des Themas beleuchten. Das wirkt überzeugender, als wenn sich der Bürgermeister in einer Person als politischer Denker, Polizist, Anti-Gewalt-Berater und Sozialarbeiter geriert. Geben Fachleute Auskunft, signalisiert das den Journalisten außerdem: „Wir bieten Ihnen Service für Ihre Berichte und bringen Sie mit der Basis zusammen. Wir machen unsere Arbeit transparent und zeigen: Wir haben nichts zu verbergen.“ Allerdings sollte vor der Pressekonferenz nicht nur das inhaltliche, sondern auch zeitliche Maß der Auskunftserlaubnis definiert sein, jedenfalls bei den hausinternen Experten. Der Sozialarbeiter, der normalerweise nicht direkt in Kontakt mit den Medien tritt, äußert sich nur auf der Pressekonferenz im O-Ton, danach muss er bei sämtlichen Anfragen wieder auf die Pressestelle oder das Büro des Bürgermeisters verweisen. Es sei denn, die Beteiligten vereinbaren klar, dass Medienvertreter nach der Pressekonferenz wegen einiger Details noch einmal im Amt fachlich nachhaken können. Allerdings könnten Journalisten einem medienunerfahrenen Mitarbeiter im Zwiegespräch Informationen oder Aussagen entlocken, die besser nur vom Behördenchef kommen. Daher sollte sich bei Nachfragen besser wieder die Pressestelle oder das Bürgermeisterbüro zwischenschalten.

Neben dem Teilnehmerkreis und den verschiedenen Rollen legen die Redner bei heiklen Themen vor der Pressekonferenz auch eine Sprachregelung fest, das so genannte Wording. Sie sollten das Sujet auf mögliche kritische Punkte abklopfen; von der Pressekonferenz muss eine klare Botschaft mit klaren Worten ausgehen. Hat eine Stadt zum Beispiel Probleme mit einer ausländischen Minderheit oder speziell mit Flüchtlingen, müssen die Beteiligten an der Pressekonferenz klären, wie sie mit diesem Punkt umgehen: Erwähnen sie überhaupt, es seien Ausländer? Wenn ja, nennen sie die Nationalität? Wie gehen sie mit den Fragen um, die Flüchtlinge betreffen?

Das Rathaus muss auch schriftliches Material vorbereiten. Meist reicht eine Pressemitteilung, die das Thema und die Inhalte der Statements zusammenfasst. Bei komplexeren Themen bietet sich auch eine Pressemappe an. Sie enthält neben der Medieninformation eine Liste der Statementgeber mit persönlichen Angaben, ein Factsheet über die Stadt, Gemeinde oder die Institution/Organisation, die im Mittelpunkt der Pressekonferenz steht, Fotos und Grafiken auf USB-Stick, vielleicht auch eine ergänzende Dokumentation mit weiteren Details (zeitgemäßer Jahresbericht, Eckwerte des Haushalts, Statistik) – oder alles wird per Download-Link oder per Mail nach der PK nachgeliefert.

So wie ein beigefügtes Bild eine Medieninformation anschaulicher macht, können optische Mittel in einer Pressekonferenz gerade bei komplexeren Themen Übersicht bieten. Bei zahlenlastigen Themen wie dem Haushalt oder dem Sozialbericht helfen einige aussagekräftige Charts, mit Beamer an die Wand geworfen. Aber Vorsicht: die technischen Möglichkeiten, Statistiken visuell aufzubereiten, verführen manchen Zeitgenossen dazu, Statistik um ihrer selbst willen zu präsentieren. Bevor sich jemand an eine Powerpoint-Präsentation macht, muss er in sich gehen: Welche Aspekte sind die allerwichtigsten? Wie kann ich sie grafisch umsetzen? Und macht diese Grafik die Zahlen wirklich leichter verständlich? Mancher Chart nämlich verdunkelt mit seinen unzähligen Pfeilen, gestrichelten Linien, Kuchenschnitten, Balken und Animationen mehr, als dass er das Thema erhellt. „Simplifizieren" heißt das Prinzip. Will das Rathaus die Entwicklung der Sozialhilfeempfänger-Zahlen der vergangenen zehn Jahre darstellen, reichen der Ausgangswert vor einer Dekade, dann ein oder zwei Höhe- oder Tiefpunkte der Zeit zwischendurch und schließlich die aktuelle Zahl.

Wollen die Organisatoren in einer Pressekonferenz Hilfsmittel wie Beamer einsetzen, müssen sie die Technik vorher im Schnelldurchlauf checken. Während der Pressekonferenz sollte jemand von der IT im Haus dabei sitzen oder zumindest ruck-zuck erreichbar sein, um bei technischen Problemen schnell helfen zu können.

Auch die Verpflegung will geregelt sein. Ein üppiges Mahl tut keiner Pressekonferenz gut. Zum einen könnten sich Journalisten korrumpiert fühlen, zum anderen lässt sich das Vier-Gänge-Menü wenig genießen, wenn man sich während des Essens ständig Notizen machen muss. Entweder leiden darunter die Notizen oder der Genuss. Dezente kleine Snacks oder Teegebäck und Obst sind angemessen; geht es gegen Mittag, dann auch belegte Brötchen. Alkohol auf Pressekonferenzen ist tabu – es sei denn, es präsentiert sich zum Beispiel die neue Weinkönigin. Die Standards sind Kaffee, Tee, Wasser und Saft.

Gibt es allerdings das Thema selbst her, können auch ausgefallene Kulinaria das Erlebnis vertiefen:

Eine Kommune hatte zu einer Pressekonferenz der Lebensmittelüberwachung eingeladen; dabei ging es um so genannte Lebensmittelimitate – etwa Käse und Schinken aus minderwertigen Produkten oder Ersatzstoffen. Als Vorspeise servierte das Rathaus echten Feta-Käse und zum Geschmacksvergleich einen falschen. Den Hauptgang bildete eine Pizza mit imitiertem Schinken und nachgeahmtem Käse, das Menü gipfelte in einem Qualitätsvergleich zwischen Eis im Sinne des Lebensmittelgesetzes und Standard-Eiskrem aus dem Supermarkt. Als Getränk wurden den versammelten Medienvertretern zum Vergleich echter Orangensaft und Nektar kredenzt. Auf dem Tisch fanden die Berichterstatter eine Speisekarte vor: links standen die Bezeichnungen, wie sie in der Regel auf den Karten in Gaststätten zu finden sind, rechts die Bezeichnungen dieser Imitate, wie sie rechtskonform nach Lebensmittelgesetz heißen müssten.

Ob das Mahl für die beteiligten Journalisten ein Genuss war, sei dahingestellt. Auf jeden Fall machte es das Thema anschaulich, und die Medien berichteten entsprechend breit.

2.2.6.4 Die Einladung

Zur Pressekonferenz lädt das Rathaus ein bis zwei Wochen vorher ein. Bei brennenden aktuellen Terminen – und nur dann – geht es auch kurzfristiger, im Extremfall sogar am Morgen desselben Tages. Unliebsame Journalisten und Medien werden dabei nicht ausgespart. Es zeigt Souveränität, wenn das Stadt- oder Gemeindeoberhaupt eine Pressekonferenz nicht als Hofzeremonie sieht. Überdies könnte das in zugespitzten Situationen in rechtlichen Auseinandersetzungen gipfeln, wenn ein Berichterstatter sich in den Verteiler einklagen will.

Die Einladung ist im Corporate Design des Rathauses gestaltet, mit entsprechender Schrift und Logo oder Wappen der Stadt. Es sollte in der Überschrift oder auf dem Seitenkopf das Wort „Presseeinladung“ oder „Medieneinladung“ vorkommen. Das signalisiert, dass es keine öffentliche Veranstaltung ist.

Die Einladung soll nicht nur den Termin bekannt geben, sondern dem Medium auch helfen einzuschätzen, ob ein Besuch sinnvoll ist. Daher beschreibt sie kurz und knapp das Thema und beantwortet dabei die wichtigsten W-Fragen: Wer, was, wo, wann? Um Journalisten für das Thema zu interessieren, hilft ein konkretisierender, nachrichtlich relevanter Akzent: Also nicht „Bautenstandsbericht 2024“ mit sowieso bekannten Projekten, sondern „Wichtige Bauprojekte und Perspektiven 2025“. Die Einladung umreißt kurz das Thema, wenn es sich nicht von selbst erklärt. Manche ausführliche Presseeinladungen lesen sich wie verkappte Pressemitteilungen. Das ist unnötig, außerdem könnten Medien daraus eine umfassende Vorab-Geschichte basteln und dann über die eigentliche Pressekonferenz nicht mehr berichten. Allenfalls zwei, drei erläuternde Sätze genügen: „Für 2025 sind einige der größten Bauprojekte der Stadt der vergangenen 20 Jahre geplant. Einige sind für die Bürger besonders wichtige Vorhaben, bei denen erhebliche Investitionen nötig sind. In einem Überblick möchte Ihnen der Bürgermeister die bedeutendsten Projekte vorstellen; dabei wirft er auch einen Blick auf die größten Herausforderungen der kommenden Jahre.“

Neben dem Thema nennt die Einladung das Datum (mit Wochentag) und die Uhrzeit sowie der genaue Ort mit Adresse – als Service für auswärtige Journalisten, die vielleicht ein Navigationsgerät verwenden. Bei Adressen, die selbst mit „Navi“ schwer zu finden sind oder bei Orten, die keine Anschrift haben, ist eine Lageskizze beigefügt.

Die Einladung benennt alle Personen, die als Redner auftreten – mit vollem Namen, Funktion und Institution. Sind darunter ausgewiesene Fachleute, signalisiert das Substanz und macht die Pressekonferenz schon im Vorfeld interessanter, als wenn nur das Stadtoberhaupt alleine sprechen würde.

Falls spezielle Fotomotive geplant sind, weist die Einladung darauf hin, damit eventuell Fotografen mitkommen. Am besten steht das Motiv gleich am Anfang zur Verfügung, damit Bildberichterstatter in Zeitnot gleich danach wieder verschwinden können. Andernfalls können gerade in kleineren Pressekonferenzen ungeduldige, auf die Uhr schielende Fotografen Unruhe in die Szene bringen.

Die Einladung teilt auch mit, wenn die Journalisten ein Imbiss erwartet. Dann müssen sie sich keine Zeit für ein Mittagessen mehr frei halten und können anschließend gleich weiter zum nächsten Termin.

Unterschrieben ist die Einladung vom Organisator der Pressekonferenz, der sich damit auch als Ansprechpartner für Detailfragen identifiziert – also der Bürgermeister oder sein Pressesprecher.

Eine mündliche oder schriftliche Bestätigung, ob eine Redaktion jemanden zum Termin entsendet, ist in der kommunalen Praxis normalerweise sinnlos. Viele Medien wollen sich nicht festlegen, weil immer etwas Aktuelles dazwischen kommen kann. Ein „U. A. w. g." ist also i. d. R. überflüssig. Wer wissen will, ob von einem bestimmten Medium jemand kommt, kann stattdessen einen Vertreter der Redaktion unverbindlich fragen, wenn er ihn zufällig vorher bei anderer Gelegenheit sieht oder mit ihm telefoniert („Sie kommen doch übermorgen zu unserer Pressekonferenz? Ich sage Ihnen: Da bieten wir Ihnen was ...") Gezielte Anrufe deswegen aber nerven die Redaktion. Es gibt einige wenige Ausnahmen für eine schriftliche Rückmeldung – beispielsweise, wenn die Pressekonferenz an einem Ort stattfindet, an dem besondere Sicherheitsanforderungen gelten. So müssen die Verantwortlichen eines Militärgeländes vielleicht vorher die Namen, Personalausweis-Nummern und Autokennzeichen der Gäste wissen.

Fassen wir diese wesentlichen Punkte einer Einladung zu einer Pressekonferenz zusammen, könnte sie folgendermaßen aussehen:

Wichtige Bauvorhaben und Perspektiven 2025 in Z-Stadt sind das Thema einer Pressekonferenz am Freitag, 13. Dezember 2024, um 11.00 Uhr im Magistratszimmer des Rathauses, M-Straße 15, Z-Stadt.

Für 2025 sind einige der größten Bauprojekte der Stadt der vergangenen 20 Jahre geplant. Einige sind für die Bürger besonders wichtige Vorhaben, bei denen erhebliche Investitionen nötig sind. In einem Überblick möchte Ihnen Bürgermeister XY die bedeutendsten Projekte vorstellen; dabei wirft er auch einen Blick auf die größten Herausforderungen der kommenden Jahre.

Anwesend sind außerdem der Stadtplaner LP sowie Professor WT, Verfasser einer Studie zur Stadtentwicklung bis 2030.

Hinweis für Fotografen: Das Modell eines Projekts, das bereits komplett geplant ist, wird im Magistratszimmer aufgestellt.

Auf Ihr Kommen freuen wir uns.

Mit freundlichen Grüßen

(Unterschrift, Name)
Pressesprecher

2.2.6.5 Der Ablauf

Eine Pressekonferenz im kommunalen Bereich dauert in der Regel 45 bis 60 Minuten. Sie sollte am besten folgendermaßen ablaufen:

Zunächst begrüßt der Leiter der Pressekonferenz (also der Bürgermeister oder sein Pressesprecher) die Anwesenden. Er kann das Thema mit einem Satz umreißen oder mit einer aktuellen oder lockeren Anmoderation ins Thema einführen: „Sie haben in den vergangenen Tagen immer wieder gelesen, die Nachbarstädte wollen ihre Investitionen zurückschrauben. Wir schwimmen gegen den Strom, und zwar aus gutem Grund. Warum, das möchten wir Ihnen heute anhand von mehreren größeren Bauprojekten für 2025 zeigen, bevor sich die weihnachtliche Stille über das alte Jahr legt." Dann stellt er in absteigender Hierarchie diejenigen vor, die ein Statement geben, und erklärt den Ablauf: „Bürgermeister XY und Stadtplaner LP liefern Ihnen zunächst in ein paar kurzen Eingangsbemerkungen die wichtigsten Informationen zu den größten Bauprojekten. Danach gibt Professor WT einen Überblick über die Herausforderungen der kommenden Jahre. Anschließend sind Sie herzlich eingeladen, Fragen zu stellen. Wir haben für die Pressekonferenz etwa eine Stunde vorgesehen; das dürfte reichen, um die wichtigsten Dinge zu klären."

Falls nötig, kann der Moderator an dieser Stelle auch die Spielregeln nennen. Ehrt das Rathaus zum Beispiel gemeinsam mit der Polizei ein paar Bürger, die bei der Aufklärung eines Raubüberfalls oder einer Einbruchsserie geholfen haben, dann muss er klar sagen, ob die Medien deren Namen nennen dürfen.

Auf die Anmoderation folgen die Statements in kurzer und freier Rede, allenfalls gestützt durch einen Stichwortzettel. Auch bei komplexen Themen sollten sie jeweils maximal zehn Minuten dauern, bei mehr als zwei Teilnehmern deutlich weniger. Die Statements wiederholen nicht einfach die Pressemitteilung aus den verteilten Unterlagen. Sie müssen einen Mehrwert für die anwesenden Journalisten bieten, etwa durch unmittelbare, emotionale, authentische Schilderungen und lebendige Zitate. Damit können sich die anwesenden Medien gegen diejenigen absetzen, die nicht da sind und lediglich in der Redaktion auf den Versand der Pressemitteilung warten. Gerade die eine oder andere knackige Formulierung während einer Pressekonferenz greifen Journalisten gerne als Zitat auf.

Selbst bei einer Pressekonferenz, die das Stadt- oder Gemeindeoberhaupt alleine gibt, sollte ein Statement am Anfang stehen – ein Umriss des Themas, ein paar konkrete Aussagen, ein paar politische Wertungen … Tabu ist die Eröffnung mit einer allgemeinen Frage („In den vergangenen Tagen hat es ja gerauscht im Blätterwald wegen angeblicher Steuergeldverschwendung beim geplanten Bürgerhaus. Also, was wollen Sie wissen?“) Auch sollten die Veranstalter bisherige Berichte einzelner Journalisten oder Medien weder loben noch kritisieren. Das könnte bei manchen Teilnehmern Missgunst oder Neid wecken.

Geben mehrere Teilnehmer ein Statement, so bieten sich für die Reihenfolge verschiedene Modelle an:

- in absteigender Hierarchie, wenn alleine Vertreter des Rathauses das Thema präsentieren. Der Bürgermeister wertet politisch, der Amtsleiter ordnet fachlich ein, der Sachbearbeiter ergänzt mit Details aus der Praxis.
- gleichrangig, wenn die Stadt mit externen Partnern kooperiert. Erst spricht der Rathauschef, dann die Partner in beliebiger Reihenfolge oder in der Reihenfolge ihrer Bedeutung für das Projekt. Dabei ist keiner der Chef des anderen, allerdings fungiert der Bürgermeister als Gastgeber, der quasi alle an einen Tisch bringt, als primus inter pares.

Nach den Statements folgt der unwägbarste, heikelste Teil der Pressekonferenz: die Fragerunde der Journalisten. Ist es eine sehr große Pressekonferenz, stellen sich die Fragesteller mit ihrem Namen und dem ihres Mediums zunächst vor, wenn sie sich zu Wort melden. Bei regulären Terminen erübrigt sich das, man kennt sich zumeist. Nach den Eingangsstatements schlägt die Stunde des Moderators: Er muss Wortmeldungen aufrufen, Fragen den Rednern zuordnen, für Ruhe und Ordnung sorgen, die Diskussion strukturieren, Fragen in Blöcke zusammenfassen, eventuelle Korreferate von Journalisten stoppen, Störenfriede zur Räson bringen, die Zeit im Blick haben und und und …

Falls keine Fragen kommen, sollte der Moderator noch Informationen zum Thema in der Hinterhand haben, um peinliche Lücken zu füllen. Ist partout alles Pulver verschossen, setzt er einen Schusspunkt. Kamen aber keine Fragen, müssen sich die Veranstalter danach fragen, ob sich für ihr Sujet überhaupt für eine Pressekonferenz eignete – und beim nächsten Thema sorgfältiger prüfen, ob sich eine Pressekonferenz lohnt.

Am Ende der Pressekonferenz setzt der Moderator einen klaren Schlusspunkt, mit einem Dank für das Interesse der Journalisten und die Mitwirkung der Statementgeber, vor allem, wenn es externe Ehrenamtliche sind. Anschließend stehen die Veranstalter sofort auf, um auch optisch das Ende zu markieren. Ziellos vor sich hinblubbernde Nachgespräche über den Tisch lässt der Moderator nicht zu. Möglich ist es aber, individuelle O-Töne für die Vertreter von Radio und Fernsehen nachzuziehen, möglicherweise auch einen Videoclip per Smartphone für ein Online-Portal. Sie fassen den Kern der Pressekonferenz zusammen („Herr Bürgermeister: Alle anderen Kommunen sparen bei den Investitionen – warum satteln Sie drauf und planen mehrere Großvorhaben?“). Für diese nachgeholten O-Töne sollte der Organisator bei entsprechendem Medieninteresse einen Puffer von 15 bis 20 Minuten einkalkulieren.

2.2.7 „Mal ganz unter uns ...“: Pressegespräch und Hintergrundgespräch

Das Pressegespräch gehorcht teils ähnlichen Regeln wie die Pressekonferenz, läuft aber nicht so steif-formalisiert, sondern als lockere Runde. Daher hat sich dafür mancherorts auch die Bezeichnung „Kamingespräch“ etabliert. Im Gegensatz zur Pressekonferenz gehen die Einladungen nicht an alle, sondern nur an ein einziges Medium oder wenige ausgewählte Medien, von denen sich die Verwaltung das größte Interesse erhofft oder den größten Gesprächsbedarf vermutet. Weil eben nicht alle angesprochen sind, läuft die Einladung meist informell mündlich.

Ein solches Gespräch bietet sich vor allem an, wenn manche Bemerkungen unter dem Deckmantel der Vertraulichkeit fallen. Zum Beispiel bei einer umstrittenen Gewerbeansiedlung, zu der das Rathaus wegen des Datenschutzes nicht alles offenlegen kann. Oder die Verwaltungsspitze stimmt die Medien auf wichtige Entscheidungen der kommenden Monate ein, die sie aus strategischen Gründen öffentlich noch nicht andeuten will. Oder der Bürgermeister spricht über sehr persönliche Dinge, etwa über seine eigene Zukunft.

Bei solchen eher vertraulichen Gesprächen können auch interne Fachleute dazustoßen, die für eine größere Pressekonferenz vielleicht nicht medientauglich genug wären. Im kleineren Kreis fällt es leichter, bei dieser oder jener Äußerung den Hinweis nachzuschieben: „Das ist aber nicht zum Schreiben, sondern nur für Ihren Hintergrund“. Gerade

Mitarbeitern, die im öffentlichen Auftreten wenig oder überhaupt nicht geübt sind, vermittelt das eine gewisse Sicherheit. Bei komplexen Themen kann die Verwaltung zu dem Gespräch flankierend auch ein Papier vorbereiten, das die wichtigsten Fakten enthält.

Ein Pressegespräch mit ausgewählten Teilnehmern birgt aber nicht nur Vorteile, sondern auch Risiken. Je nachdem wie viel davon in Berichte einfließt, sickert der Termin vielleicht zu den nicht eingeladenen Medien durch und sorgt für Konkurrenzneid. Der Bürgermeister und sein Pressesprecher müssen in jedem Fall Nutzen und Schaden abwägen, bevor sie nur einen ausgewählten Zirkel ins Rathaus bitten.

Fließend sind die Übergänge zum rundum vertraulichen Hintergrundgespräch, das der Rathauschef bisweilen nur mit einem einzigen Journalisten führt, gerne auch bei einem gemeinsamen Mittagessen. Dabei besprechen die beiden entweder ein Sachthema in all seinen internen Tiefen oder der Bürgermeister vermittelt dem Journalisten intime Einblicke in politische Hintergründe und eigene Gedankengänge. Dann wird das Risiko unkoordinierter Spekulation begrenzt. Gerade wenn ein gewöhnlich gut unterrichtetes Medium Andeutungen in einer bestimmten Richtung macht, folgen andere Redaktionen auf den vorgetretenen Spuren. Durch gezielte Indiskretion kann eine Verwaltungsführung den medialen Boden für Entscheidungen bereiten. Zudem steckt ein Stadtoberhaupt bei solchen Gelegenheiten auch gerne Hintergründe über politische Gegner oder parteiinterne Kontrahenten, die er als Rathauschef oder Parteienvertreter kaum öffentlich sagen dürfte. Und schließlich kann der Bürgermeister einen Journalisten des Vertrauens einweihen, wie persönlich verletzend ihn ein in den Medien erhobener Vorwurf trifft oder wie die Familie darunter zu leiden hat, und um Verständnis für umstrittene Entscheidungen werben. Das reicht bis zum Hinweis, er gebe demnächst bekannt, nicht für eine weitere Amtszeit zu kandidieren.

Allerdings müssen die vertraulichen Informationen stimmen. Sieht sich ein Journalist unter dem Deckmantel der Verschwiegenheit getäuscht oder gar angelogen, kann sich der Bürgermeister künftige Hintergrundgespräche mit ihm sparen: Er hat sich einen zuverlässigen Feind erworben.

2.2.8 Hoch die Tassen: Der Medienstammtisch

Als zwangloses Forum zur Kontaktpflege und Information bietet sich ein Medienstammtisch oder ein vergleichbarer Jour fixe an. Der Bürgermeister lädt dazu in geselliger Runde ein, am besten abends und in das Separée eines Lokals. Den Abend bereitet die Pressestelle oder das Bürgermeisterbüro vor.

Werfen wir am Beispiel eines abendlichen Medienstammtisches einen Blick darauf, auf was der Bürgermeister und sein Pressesprecher achten müssen:

- Der Abend sollte wegen des für Journalisten oft betriebsamen Wochenendes nicht auf einen Freitag, Samstag oder Sonntag fallen und nicht vor 19 Uhr beginnen. Vorher wäre per Rundfrage im Verwaltungsbereich oder auch bei den Zeitungen direkt zu klären, ob an dem Abend keine größere bedeutende Veranstaltung läuft. Eine günstige Zeit, sofern es sich um ein jährliches Treffen handelt, ist der Jahresbeginn nach Ende der Weihnachtsferien und vor Beginn der Sitzungsperioden im Parlament.
- Den Termin kündigt das Rathaus mehrere Wochen im Voraus mit Rückantwort an. Einladungen schicken die Organisatoren an die Medien als solche; welche einzelnen Mitarbeiter kommen, entscheidet die jeweilige Redaktion. Allerdings kann das Rathaus auch flankierend den ein oder anderen Journalisten auch persönlich antelefonieren: „Sie kommen doch hoffentlich auch?!" Bei den Rundfunksendern oder größeren Zeitungen richten sich die Einladungen seltener an die Zentralredaktionen, sondern eher an die Lokalredaktionen oder auch die Korrespondenten, die für die Kommune zuständig sind.
- Das ausgewählte Lokal sollte von Preis und Status das rechte Maß wahren, also irgendwo mittig angesiedelt zwischen Frittenbude und Zwei-Sterne-Franzosen. Der Raum sollte innerhalb des Lokals abgetrennt sein, damit keine ungebetenen Ohren mithören.
- Der Abend ist eine freilaufende Übung. Einziger formaler Punkt sollten knappste Begrüßungsworte des gastgebenden Stadt- oder Gemeindeoberhaupts sein.
- Kleine Mitbringsel für die Journalisten kann die Verwaltung vorbereiten, sie dürfen aber keinesfalls den Eindruck vermitteln, das Rathaus wolle die Medienvertreter mit Geschenken gefügig machen. Originalität rangiert weit vor materiellem Wert.
- Zwar sind an diesem Abend mitgeteilte Informationen oder Einschätzungen des Bürgermeisters tendenziell vertraulich. Allerdings können und sollen sie auch zur Meinungsbildung der Journalisten beitragen. Ob sie den Rathauschef zitieren dürfen, muss dieser im Gespräch mit ihnen klären.

- Absolut geschützt sind sehr persönliche Dinge. Die lockere Atmosphäre oder auch der Alkohol tragen ihren Teil dazu bei, dass Gastgeber wie Gäste an diesem Abend ganz neue Seiten von sich zeigen. Der Autor hat in derlei Runden in wechselnden Funktionen Politiker wie Journalisten erlebt, die beim soundsovielten Glas Wein Ehegeschichten von sich und anderen preisgaben oder auch persönliche Enttäuschungen ihrer beruflichen Laufbahn ausbreiteten. Droht die Lage zu eskalieren, muss zumindest der Pressereferent kühlen Kopf wahren und manchmal auch das Gespräch durch ein Ausweichen auf ein anderes Thema in sichere Bahnen lenken.

2.2.9 In die Höhle des Löwen: Der Redaktionsbesuch

Ein Besuch in einer Redaktion kann den Bürgermeister bekannt machen und Vertrauen schaffen. Ernst genommen, kann das Treffen für beide Seiten von Nutzen sein.

In der Redaktion rückt der Rathauschef nicht mit großem Hofstaat an, allenfalls mit seinem Pressesprecher oder Büroleiter. Der Rahmen und der Umgangston sollten persönlich-locker sein, auch wenn die Zeitung im Laufe des Besuchs ein zum Abdruck vorgesehenes Wortlaut-Interview führt.

Der optimal vorbereitete Bürgermeister trägt im Handgebäck auch ein Info-Bonbon, eine Botschaft. Es ist eine Nachricht, eine Ankündigung, ein Bekenntnis, das dieses Medium exklusiv erhält, eine Art informatives Gastgeschenk. Redaktionen ist aufgrund knapp bemessener Zeit nämlich wenig an allgemeinen Plaudereien gelegen, die sich nicht in Berichten verwerten lassen. Ob das Stadtoberhaupt die neue Information im Rahmen eines lockeren Gesprächs mitteilt oder sich die Beteiligten vorher auf ein Wortlaut-Interview einigen, ist zunächst unerheblich. Es muss vor allem eine Information sein, mit der das Medium exklusiv reüssiert, wegen der die Redaktion folglich nach dem Besuch sagen kann: Die Stippvisite des Bürgermeisters hat sich gelohnt. Der Autor hat beispielsweise einen Bürgermeister erlebt, der anlässlich eines solchen Redaktionsbesuches deutlich durchblicken ließ, er wolle nicht für eine weitere Amtszeit kandidieren. Auf diese Weise schützte er sich vor wiederholten bohrenden Nachfragen der Redaktion. Sie konnte ihrerseits in Kommentaren und Berichten die Entscheidung beruhigt andeuten, bis sie der Bürgermeister Wochen später offiziell allen mitteilte.

Das nachrichtliche Bonbon kann das Rathaus der Redaktion vor dem Besuch mehr oder weniger konkret andeuten. Vielleicht bringt der

Rathauschef auch einen USB-Stick oder ein Papier mit ergänzenden Details mit. Möchte er zum Beispiel ein neues Programm für Jugendliche auflegen, könnte er zur dokumentarischen Unterfütterung des Berichts einen Überblick über die Altersstruktur der Bevölkerung und die bisherigen Programme für Jugendliche im Gepäck haben oder eine Liste der Jugendclubs, Beratungsstellen und ähnlichem in der Stadt.

Der Redaktionsbesuch ist folglich keine Plauderstunde, auch wenn er äußerlich als eine solche daherkommt, sondern ein Instrument zielgerichteter Kommunikation. In manchem groß gefahrenen Interview mit Ministern oder Kanzlern haben nicht die Journalisten hartnäckig ihrem Gast eine Nachricht entlockt, sondern der Redaktionsbesucher hatte vorher signalisiert, er wolle eine bestimmte Botschaft unters Volk bringen. Hätten die Verantwortlichen sie als Pressemitteilung an alle gestreut, wäre die gleiche Nachricht vielleicht von den meisten unter „Ferner liefen" gelandet. Eine Redaktion aber, die eine Nachricht exklusiv erhält, bringt sie manchmal größer, um sich deutlich von der nicht informierten Konkurrenz abzusetzen.

Umgekehrt kann der Bürgermeister beim Redaktionsbesuch auch die Arbeitsabläufe der jeweiligen Journalisten kennen und ihre Interessen verstehen lernen. Beide Seiten, also auch der Rathauschef, sollten etwas aus dem Besuch mitnehmen. Deshalb kein Redaktionsbesuch ohne die Fragen: „Drückt irgendwo der Schuh? Haben wir ein Problem? Könnte irgendetwas noch runder laufen?" Allerdings hat die Frage nur Sinn, wenn der Besucher bereit zur Selbstkritik und offen für Verbesserungsvorschläge ist. Wer eine solche Frage nur rhetorisch stellt, kann sich gleich den Redaktionsbesuch sparen.

Nach dem Besuch herrscht vielleicht nicht gleich Friede, Freude, Eierkuchen. Doch vielleicht gelingt es, ein paar Missverständnisse auszuräumen und bei der jeweils anderen Seite Verständnis für bestimmte Haltungen, Entscheidungen oder Arbeitsweisen zu wecken.

Im Optimalfall hat der Bürgermeister mit oder ohne Pressesprecher sämtliche Redaktionen in seinem Beritt besucht. Aus organisatorischen Gründen bleibt das vielleicht ein frommer Wunsch, aber zumindest die Schlüsselredaktionen sollte der Rathauschef aufsuchen, um daraus Schlüsse für eine effizientere Medienarbeit zu gewinnen. Am besten wiederholt der Bürgermeister seine Besuche alle paar Jahre: Akzente in der Kommunalpolitik haben sich verschoben, andere Probleme sind aufgetaucht, in den Redaktionen haben Akteure gewechselt.

Egal, ob Antrittsbesuch oder Wiedersehensvisite: Einen pauschal exakt richtigen Zeitpunkt am Tag gibt es nicht, das hängt von den Produktionsbedingungen des jeweiligen Mediums ab. Bei Zeitungen ist oft der Vormittag oder Mittag kommod, bevor die Nachmittagshektik Richtung Redaktionsschluss einsetzt. Beim Rundfunk hängt es von der Redaktion ab – ob diese auf eine bestimmte Spitzenzeit hinarbeitet oder Sendungen rund um die Uhr aktuell beliefert. Für einen Besuch sollten ähnlich wie bei einer Pressekonferenz 45 bis 60 Minuten genügen. Gehört dazu ein Wortlaut-Interview, kann er auch ein wenig länger dauern.

2.2.10 Wahres im Wortlaut: Interview, Statement, O-Ton

2.2.10.1 Grundsätzliches zu Sprache und Auftreten

Ob Statement oder Interview: Der Bürgermeister oder Pressesprecher sagt nur etwas zu einem Thema, bei dem er zuständig ist und mit dem er sich auskennt. Das bedeutet: Vor dem Gespräch muss er sich über den neuesten Stand der Dinge informieren. Wissen sollte er auch durch entsprechende Vorarbeit des Pressesprechers: Für welchen Sender, welche Sendung und welches Zielpublikum ist der Betrag vorgesehen? In welchem Zusammenhang will das Medium das Thema behandeln? Wie viel weiß der Journalist bereits? Davon hängt ab, wie tief der Befragte einsteigt, welche Fakten er als bekannt voraussetzen kann, wo eventuell Stolperfallen liegen, welches Sprachniveau er wählen muss. Ein O-Ton für ein Boulevardmagazin klingt anders als einer für eine Kulturwelle, eine Analyse für eine 30-minütige Sendung anders als ein paar Schlagworte für den Nachrichtenblock.

O-Töne sind unmittelbar, authentisch. Aber auch riskanter, wenn die eigene Nervosität die Klarheit vernebelt. Zudem zwingt die Flüchtigkeit des Worts noch mehr zur Kürze, zur Prägnanz als die Schriftsprache.[42] Hier gilt: Weniger ist mehr. Das Aussehen des Interviewten, seine Kleidung, die Umgebung, der Hintergrund, der Klang der Stimme, die Kameraeinstellung können vom Inhalt ablenken. Im Gegensatz zum schriftlichen Interview sendet der Befragte vor Mikrofon und Objektiv auch akustische oder optische Signale, die manchmal mehr über ihn aussagen als der Inhalt seiner Worte. Gerade der rein optische Eindruck überlagert bisweilen alles, das ist durch wissenschaftliche Forschung nachgewiesen. Wer ins Mikrophon stammelt oder mit Son-

42 Beispiele für sprachliche Aspekte des Interviews z. B. bei *Latsch*, Alternative Fakten.

nenbrille cool in die Kamera grinst, braucht sich keine Gedanken mehr zu machen, ob seine Bemerkungen positiv beim Publikum ankommen. Diese so genannte nonverbale Kommunikation müssen der Bürgermeister oder sein Pressesprecher im Griff haben.

Das Interview, das Statement, der O-Ton stellen Anforderungen an Wortwahl, Sprechweise und Auftreten:

- Die mündliche Rede fordert klare Aussagen und keine Verrenkungen à la „Ich würde meinen wollen“. Nötig sind klar strukturierte, übersichtliche und nicht zu lange Sätze.
- Bildlich sprechen: Expertensprache vermeiden, Fachwörter durch allgemeinverständliche Ausdrücke ersetzen oder aber kurz erläutern. Stellt der Journalist seine Fragen permanent in demonstrativ simplen Worten, dann weiß der Befragte: Er muss einfacher reden. Bei komplexen Sachverhalten stellen wir uns am besten vor, wie wir es unseren Freunden erzählen würden. Würden wir sagen: „Die fußläufigen Verbindungen werden einer durchgreifenden Umgestaltung unterzogen“? Oder nicht eher: „Die Wege werden neu gemacht“?
- Nicht nur für ein kurzes Statement, sondern auch für ein längeres Interview sollte sich der Befragte zugespitzte, prägnante Äußerungen überlegen, die eine Redaktion als Kernsätze herausschneiden kann. Er liefert dem Journalisten die Zitate frei Haus.
- Aufzählungen wie „Erstens ..., zweitens ..., drittens ...“ vermeiden. Es ist illusorisch zu glauben, dann würden die Worte des Interviewten bestimmt nicht gekürzt. Wegen der numerischen Aufzählung kann der Journalist in der Tat einzelne Teile nicht isoliert verwerten. Er wird den Passus dann eher ganz weglassen oder während des Interviews noch einmal um eine Zusammenfassung in einem Satz bitten. Oder aber er unterbricht rüde. Beginnt der Interviewte mit dem Hinweis „Für unsere Entscheidung sind drei Gründe wichtig“, hakt der Interviewer vielleicht ein: „Nennen Sie uns den Wichtigsten“.
- Der Befragte vermeidet besser Formulierungen wie „Wie ich Ihnen vorhin bereits sagte, ...“ Wenn das Publikum nicht das gesamte Gespräch kennt, versteht es nicht die Anspielung auf etwas, was vorher geschah.
- Möglichst keine Zitate einbauen. Das verwischt die klare Zuordnung von Aussagen: Interviewt der Journalist den Bürgermeister von Z-Stadt oder Goethe? Erstens will das Medium die Meinung des Befragten wissen und nicht die des Dichterfürsten, zweitens wirken gerade Zitate von berühmten Persönlichkeiten oft aufgesetzt und prahlerisch, und drittens sind manche Worte aus dem Zusammenhang

gerissen oder verfremdet, wenn nicht ganz frei erfunden. Wenn das herauskommt, ist der Rathauschef blamiert.

- Zahlen sparsam verwenden. Die meisten von ihnen vergisst der Zuhörer sofort wieder, der Interviewpartner beschränkt sich also besser auf die allerwichtigsten. Außerdem sollte er sie auf- oder abrunden. Im persönlichen Gespräch würden wir nie sagen: „Die Waschmaschine hat 589,67 Euro gekostet", sondern zum Beispiel: „Die Waschmaschine hat fast 600 Euro gekostet."
- Langsam und deutlich sprechen. Zwischendurch sollte der Befragte Atempausen setzen, damit der Zuhörer eine kurze Sekunde hat, in der er das Gesagte verarbeiten kann.
- Bei Versprechern sollte der Befragte, falls es kein Live-Gespräch ist, neu ansetzen und das Statement wiederholen.
- Bevor Kamera und Mikro aufzeichnen, alle störenden Einflüsse beseitigen: Das Telefon im Büro umleiten oder stumm schalten, Smartphone abstellen, Fenster und Türen schließen. Findet das Interview im Innenraum statt, muss jemand vor der Tür Besucher abfangen. Bei der Aufnahme selbst sollte der Befragte eine Person des Vertrauens hinzuziehen, die ihn zum Beispiel auf eine schief sitzende Krawatte aufmerksam macht oder auf eine unklare Formulierung, einen zu langen Satz, eine falsche Zahl.
- Bei Interviews mit Kamera sollte sich der Befragte den Hintergrund nicht vorschreiben lassen, wenn etwas gegen dieses Bild spricht. Allerdings sollte der Bürgermeister oder Pressesprecher einen Kontrast zum rückwärtigen Raum bilden, um markant zu erscheinen – also heller Anzug vor dunklem Hintergrund oder umgekehrt. Wurde ein Interviewtermin nicht erst am aktuellen Tag angefragt, sollte er (oder sie) beim Anziehen morgens auch auf Farben oder Muster der Kleidung achten: keine knalligen, vom Inhalt ablenkenden Farben, keine Karo- oder Grätenmuster sowie glitzernde Stoffe, weil das ein irritierendes Flimmern im Bild geben kann. Wer eine Brille mit phototrophen (selbsttönenden) Gläsern trägt, sollte diese bei Aufnahmen im Freien absetzen. Schon der matteste Sonnenschein verdunkelt die Gläser, Ergebnis: der Interviewte sieht wie ein Mafioso aus. Außerdem sollte sich der Interviewte vor der Aufnahme noch einmal kämmen und den korrekten Sitz der Krawatte prüfen.
- Der Befragte oder seine anwesende Person des Vertrauens sollten auf die Kameraperspektive achten: Ist nur der Kopf zu sehen, oder ist es ein Brustbild? Hält der Kameramann von unten drauf, was den Befragten bedrohlich überhöht? Ist die Kamera angeschrägt, so dass der Kopf in lächerlicher Schieflage erscheint? Bereits mit der Bildeinstel-

lung kann der Journalist den Inhalt des Interviews kommentieren. Der Interviewte sollte auf einer neutralen Kameraposition bestehen, also gerade, auf Augenhöhe, mit dem Kopf leicht rechts oder links von der Bildmitte.

- Ob jemand beim Interview sitzen oder stehen sollte, darüber lässt sich lange diskutieren. Entscheidend ist: Er muss sich in der Position wohl und sicher fühlen. Jeder äußere negative Reiz schwächt die Konzentration. Der Befragte sollte nicht die Arme vor dem Körper verschränken, das wirkt arrogant und ablehnend. Auch sollte er sie nicht hinter den Rücken nehmen, das sieht verkrampft aus oder militärisch, außerdem spannt es den Brustkorb, was wiederum Stimme und Atmung einengt. Die Arme hängen am besten leicht angewinkelt herab, wobei eine Hand zum Beispiel ein zusammengerolltes Papier hält. Das signalisiert konzeptionelles Denken, Geschäftigkeit und Tatkraft. Ein Stift geht auch; es sollte aber kein Kuli sein, denn womöglich klickt der Interviewte nervös unbewusst mit ihm herum. Mimik und Gestik sind generell relativ sparsam, er setzt sie dafür umso gezielter an wichtigen Stellen ein. Statt permanent mit den Armen zu fuchteln, mit dem Kopf zu wackeln, mit den Augen hin und her zu eilen oder von einem Standbein auf das andere zu wechseln, sollte der Befragte nur gelegentliche Akzente setzen. Die Augen sind auf den Interviewpartner und nicht in die Kamera oder anderswohin gerichtet. Wer den Blick des Journalisten nicht aushält, schaut ihm zum Beispiel auf den Haaransatz oder eine Schulter. Dem Zuschauer fällt das aus der Kameraperspektive nicht auf.
- Inzwischen ist übrigens auch hier die Technik weiter vorangeschritten. Manche Sender kommen nicht mehr mit Kamera und Mikro vorbei, sondern zeichnen das Gespräch als Videokonferenz auf oder lassen den Bürgermeister seine O-Töne in sein Smartphone sprechen, die er dann der Redaktion zusendet.

2.2.10.2 Das Statement

Ein Statement ist eine kurzgefasste mündliche Pressemitteilung. Knapp und pointiert schildert es einen Sachverhalt oder vermittelt eine Position. Ein Bürgermeister erklärt, welche Pläne die Gemeinde für ein neues Bürgerhaus hat. Der Stadtbrandinspektor schildert den Einsatz beim Großbrand auf dem Firmengelände. Der Sozialamtsleiter erklärt, warum die neue Gesetzesregelung im Sozialgesetzbuch des Bundes am echten Leben in der Stadt vorbeigeht.

Das Statement bringt die wesentlichen Fakten oder Meinungen auf den Punkt, nach dem KISS-Prinzip: „Keep it short and simple". Ein gutes Statement beschränkt sich auf 30 Sekunden; in diese Zeit passen drei oder vier mittellange Sätze. Und selbst aus dieser kurzen Passage kann eine Redaktion noch etwas herausschneiden und aus dem Zusammenhang reißen; daher sollten sich die Sätze möglichst von selbst erklären. Wer sich die bisweilen im Fernsehen wiederholte jahrzehntealte „Tagesschau" ansieht, stellt fest: Damals waren die O-Töne viel länger. Das Schneide-, Seh- und Hörverhalten hat sich verändert. Alles ist schneller geworden. Deswegen waren die Konsumenten von damals nicht informierter als ihre Kinder heute, aber inzwischen sind die zeitgenössischen Zuschauer auf kleine Info-Häppchen getrimmt.

Im Aufbau orientiert sich das Statement an einer guten Pressemitteilung, ist nur intensiv verdichtet. Das Wichtigste steht am Anfang, der Rest folgt in absteigender Wichtigkeit. Dabei muss der Sprecher beachten: Was ist für das Publikum das Wichtigste?

Ein Statement zum Bau eines neuen Bürgerhauses sieht beispielsweise so aus:

> *„Für die X-Städter gibt es endlich ein Bürgerhaus. Wir haben das heute im Stadtparlament beschlossen, und das Zentrum wird im Herbst 2025 stehen. Die 4,5 Millionen Euro Baukosten sind gut angelegt, wir bieten nicht nur ein Kulturzentrum für unsere Stadt, sondern Platz für die Karnevalssitzung und die Silberhochzeit ebenso wie für die politische Debatte – also Platz für alles, was uns angeht."*

Den Text sollte der Statement-Geber nicht auswendig lernen; solches Aufsagen wirkt gekünstelt. Wer einen sorgsam formulierten Text wie ein Gedicht in der Schule Wort für Wort auswendig lernen muss, hat offenbar sein Thema nicht im Griff oder ist von seinem Standpunkt nicht überzeugt.

Beim Statement vor der Kamera blickt der O-Ton-Geber nicht in die Linse, sondern er sieht am Objektiv vorbei den Journalisten an. Ausnahme sind etwa Zuschaltungen, bei denen der Moderator im Studio den Bürgermeister oder Pressesprecher aus der Ferne direkt befragt. Den Blick geradewegs ins Auge des Zuschauers empfindet das Publikum als aufdringlich und unangenehm. Der Zuschauer sieht sich lieber in der Rolle des Beobachters, der das Gespräch mit dem Journalisten als neben den Dingen stehender Dritter verfolgt.

2.2.10.3 Das Interview

Das Interview ist die Königsdisziplin unter den O-Ton-Formen mit der größten Herausforderung und dem größten Risiko. In langen Interviews zeigt sich, wer sich seiner Sache sicher ist. Es gibt Interviews zu einer Sache, zu einer Person oder zu einer Meinung. Alle drei können harmonisch sein oder auch konfrontativ.

Auf jeden Fall wird das Medium sie nachbearbeiten. Kein aufgezeichnetes Interview ist so gelaufen, wie es erscheint. Radio und Fernsehen schneiden O-Töne sätze- oder absatzweise um, Zeitungen und Zeitschriften schieben ganze Themenblöcke hin und her, streichen alle „Ähs" und ersetzen ungrammatikalische Dative („wegen dem") durch den Genitiv („wegen des"), korrigieren falsche Zahlen und Namen, verdichten Dutzende von mitgeschriebenen Zeilen auf einen kurzen Absatz, spitzen Bemerkungen zu, und der Journalist flickt in seine eigenen Fragen kluge, belesen wirkende Fakten zur Sache ein, um sich informiert zu zeigen. Manch ungelenk sprechender Politiker kann dankbar sein, wenn die Redaktion aus ihm Prägnanz herauskitzelt. Ein Recht auf Autorisation allerdings gilt nur, wenn beide Interviewpartner das vorher ausdrücklich vereinbart haben.

Obwohl durch kein Gesetz festgeschrieben, hat es sich eingebürgert, ein gedrucktes Interview vor Veröffentlichung freigeben, „autorisieren" zu lassen. Viele Journalisten empfinden das ebenfalls als Zensur, aber in der Regel fügen sich die Medien in dieses Procedere, weil es ihnen die Sicherheit gibt, dass der Befragte nach Veröffentlichung nicht behaupten kann, er habe dieses oder jenes so nicht gesagt. Da kein Interview so niedergeschrieben wird, wie es in Wahrheit lief, versichern sich beide Seiten, dass es inhaltlich korrekt ist. Änderungswünsche des Befragten sollten sich deswegen darauf beschränken, rein sprachliche Fehler auszubügeln und hier und da Missverständnisse zu beseitigen. Keinesfalls sollte er die Autorisierung nutzen, um das komplette Interview umzuschreiben. In der Regel würden Journalisten den Abdruck ablehnen, wenn sich beide Seiten nicht einigen.

Auch, wer sich zum Interview vor die Fernsehkamera stellt oder ans Radiomikrophon setzt, hat damit noch nicht das Startsignal zur freien Veröffentlichung aller Aussagen gegeben. Möchte er bestimmte Aussagen streichen, sollte er das allerdings noch bei dem Interviewtermin sagen. Schwieriger ist die Sache, wenn die Rundfunkleute mit dem Material wieder abgezogen sind, es bereits bearbeiten und keine Freigabe vor der Sendung vereinbart wurde – eine solche Autorisierung allerdings ist im Umgang mit Fernsehen und Radio eher unüblich.

Zudem bietet ein Bürgermeister generell ein schlechtes Bild, wenn er Aussagen zurückzieht. Die Öffentlichkeit und auch der Journalist erwarten, dass er zu seinem Gesagten steht. Solche Rückzieher können erst recht den Argwohn von Redaktionen erregen und zu tieferen Recherchen animieren. Oder die Zeitung macht den Autorisations-Hader öffentlich, und der Befragte ist blamiert.

Aufsehen erregte zum Beispiel ein Streit um ein Interview der „tageszeitung" (taz) 2003 mit dem damaligen SPD-Generalsekretär und späteren Bundeskanzler Olaf Scholz.

Scholz wollte das Interview mehr oder weniger komplett umschreiben lassen – woraufhin die taz das Manuskript demonstrativ druckte und die vielen inkriminierten Passagen schwärzte.[43] Zahlreiche Medien solidarisierten sich mit der Zeitung und kritisierten generell, dass Interviews autorisiert werden.

Besser als mit Medienvertretern über Aussagen zu streiten, ist es, sich auf Interviews optimal vorzubereiten und sich im Gespräch unter Kontrolle zu haben, auch wenn der Interviewer Druck macht. Wie das geht, sehen wir etwas später in diesem Kapitel.

Ohne Druck indes ist manches einfacher:

Leicht hatte es ein Lokaljournalist im Hessischen, der mit seinem Bürgermeister in Dauerfehde lag und deswegen selbst öffentlich unter Feuer geriet: Er interviewte dann einfach sich selbst. Der Mann, Herausgeber und Chefredakteur in einer Person, befragte sich über die Beweggründe seines Feldzuges gegen den Rathauschef.

Da aber normalerweise ein Bürgermeister nicht in der glücklichen Lage ist, bei heiklen Themen sich selbst zu befragen, müssen er oder sein Pressesprecher mit den Journalisten Vorlieb nehmen. Und sich entsprechend vorbereiten.

Hier die wichtigsten Punkte:

- Vorab muss der Interviewpartner die Kompetenz und das Vorwissen des Journalisten ausloten. Das gibt Hinweise, welche Tiefe das Interview haben könnte, wie hoch das Risiko ist, dass der Journalist den Interviewpartner in eine unangenehme Lage bringen kann. Zudem

43 Ausgabe vom 28.11.2003.

ist wie generell bei den Statements zu klären, auf welchem Sender und in welchem Format der Beitrag laufen wird, weil das Konsequenzen für die thematische Tiefe und die Sprachebene hat.
- Zu klären sind das präzise Thema und auch mögliche Fragen. Allerdings dürfte der Journalist wenigstens ein oder zwei Fragen in der Hinterhand haben, die er vorher nicht abspricht.
- Eine präzise Vorbereitung ist nötig, der Interviewte sollte die wesentlichen Fakten kennen. Es wirkt wenig souverän, wenn er vor der Kamera oder dem Mikrophon mehr oder weniger zugeben muss: Ich habe von den Details der Sache keinen blassen Schimmer.
- Zudem muss der Befragte für sich eine Linie definieren, die er nicht überschreitet. Zum Beispiel, wenn in einem Fall Persönlichkeitsrechte betroffen sind. Erfahrene Journalisten, die einen Profi interviewen, merken schnell, wenn jemand zu einem Punkt partout nichts sagen will oder kann.

Ein Bürgermeister kann einen entscheidenden Beitrag dazu leisten, ein Interview zu einem informativen Gespräch zu machen. Will ihn allerdings jemand lediglich vorführen, gelten andere Gesetze, und mit denen befassen wir uns ein wenig später.

Der Interviewte kann zunächst Folgendes tun, um sich nicht selbst in eine heikle Lage hineinzureiten:

- Insgesamt sollte das Stadt- oder Gemeindeoberhaupt eine konstruktive Linie verfolgen. Das könnte konkret heißen: Auch wenn es um die hohen Schulden der Stadt geht, den Blick auf die Chancen der Kommune werfen oder zeigen, inwiefern das Rathaus einen Beitrag leistet, die Misere zu mildern oder zu beseitigen. Stockt der Bau eines Kindergartens wegen einer unzuverlässigen Baufirma, dann zum Beispiel klarstellen, dass das Rathaus künftig noch stärker darauf achtet, nur solide Unternehmen zu beauftragen. Erhöht die Stadt die Müllgebühren, dann diese Entscheidung klar begründen und zum Beispiel zeigen, was die Kommune an anderer Stelle tut, um die Bürger zu entlasten.
- Optisch selbstsicher auftreten. Der Blick sollte fest auf den Journalisten gerichtet sein. Wer vor der Kamera Probleme hat, seinem Gegenüber in die Augen zu sehen, kann ihm auch an den Haaransatz oder auf eine Schulter blicken; dem Zuschauer fällt das aus der Perspektive des Kameraobjektivs nicht auf. Vermeiden sollte der Interviewte, mit den Augen ziellos umherzuirren – mal ins Gesicht des Journalisten, mal ins Kameraobjektiv, mal auf den Boden, mal in die

Tiefe des Raumes, dann wieder zurück ins Auge des Journalisten. Ebenso wie beim Statement sollte der Befragte nicht mit verschränkten Armen dastehen. Diese martialische Geste signalisiert Arroganz und Abwehrhaltung. Auch die Arme hinter dem Rücken zu verschränken, hat Nachteile: Der Interviewte kann steif-militärisch wirken und damit wenig authentisch. Außerdem kann das negative Effekte auf die Atmung und damit auf den Klang der Stimme haben. Wer nicht weiß, wohin mit seinen Händen, nimmt sich am besten etwas in die eine Hand. Geeignet wäre ein Stück Papier oder ein dünnes Dokument. In der Hand gerollt, signalisiert es: der Befragte hat seine Sache im Griff, er befasst sich mit den Dingen und fand gerade zwischen zwei Sitzungen in der Angelegenheit Zeit genug für das Interview.

- Bei der Frage genau zuhören und vor der Antwort nachdenken. Das klingt banal, aber es erspart einem danach viel Ärger, wenn man die Fallstricke in der Frage nicht erkannt und sich vorschnell zu weit aus dem Fenster gelehnt hat.
- Kurz antworten. Weit ausholende Antworten langweilen, lassen sowohl den Journalisten als auch den Zuschauer geistig abschalten und animieren zum Kürzen und Schneiden: „Lassen Sie mich zunächst einmal grundsätzlich daran erinnern, dass wir bereits in den vorbereitenden Diskussionen einige dieser Fragen erörtert haben und damals zu folgenden fünf Ergebnissen gekommen sind, die ich jetzt gerne erläutern möchte …" Wer zu ausschweifend redet und einen versierten Fragesteller vor sich hat, könnte es schnell mit unangenehmen so genannten Stakkato-Fragen zu tun bekommen: Der Journalist unterbricht ihn mit kurzen Einwürfen wie „Wann?" – „Wer?" – „Wie bitte?". Solche Fragen können Druck aufbauen und einen ins Stolpern bringen. Daher lieber gleich kurz und präzise bleiben.
- Nicht lügen oder spekulieren, sondern bei den Fakten bleiben. Lügen werden möglicherweise enttarnt, und dann holen die Medien die falsche Äußerung immer wieder aus dem Archiv hervor.[44] Beim Spekulieren tappt der Rathauschef mitunter auf sehr dünnem Eis:

44 Eine der bekanntesten legendären Lügen, die immer wieder aus den Archiven geholt werden, war die Beteuerung des damaligen DDR-Staatschefs Walter Ulbricht „Niemand hat die Absicht, eine Mauer zu errichten", die in keiner Dokumentation zur Geschichte der Berliner Mauer fehlt (Pressekonferenz in Ost-Berlin, 15. Juni 1961, Der O-Ton ist im Internet abrufbar unter der Adresse: https://www.ardaudiothek.de/episode/archivradio-geschichte-im-original/walter-ulbricht-niemand-hat-die-absicht-eine-mauer-zu-errichten/swr2/90178454/).

Nachher kommt alles ganz anders, und er steht als unseriöser, vorschnell trompetender Marktschreier da. Besser ist, gerade bei heiklen Themen: das Interview auf die Fakten zurückführen, auf gesichertes Wissen bauen.
– Daran denken: Die Redaktion kann ein Interview kürzen, umschneiden, einen einzigen Satz herausziehen und an völlig anderer Stelle in der Zeitung oder im Rundfunkprogramm verwenden. Jeder Satz sollte eine Aussage sein, die der Bürgermeister als Schlagzeile aushalten kann.

Kommt der Journalist an einen kritischen Punkt, bei dem die sprichwörtlichen Leichen im Rathauskeller liegen, bieten sich diverse Chancen.

– Hat der Journalist zum Beispiel keine explizite Frage gestellt, kann das Stadtoberhaupt diese Frage fordern, um Zeit zum Nachdenken zu gewinnen: „Bei Ihnen im Rathaus soll es ja drunter und drüber gehen. Die einen sagen …, die anderen sagen … Man hat den Eindruck, da könnte einiges besser laufen." – „Was genau ist Ihre Frage?" (oder: „Was meinen Sie genau?" oder: „Inwiefern drunter und drüber?")
– Ähnliches gilt, wenn der Journalist lange ausholt, alle möglichen Vorwürfe aufzählt und dann aber ganz unscharf fragt: „Was sagen Sie dazu?" Der Interviewte könnte mit einer Ausweichfrage kontern: „Wer behauptet denn so etwas?" Er könnte auch eine Präzisierungsfrage stellen: „Welchen Aspekt genau meinen Sie?" oder „Um welche Vorfälle ganz konkret geht es da?" Oder er kontert mit einer Verständnisfrage: „Habe ich Sie richtig verstanden? Da glaubt jemand allen Ernstes, wir arbeiten nicht solide?" Der gut vorbereitete Journalist kann seine Fragen wie aus der Pistole geschossen präzisieren, aber es gibt auch viele, die erst einmal ins Schlingern kommen. Immerhin holt der Befragte auf diese Weise ein paar Sekunden Bedenkzeit heraus.
– Den gleichen Effekt erreicht der Interviewte, wenn der Journalist eine so genannte geschlossene Frage stellt – also eine Frage, auf die man mit „Ja" oder „Nein" antworten kann. Antwortet der Bürgermeister in einer solchen Situation einsilbig, hat er Zeit gewonnen: „Ist denn etwas dran an den Vorwürfen, Sie hätten Ihre Verwaltung nicht im Griff, da gehe es drunter und drüber, da wisse die rechte Hand nicht, was die linke tut, da sei keine Verlässlichkeit von Verwaltungsentscheidungen?" – „Nein." Der Journalist ist vermutlich erst einmal perplex und muss sich neu aufstellen. Auch hier ist zumindest einmal Zeit gewonnen.

Allerdings muss es der Rathauschef nicht auf die Spitze treiben wie einst der Boxer Norbert Grupe. In einem Interview anno 1969 rächte er sich an einem Journalisten, der ihn vorher in Beiträgen kritisiert hatte, mit grausamer Destruktion: Er schwieg einfach durch das gesamte „Interview".[45]

- Hat der Journalist zum heiklen Punkt nicht nur eine einzige Frage gestellt, sondern eine ganze Fragenkette herunter gerasselt, kann sich der Interviewte diejenige Frage herausgreifen, die er am leichtesten beantworten kann und die die wenigsten Angriffspunkt bietet:
  „Wann genau erfuhren Sie von den Korruptionsvorwürfen gegen Ihr Rathaus? Ich meine, wie lange hat es dann gedauert, bis Sie die Staatsanwaltschaft eingeschaltet haben? Und haben die gleich reagiert, oder wen haben die bei Ihnen alles eingeschaltet und mit welchem Ergebnis? Und welche Konsequenzen ziehen Sie nach alledem?" – „Um auf Ihre Eingangsfrage zurückzukommen: Es gab erste Verdachtsmomente im vergangenen April. Wir hatten damals Hinweise, dass bei einem bestimmten Verfahren möglicherweise nicht alles so lief, wie es sein sollte. Ob das aber wirklich so ist, dazu kann ich Ihnen leider nichts sagen, wie ich bereits erläutert habe. Wenn Sie zu Ergebnissen, oder auch nur Zwischenergebnissen etwas wissen möchten, dann wenden Sie sich bitte an die Staatsanwaltschaft."
  Der Interviewte hat nur einen einzigen Teil der Fragekette beantwortet. Die spannenderen Punkte bleiben ungeklärt: Hat das Rathaus konstruktiv mit aufgeklärt, wer hat Schuld, und was sind die Folgen? Jetzt liegt es am Journalisten, sich zu erinnern, was er eigentlich alles wissen wollte.
- Keinesfalls sollte der Interviewte einen Rollentausch versuchen, indem er auf die Frage des Journalisten mit einer Gegenfrage kontert: „Ja, was würden Sie denn an meiner Stelle tun?" Das provoziert nicht nur, es ist auch sinnlos. Der versierte Journalist spielt den Ball sofort zurück: „Das weiß ich nicht. Aber ich bin ja auch der Journalist und Sie der Experte. Sie sind es, der mir sagen muss, was zu tun ist."
  Will der Interviewpartner eine Frage partout nicht beantworten, kann er das grundsätzlich auf zwei Arten vermeiden. Gehen wir sie anhand eines Beispiels durch:

Bei der Auftragsvergabe für den Bau eines Bürgerhauses gab es Unregelmäßigkeiten, inzwischen ermittelt sogar die Staatsanwaltschaft; dabei

---

45 Die Aufzeichnung des legendären Interviews („Ihr Lächeln ist ja auch ganz hübsch ...") vom 21.6.1969 im „Aktuellen Sportstudio" hat kabarettistischen Wert: http://www.youtube.com/watch?v=9W0bFltbZWs.

gibt es erste deutliche Hinweise auf Korruption. Die Strafverfolger forschen auch, ob der Bürgermeister selbst eindeutige Hinweise auf Mauscheleien hatte und nicht eingeschritten ist. Das aber weiß die Öffentlichkeit noch nicht. Öffentlich bekannt ist nur, dass der Staatsanwalt ermittelt.

Ein Journalist fragt: „Bei der Auftragsvergabe für das Bürgerhaus ging es offenbar nicht mit rechten Dingen zu, es ermittelt bereits der Staatsanwalt. Was haben denn die Untersuchungen bis jetzt ergeben?" Diese Frage will der Rathauschef nicht beantworten. Es sind laufende Ermittlungen, bei denen jede voreilige Äußerung nicht nur politische, sondern auch juristische Konsequenzen haben könnte.

Als Vermeidungsstrategie könnte der Bürgermeister versuchen, das Gespräch in eine andere Richtung zu lenken, eine direkte Antwort quasi zu übergehen: „Nicht nur der Staatsanwalt ist aktiv. Wir selbst im Rathaus überprüfen im Augenblick alle laufenden Auftragsvergaben. Da geht es um insgesamt 25 Projekte. Wir werden daraus ein Konzept entwickeln, um die Auftragsvergaben noch transparenter zu machen." Damit hofft der Bürgermeister, einen positiven, konstruktiven Blick weg von den heiklen aktuellen Ermittlungen auf das große, grundsätzliche Ganze zu werfen. Vielleicht geht der Journalist aber nicht darauf ein, sondern fragt erneut: „Das ist ja löblich, dass Sie alles überprüfen wollen. Was aber ist nun ganz präzise mit dem aktuellen Fall, wo es ja schon konkrete Ansatzpunkte für Korruption gibt?"

Statt ein Ablenkungsmanöver zu starten, sollte der Bürgermeister jetzt besser auf die Frage eingehen, ohne sie konkret zu beantworten. Die Standardfloskel „Kein Kommentar!", gar noch unterstützt von einer abwehrenden Handbewegung, ist ebenso altbacken wie untauglich. Wer so spricht, macht sich erst recht verdächtig. Der Bürgermeister kann mit anderen Worten genau dasselbe sagen, aber auf unverdächtigere Art und Weise. Dabei liefert er gleich den Grund, warum er nichts sagt: „Der Staatsanwalt ermittelt, und die Untersuchungen sind noch nicht abgeschlossen. Sich schon jetzt zu äußern, wäre voreilig und unseriös. Ich bitte daher um Verständnis – wir können jetzt noch nichts dazu sagen. Haben Sie Fragen, wenden Sie sich bitte direkt an die Staatsanwaltschaft. Im Rathaus überprüfen wir derweil selbst alle laufenden Vergaben und erarbeiten ein Konzept. Mit ihm wollen wir die Verfahren bei uns im Haus künftig noch sicherer und transparenter machen." Diese Antwort gibt keine Garantie gegen ein erneutes Nachhaken des Journalisten. Aber zumindest ist der Bürgermeister nicht ausgewichen und hat klar gemacht, dass er dazu nichts sagen kann und warum das so ist.

Falls, aus welchen Gründen auch immer, der Befragte das Interview abbrechen will, dann in höflichen, aber bestimmten Worten:

„Ich habe Ihnen gesagt, was ich dazu sagen kann, aber Sie gehen offenbar von falschen Voraussetzungen aus. Daher ist es besser, wenn wir das Gespräch an dieser Stelle erst einmal beenden." Der Interviewte muss allzeit gefasst bleiben. Eine beleidigende, verzweifelte oder arrogante Abwehrhaltung könnte das Medium isoliert senden und damit aus dem Zusammenhang reißen: „Ja, was erlauben Sie sich denn? Was denken Sie denn, mit wem Sie reden?" Wer die Vorgeschichte nicht kennt, deutet das als Arroganz des Würdenträgers gegenüber dem aufrechten, tapferen Journalisten.

Meist verlaufen Interviews vergleichsweise harmonisch, gerade im kommunalen Bereich. Da kommen Fragen wie „Was bezwecken Sie mit dieser Entscheidung? ... Ihre Kritiker werfen Ihnen dies und das vor, was sagen Sie dazu? ... Wie geht es jetzt weiter?" Aber wir können es früher oder später auch mit jemandem zu tun haben, der mit allen Tricks und Kniffen ans Eingemachte geht, bis hin zu dem Interviewer, der das Stadtoberhaupt nur an den Pranger stellen will. Mit verschiedenen Tricks könnten Journalisten versuchen, den Befragten aufzulockern oder ihn unter Druck zu setzen. Auf diesen Fall sollte sich ein Bürgermeister oder Pressesprecher vorbereiten.

Manche Interviewer haben bestimmte Techniken zur Methode erhoben; der Befragte aber muss sich stets in der Gewalt haben. Erregung fiele eher auf ihn denn auf den Journalisten zurück: Der Bürgermeister oder Pressesprecher scheint sich seiner Sache so unsicher oder fühlt sich so in die Enge getrieben, dass er nur noch wütend sein kann.

Hier ein paar Beispiele für Techniken im Interview:

– Aufforderung zur Spekulation: Mangels klarer Details bringt der Interviewer Eventualitäten und Mutmaßungen ins Spiel, die sich dann in der Diskussion verselbstständigen. Eine solche Frage könnte lauten: „Falls die Ermittlungen ergeben, bei Ihnen ist Korruption im Spiel – welche Konsequenzen werden Sie dann intern ziehen?". Hier heißt es: Nicht mutmaßen. Eine Antwort könnte so lauten: „Das sind Spekulationen. Wir kümmern uns um Fakten." oder „Lassen Sie uns doch erst einmal die Fakten abwarten. Es wäre unseriös, wenn wir uns an solchen Spekulationen beteiligen würden."

- Suggestivfragen: Das sind Fragen, bei denen der Journalist den Befragten eine Antwort quasi unterjubeln will; sie gehen unter Umständen von falschen Voraussetzungen aus.
  Beispielsweise will der Journalist vom Stadtoberhaupt wissen: „Was werden Sie jetzt tun, um die chaotischen Zustände im Haus zu beseitigen?" Die Frage setzt voraus, dass a) Chaos im Rathaus herrscht, b) der Bürgermeister dafür verantwortlich ist oder etwas daran ändern könnte, c) er überhaupt etwas daran ändern will. Mit einer einzigen Frage unterstellt der Journalist also drei Dinge. Vorausgesetzt, von Chaos in der Verwaltung ist keine Spur, kann der Bürgermeister schon bei der ersten Aussage ansetzen, der Rest erübrigt sich dann: „Im Rathaus läuft es ordentlich, wir können allenfalls noch besser werden." Möglich wäre auch eine Gegenfrage: „Wo genau sehen Sie Probleme?" Dann muss der Interviewer erst einmal Gedanken und Fakten sammeln.
  Eine Art Erkennungsfanfare für eine Suggestivfrage sind Sicher-auch-Wendungen: „Sie sind doch sicher auch der Meinung, dass das Chaos bei Ihnen im Rathaus unter Kontrolle gebracht werden muss?" Auch hier gilt: Nicht in die Falle tappen, die Dinge auf die Ausgangsthese zurückführen: Welches Durcheinander soll denn, bitteschön, im Rathaus herrschen?
  Suggestiv arbeitet auch die so genannte „Ja-Fragen-Straße": Eine Reihe von Fragen kann der Interviewte leicht mit „Ja" beantworten, daraufhin fällt es ihm bei der anschließenden heiklen Frage schwer, nicht dasselbe zu tun: „Sind Sie für eine transparente Verwaltung?" – Ja, sicher doch. „Ist Ihre Verwaltung transparent?" – Ja, und zwar in allen Bereichen. „Wollen Sie dazu beitragen, dass alle Vorwürfe gegen Ihre Verwaltung aufgeklärt werden?" – Ja, das ist doch selbstverständlich. „Haben die Ermittler handfeste Hinweise?" … Der Interviewte sollte sich also nicht in Sicherheit wiegen, wenn Fragen kommen, bei denen er sich behaglich zurücklehnen kann. Hier hilft es, vor dem Interview eine Linie gezogen zu haben: „Ich werde sagen, dass ich für eine transparente Verwaltung bin; ich werde sagen, dass wir alle Auftragsvergaben untersuchen, und ich werde sagen, dass wir an einem Konzept arbeiten, um künftig die Verfahren noch sicherer zu machen. Ich werde aber nichts sagen zu Zwischenergebnissen aus Ermittlungen der Staatsanwaltschaft." Ist diese Linie klar definiert, hat der Interviewer auch mit seinen Ja-Fragen keine Chance, und der Bürgermeister wird auf die Frage „Haben die Ermittler handfeste Hinweise?" antworten: „Das müssen Sie den Staatsanwalt fragen. Wir jedenfalls tragen alles zur Aufklärung bei."

- Pauschalisierung: Der Journalist baut ein oder mehrere Details undifferenziert zu einer generellen Anklage auf. Etwa zu der Bemerkung, im Rathaus laufe wohl „alles drunter und drüber". Doch egal, was schief gelaufen sein mag: Es dürfte in einer Verwaltung, die mit so vielen Aufgaben betraut ist, auch etwas geklappt haben. Der Konter müsste folglich eine Präzisierungsfrage sein: „Was genau meinen Sie?"
- Lassowerfen mit Begriffen: Der Interviewer flechtet in die Frage ein Reizwort ein, und der Befragte übernimmt die Provokation in seine Antwort. Damit trägt er dazu bei, ein Vorurteil oder einen Vorwurf zu festigen: „Bei Ihnen im Rathaus herrscht offenbar Chaos, oder?" – „Bei uns herrscht kein Chaos." Eleganter wäre die ins Positive gewendete Lösung: „Nein. Wir haben die Dinge im Griff." Der Befragte vermeidet das Wort „Chaos" und bietet einen konstruktiven, positiven Konter: Alles unter Kontrolle. Aber auch ein schlichtes „Nein." hätte als Antwort auf diese geschlossene Frage genügt. Der Befragte darf sich jedenfalls nicht durch die Frage Reizwörter in den Mund legen lassen, sondern muss gedanklich und sprachlich souverän bleiben.
- Falsche Namen verwenden: Verwechselt der Journalist Namen, benennt er die Stadt nicht korrekt oder macht andere derartige Fehler, dann kann der Interviewpartner das quasi en passant in der Antwort korrigieren: „Haben Sie mit Ihrem Magistratskollegen Müller-Meier über die Sache gesprochen?" – „Mit Herrn Müller-Schulze habe ich darüber gesprochen, ja." Die Korrektur sollte nicht besserwisserisch und arrogant klingen („Sie sollten es doch eigentlich wissen: Er heißt Müller-Schulze.") In aller Regel steckt hinter falschen Namen keine Absicht, sondern sie zeigen eine mangelhafte Recherche oder sind ein simpler Flüchtigkeitsfehler. Es kann aber in wenigen Ausnahmen auch eine bestimmte Technik sein, den anderen zu verunsichern oder ihm Geringschätzung zu zeigen. Der Befragte kann den scheinbaren Versprecher übergehen oder aber mit bissigem Humor kontern – wie im Beispiel eines legendären Schlagabtauschs bei der Bundestagswahl 1976:

  Es ging um die Lage der Sozialdemokraten. Als Kombattanten traten auf: der damalige SPD-Fraktionschef im Bundestag Herbert Wehner und der TV-Journalist Ernst Dieter Lueg. Wehner, sichtlich verärgert über kritische Fragen von Lueg, sprach den Namen seines Interviewers nicht korrekt „Luug" aus, sondern sagte, den ue-Umlaut geschickt nutzend, „Lüg". Der Angesprochene korrigierte das nicht, sondern Lueg/Lüg dankte am Ende des Interviews für das Gespräch und revanchierte sich erst dann bei Wehner mit „Vielen Dank für diese Zwischenkommentierung, Herr Wöhner“.[46]

- Wiederholtes Nachfassen mit gleicher Frage bis zur Penetranz: Mehrmals hintereinander insistiert der Journalist, ob der Verwaltungschef wirklich keine Details aus dem laufenden Korruptionsverfahren bei der Staatsanwaltschaft preisgeben will. Er variiert jeweils die Worte, aber die Richtung bleibt gleich:
  „Können Sie nicht ein paar Details aus den Ermittlungen nennen?“ … „Wir haben Verständnis für verfahrenstechnische Bedenken. Aber der ein oder andere Hinweis kann doch kaum das ganze Verfahren sprengen?“ … „Lassen wir einmal verfahrenstechnische Details beiseite – Sie werden vielleicht doch ein oder zwei ganz allgemeine Anhaltspunkte geben können, damit wir nicht in die falsche Richtung spekulieren …“ … „Ist Ihr Schweigen ein Hinweis darauf, dass man nichts herausgefunden hat? Oder können Sie nicht wenigstens ein Beispiel geben, um solche Kritik zu widerlegen?“ Diese Fragetechnik kalkuliert mit den Nerven des Interviewpartners: Irgendwann ist er so genervt, dass er die Katze aus dem Sack lässt: „Also gut, lassen Sie es mich so sagen. An ein paar Dingen, die Mitarbeiter im Haus betreffen, ist etwas dran. Das muss aber jetzt wirklich genügen.“ Mit dieser scheinbaren Nebenbemerkung hat der Rathauschef schon die Schlagzeile oder den Nachrichtenkern des Interviews geliefert: „Bürgermeister bestätigt Korruption im eigenen Rathaus“. Der missgünstige Anruf der Staatsanwaltschaft und vor allem weitere Nachfragen von Journalisten sind damit programmiert.
  Bei wiederholten Nachfragen heißt es nur: standhaft bleiben. Stellt der Journalist mehrfach dieselbe Frage und begreift nicht oder will nicht begreifen, dass der Interviewpartner dazu nichts sagt, dann zieht das Stadtoberhaupt mit höflichen, aber bestimmten Worten die Reißleine: „Sie haben mehrfach gefragt, und ich habe mehrfach gesagt: Ich kann dazu nichts sagen. Gibt es eine andere Frage, die ich Ihnen vielleicht beantworten kann?“
- Provokation: Der Journalist packt den Befragten bei der Ehre. Er fragt zum Beispiel: „Es heißt, Sie haben die Dinge bei sich im Rathaus nicht im Griff, und da blüht die Korruption. Wollen Sie dazu nicht Stellung nehmen? Wir würden ja auch gerne Ihre Haltung bringen, und vielleicht ist ja an den Vorwürfen auch nichts dran, aber wenn Sie nichts sagen, bleibt unsere Darstellung notgedrungen

46 Das Interview ist als Clip auf YouTube zu sehen: http://www.youtube.com/watch?v=DwH1inbYWJI.

einseitig ..." Der Befragte muss dieser Versuchung widerstehen. Will oder kann er nichts sagen, dann darf er sich nicht provozieren lassen.

- Schmeicheleien: Der Interviewer streichelt das Ego des Befragten. Das könnte folgendermaßen laufen: „Das ist ja völlig richtig, wie Sie bisher in der Korruptionssache vorgehen. Können Sie nicht mehr dazu sagen?" Ebenso wie bei einer negativen Provokation sollte sich der Interviewte auch nicht bei einer solchen positiven Provokation etwas herauslocken lassen, zu dem er schweigen will: „Danke, dass Sie unsere bisherige Haltung unterstützen. Dennoch bitte ich um Verständnis: Ich kann nichts dazu sagen; ich will die laufenden Ermittlungen nicht gefährden."
- Scheinbare Zustimmung: Eine mildere Variante der offenen Schmeichelei ist der nonverbale Ansporn, beispielsweise durch permanentes Kopfnicken des Interviewers. Es soll signalisieren: „Jawoll, richtig, das musste endlich mal gesagt werden." Oder: „Sie bringen die Dinge verständlich auf den Punkt. Das werden unsere Zuschauer auch gut verstehen. Weiter so." Oder: „Aha, das ist ja interessant, was Sie erzählen. Leuchtet ein. Können Sie da noch was nachschieben?" Das ist kein Problem für den Interviewten, solange er sich an seine Linie erinnert, die er vor dem Gespräch gezogen hat. Hält er sich diese Linie vor Augen, dürfte ihn auch kein Kopfnicken ermuntern, diesen Rubikon zu überschreiten.
- Gespielte Vertraulichkeit, eine Variante der Schmeicheleien. Der Befragte soll den Eindruck haben, er habe mit dem Interviewer quasi gleiche Interessen oder stecke mit ihm unter einer Decke; der Medienvertreter wolle ihm sogar helfen: „Ach kommen Sie, können Sie zu den Details der Ermittlungen nicht etwas deutlicher werden? Ihre Botschaft zu Verbesserungen bei den Auftragsvergaben kommt dann auch besser 'rüber, und wir können zusammen die Leute aufklären, was hier wirklich Sache ist ...". Bei dieser Variante ähnelt die Reaktion dem Sektor „Schmeicheleien": „Danke für Ihr Vertrauen in unser Rathaus. Dennoch tut es mir leid: Aus Gründen der laufenden Ermittlungen aber kann ich nur sagen: Lassen Sie uns erst einmal die Details abwarten."
- Überrumpelung, zum Beispiel mit unabgesprochenen Fragen: Obwohl im Vorgespräch beide Seiten geklärt haben, wie weit der Interviewpartner gehen wird, fragt der Journalist über diese Grenze hinaus. Zunächst hat er so genannte Aufwärm- und Balkonfragen gestellt. Das sind Fragen, bei denen der Interviewpartner sich sicher und wohl fühlt oder auf die er gerne antwortet, weil er in der Ant-

wort seine Leib-und-Magen-Thesen ausbreiten kann. Wenn aber erst danach die heiklen Fragen kommen, hat das Methode. Der Journalist macht es sich zunutze, dass der Interviewpartner je vertrauensseliger wird, je länger das Gespräch dauert: Stellst Du die netten, einfachen Fragen am Anfang und sprichst die heiklen Punkte erst am Ende an, dann mauert der Interviewte erst zum Schluss. Bis dahin hast du schon ein paar O-Töne von ihm im Kasten und fährst wenigstens mit irgendwas in die Redaktion zurück.
Ein simples Beispiel, das der Autor selbst erlebt hat: In einer Geschichte zu einem Fall von Sozialhilfemissbrauch stellte sich ein Sozialamtsleiter einem Interview. Im Vorgespräch verabredeten die Gesprächspartner eindeutig: Aus Datenschutzgründen kann und darf der Amtsleiter nicht auf den konkreten Fall eingehen; allenfalls kann er den gesetzlichen Rahmen erläutern und einige Fakten nennen, wie die Behörde gegen Missbrauch vorgeht. Nach zwei oder drei harmlosen Fragen in dieser Richtung rückte das Kamerateam mit der einzig interessierenden Frage heraus: Wie sich denn die Lage im Fall des Sozialhilfeempfängers F. darstelle? Mit einem freundlichen Hinweis des Sozialamtsleiters, er könne aus Datenschutzgründen dazu nichts sagen, endete das Interview dann abrupt.
Die Frage sollte der Interviewpartner aber nicht mit Bemerkungen kommentieren wie „Das hatten wir nicht abgesprochen". Das Medium könnte sie senden und damit ein bedenkliches Licht auf ihn werfen. So deutlich sollte er sich eher im Off äußern, wenn die Kamera nicht mehr läuft.
Eine andere Art der Überrumpelung kann es sein, den Befragten plötzlich mit heiklen Details oder Aspekten zu konfrontieren: „Wir haben kurz vor dem Interview erfahren, dass das Ermittlungsverfahren handfeste Hinweise auf Korruption im Rathaus ergeben hat. Was sagen Sie dazu?" Hier gilt, was bei Spekulationen gilt: Nicht provozieren lassen. Hält der Journalist vor laufender Kamera dem Befragten entsprechende Unterlagen vor die Nase, quittiert er das mit dem Hinweis: „Bitte haben Sie Verständnis – Wir müssen diese Unterlagen erst einmal überprüfen, und es wäre völlig unseriös, jetzt schon etwas dazu zu sagen."

- Konfrontation mit Zahlen, Statistiken, Fakten, Zitaten. Es ist eine im Grunde statthafte journalistische Technik gegen zuviel Bla-Bla. „Im vergangenen Jahr sind sechs von zehn Aufträgen bei Ihnen an zwei bestimmte Firmen gegangen" … „70 Prozent der Bürger glauben ohnehin, Ihr Rathaus ist korrupt" … „Die Zahl der Korruptionsverfahren in Ihrem Regierungsbezirk ist in den vergangenen 20 Jahren

von acht pro Jahr auf zwölf gestiegen." Der Interviewte könnte bezweifeln, ob die Angaben seriös sind: „Woher genau stammen diese Zahlen? Was war die Berechnungsgrundlage?" Ein anderer möglicher Konter wäre, auf die Angaben nicht präzise einzugehen: „Bevor wir hier über Zahlen reden, bei denen es nicht sicher ist, wie verlässlich sie sind, schauen wir uns doch einmal an, wie es bei uns konkret im Rathaus läuft …" Bezieht sich der Journalist auf überörtliche Statistiken, lautet eine weitere Variante: „Wie sich die Zahl der Verfahren im Regierungsbezirk entwickelt haben, steht hier nicht zur Debatte. Das klären Sie bitte mit dem Regierungspräsidenten. Wir hier in Z-Stadt jedenfalls …"
– Unterbrechen mit Mikrophon: Das Mikro kann eine Waffe sein. Mit ihr erteilt der Journalist das Wort oder entzieht es wieder, um den Befragten zu unterbrechen oder abzuwürgen. Der Interviewte kann das Risiko solcher Störungen senken: indem er knapp und präzise antwortet. Unterbricht der Journalist aber aus Prinzip, dann sollte ihn der Interviewpartner in höflichen, aber bestimmten Worten zurechtweisen: „Wenn Sie mich ausreden lassen würden, könnte ich Ihre Fragen auch beantworten." Hilft auch das nichts, sollte der Befragte das Interview in ebenso höflichem, aber bestimmten Ton abbrechen.
– Körperliche Nähe: Es gibt und gab TV-bekannte Journalisten, die ihren Partnern geradezu körperlich auf die Pelle rücken, um sie unter Druck zu setzen. Sie unterschreiten gezielt die mitteleuropäischen Maßstäbe der Intimdistanz von bis zu rund einem halben Meter. Faustregel: Ein Gespräch auf Armlänge gilt im deutschen Raum gerade noch als angenehm – es sei denn, wir stehen am Wahlabend in einem Gedränge. Der Bürgermeister sollte bei unangenehmer Nähe höflich, aber bestimmt um Abstand bitten. Falls er allerdings keinerlei Probleme damit hat, kann er den Journalisten auch körperlich auflaufen lassen. In der überwältigen Zahl der Fälle jedoch dürfte es nerven und verunsichern, wenn der Interviewer die Intimdistanz unterschreitet.

Fehler, unklare und missverständliche Aussagen können dem Befragten herausrutschen, dann muss spätestens die Person des Vertrauens intervenieren und einen Neustart des Interviews anregen. In einer Live-Sendung muss der Interviewte entweder umgehend korrigieren oder darauf hoffen, dass sich die Fehlaussage „versendet", also weder der Interviewer noch das Publikum sie wahrnehmen und sich später an sie erinnern.

2.2.10.4 Das Telefoninterview

Beim Telefoninterview gelten größtenteils die gleichen Voraussetzungen wie beim Kamerainterview, beispielsweise muss der Befragte sich auch hier knapp und prägnant äußern. Ebenfalls sollte er auf die Umgebung achten: also Fenster und Türen schließen, Störungen vermeiden. Radios und Fernseher im Hintergrund ausschalten, um technische Querschläger zu verhindern. Ohrringe, die am Hörer klackern, sollten vor dem Gespräch abgezogen werden.

Gegenüber dem Kamerainterview hat das Telefonat aber einen Vorteil: Der Interviewte kann sich Stichworte zurechtlegen. Aber er sollte nur wenige aufschreiben und sie übersichtlich ordnen. Liegen lange Texte im Original auf dem Tisch, zum Beispiel Magistratsvorlagen, müssen die entscheidenden Stellen markiert sein. Andernfalls würde es zu lange dauern, während des Redens die entsprechenden Passagen zu finden, und hektisches Suchen schlägt sich zum einen auf die Stimme nieder, zum anderen übersieht der Befragte im Stress des Interviews vielleicht die entscheidende Stelle.

Für das Interview eignet sich die Freisprecheinrichtung des Telefons weniger, besser sollte der Befragte den Hörer nehmen, weil dieser störende Nebengeräusche eher herausfiltert. Den Hörer sollte der Interviewte gleich in der richtigen Hand halten – also in derjenigen, die nicht schreibt. So kann während des Interviews bei Bedarf schnell etwas für die nächsten Antworten notieren, ohne umgreifen zu müssen.

Während des Interviews sollte der Befragte nicht in die Sprechmuschel atmen, weil das als lautes Rauschen am anderen Ende der Leitung ankommt. Außerdem sollte er der Versuchung widerstehen, mit dem Kuli oder etwas anderem zu klappern. Derartige so genannte Übersprungshandlungen, die innere Spannungen abbauen helfen, können mit ihren Geräuschen stören. Gestik in Maßen hingegen ist erlaubt, weil sie hilft, lockerer zu sein. Ohnehin gestikulieren viele Menschen beim Telefonieren automatisch, obwohl das Gegenüber die Gesten gar nicht sehen kann. Die Sitzposition während des Interviews sollte so entspannt wie möglich, so konzentriert wie nötig sein. Vorsicht ist geboten bei allzu legerer Sitzhaltung im bequemen Bürosessel: Der Stuhl darf nicht beim Hin- und Herschwenken knarren. Wer sich dabei gut fühlt, kann auch stehend telefonieren.

2.2.11 Roadshow: Pressereise und Pressefahrt

2.2.11.1 Die Pressereise

Eine mehrtägige Pressereise kommt in der Praxis einer Kommunalverwaltung eher selten vor, und dann nehmen tendenziell auch kaum überregionale Medien teil. Oftmals sind das Touren in Partnerstädte oder Partnerkreise.

Die Pressereise muss ein klares inhaltliches Ziel haben: Sie darf sich nicht auf Informationen beschränken, die auch eine Pressemitteilung oder eine Pressekonferenz im Rathaus vermitteln könnte. Die Atmosphäre am Zielort, der unmittelbare Kontakt zu Ansprechpartnern, das tagelange Unterwegssein mit dem Stadt- oder Gemeindeoberhaupt und anderen Funktionsträgern außerhalb des üblichen Sitzungsbetriebs machen den Mehrwert einer solchen Tour aus. Ob der mögliche Ertrag allerdings den Aufwand und die erheblichen Kosten einer Pressereise rechtfertigt, muss das Rathaus sorgfältig abwägen.

Die Tour sollte möglichst kurz sein, am besten drei Tage bis vier Tage einschließlich An- und Abreise. Überseetermine dauern etwas länger. Generell muss das Rathaus mehrtägige Pressereisen monatelang planen. Vor allem ist ein solcher Vorlauf nötig, um freie Termine zu finden, an denen sowohl der Bürgermeister als auch die Partner am Zielort verfügbar sind und gleichzeitig in der Heimat keine entscheidenden Termine anstehen, die Kapazitäten in den Redaktionen völlig binden. Ist der Termin gefunden, grenzt das Rathaus den Teilnehmerkreis ein. Dabei kann die Verwaltung auch bei den Redaktionen nachfragen, ob sie an bestimmten Themen interessiert sind. Gemeinsam mit den Gastgebern am Zielort lässt sich das Programm dann darauf zuschneiden.

Etwa zwei Wochen vor der Reise versendet das Rathaus ein ausführliches Programm mit organisatorischen Hinweisen:

- Tabellarisches Reiseprogramm mit Flugzeiten mit Flugnummern, Unterkunftsadresse mit Kontakttelefonnummer, Ansprechpartner für Organisationsfragen im Rathaus
- Überblickhafte Informationen zum Ziel, Liste der Hauptansprechpartner mit Funktion am Ort, eventuell mit Portraitfotos zur Wiedererkennung beim Termin
- Teilnehmerliste
- Praxisinformationen: Pass- und Visumfragen (diesen Punkt wegen langer Antragsfristen am besten schon vorab ansprechen), Impfun-

gen, Kleiderordnung, Wetterbedingungen (ebenfalls wegen der Kleidung), Stromspannung, Steckeradapter …
- Treffpunkt zur Abreise, etwa am Flughafen

Zusätzlich können die Organisatoren ein Vorbereitungstreffen ansetzen.

Das Programm einer Medienreise muss verschiedene Anforderungen erfüllen. Vor allem müssen die Organisatoren jeden Anschein einer Lustreise vermeiden. Jedem Außenstehenden, der die Agenda sieht, muss sofort klar sein: Das ist kein Touristentrip, sondern ein Arbeitsaufenthalt mit klaren dienstlichen Zielen. Dementsprechend muss das Rathaus die Besichtigungsorte und Ansprechpartner auswählen. Drei Tage voller Programmpunkte wie Museumsbesuche und touristische Ausflüge mit auffallend viel „Zeit zur freien Verfügung“ dazwischen erwecken nicht nur den Anschein von Steuergeldverschwendung bis hin zur Vorteilsnahme. Sondern sie senken auch die Chancen, dass die Lokalchefs und anderen Entscheidungsträgern in den Medien Mitarbeiter oder sich selbst entsenden, weil die entsprechenden Personen in den notorisch unterbesetzten Redaktionen mehrere Tage für das aktuelle Tagesgeschäft ausfallen.

Zu dicht sollte das Programm allerdings auch nicht gestrickt sein. Aller Erfahrung nach stopfen es die Organisatoren immer mehr mit Terminen voll und füllen die letzten Lücken, je näher der Reisetermin rückt. Dahinter steht die Angst, alles könnte wie ein Kurzurlaub aussehen, oder eine Chance würde vertan, noch ein paar Themen mehr unterzubringen. Effizienter aber gestaltet sich die Reise, wenn wenige Schwerpunktthemen im Mittelpunkt stehen, denen sich die Reisenden dann intensiver widmen. Vor allem sollten die Organisatoren genügend Ruhepausen einbauen und in begrenztem Maß auch Freiräume vorsehen. Bei einer dreitägigen Reise könnten sie zum Beispiel pro Tag eine halbe bis eine ganze Stunde Puffer einplanen oder an einem der Tage einen Block von ein bis zwei Stunden frei halten. Bei einer viertägigen oder noch längeren Reise könnten sie einen Vormittag oder Nachmittag zur freien Verfügung blocken. Solche Zeiten sind aus verschiedenen Gründen nötig: auf dem Hotelzimmer im Notebook Informationen verarbeiten, individuelle Separattermine mit Gesprächspartnern vereinbaren, Schlaf nachholen, shoppen gehen. Gerade letzterer Punkt erweist sich auf Delegationsreisen immer wieder als Knackpunkt. Am besten sollten die Planer von vornherein einen Zeitpunkt von mehreren Stunden festlegen, an dem jeder nach Herzenslust Souvenirs kaufen kann; so ersparen sich der Bürgermeister oder Pressesprecher unterwegs bohrende Nachfragen, wann es denn Gelegenheit gebe, auch einmal für die Lieben daheim einzukaufen. Dem dienstlichen Charakter tut ein kleines Zeitfenster für derlei Dinge keinen Abbruch. Eine völlig übermüdete und vom Termindruck über die Maßen gestresste Delegation nämlich empfindet den Zielort als weniger angenehm als eine Gruppe, die zwischendurch verschnaufen kann. Ziel des Trips ist es nicht, alle physisch fertig zu machen, sondern vielmehr, ihnen ein dienstlich fruchtbares Erlebnis zu bieten.

Kommen wir zum Problem des Teilnehmerkreises. Die Einladungen gehen an die Redaktionen – sie entscheiden, welcher Mitarbeiter mitfährt. Der Brief mit Unterschrift des Bürgermeisters oder des Pressesprechers sollte an die Leitung der betreffenden Redaktion adressiert sein. Ist ohnehin nur ein bestimmter Mitarbeiter für die Stadt zuständig, kann das Rathaus präzisieren: „… würden wir uns freuen, wenn Sie Herrn XY oder einen anderen Kollegen entsenden würden." Bevor die Verwaltung eine Einladung versendet, können der Bürgermeister oder seine Pressestelle auch mit dem zuständigen Mitarbeiter reden und fragen, an wen sie die Einladung am besten schicken sollen. Dabei können sich die Planer auch Hinweise holen, wie sie die Einladung formulieren sollten, um das höchstmögliche Interesse zu wecken.

Wegen ihres knappen Personals entsenden Redaktionen auch gerne freie Mitarbeiter. Manchmal will der Redaktionsleiter einen Freien auf diese Weise auch indirekt für sein mageres Zeilenhonorar entschädigen. So kommt eventuell jemand aus der dritten Garde mit, der vielleicht in einem halben Jahr gar nicht mehr für dieses Medium arbeitet. Ausschließen lässt sich dieses Risiko nicht.

Neben Programm und Teilnehmerkreis ist die Kostenfrage der dritte heikle Punkt der Reiseplanung. Standesverbände der Medien pochen zwar stets darauf, Redaktionen sollten die Kosten selbst übernehmen, um sich nicht vom Rathaus korrumpieren zu lassen. Wegen der notorisch knappen Kassen namentlich der kleinen Lokalzeitungen wäre die Konsequenz: Daheim bleiben. Nun könnte, so es finanziell möglich ist, die Stadt die Reisekosten übernehmen, damit der Trip nicht scheitert. Bisweilen haben Redaktionen aber Bedenken, weil sie sich korrumpiert fühlen, wenn die Stadt zahlt. Vielleicht löst ein thematischer und personeller Kniff den Knoten: Das Rathaus organisiert die Tour, zum Beispiel in die Partnerstadt, nicht als reinen Journalistentrip, sondern als offiziellen Besuch von Vertretern aller Fraktionen des Kommunalparlaments. Die Journalisten reisen demnach lediglich als Beobachter mit. Den Nachrichtenwert können die Planer erhöhen, wenn die Delegation während des Trips zum Beispiel Absichtserklärungen oder Verträge unterzeichnet – vorausgesetzt, diese Termine sind auch sinnvoll und werden nicht bloß wegen der mitreisenden Medienvertreter angesetzt.

2.2.11.2 Die Pressefahrt

Eine Kurzform der Pressereise ist die Pressefahrt oder Pressebesichtigung – kleinere Tages- oder Halbtagesausflüge in die Umgebung, beispielsweise zu verstreuten Kindergartenbaustellen oder einer Mülldeponie. Diese Kurztrips lassen sich leichter organisieren als eine mehrtägige Reise, erfordern aber dennoch eine genaue Planung. So muss bei einer Rundreise mit mehreren Stationen jeweils ein Verantwortlicher oder Projektleiter am jeweiligen Ort auf die Gruppe warten, um detaillierte Auskünfte zu geben. Auch brauchen die Planer deren Mobilnummern, um bei unvorhergesehenen Hindernissen (Stau auf der Strecke und Verzögerungen im Programm) unterwegs Kontakt aufnehmen zu können.

Das Rathaus muss einen Ablaufplan mit den einzelnen Stationen erstellen und zusammen mit der Einladung an die Medien verschicken. Darin sind genaue Uhrzeiten, Treffpunkte und ganz kurze Vermerke zum jeweiligen Punkt der Besichtigung aufgeführt, damit Journalisten bei Bedarf gezielt zu einzelnen Stationen dazukommen können. Das ist zum Beispiel wichtig, wenn eine Zeitung in der Nachbarstadt erscheint und nur aus einem bestimmten Stadtteil berichtet, weil es dorthin noch traditionelle Verbindungen zu den Lesern gibt. Dann schickt diese außen liegende Redaktion einen Mitarbeiter vermutlich nur zu dem Termin in eben diesem Grenzstadtteil. Manche Journalisten können die Tour auch nicht komplett begleiten, weil sie sich mit anderen Terminen überschneidet. Noch mehr gilt all das, wenn es eine Kreisverwaltung ist, die eine Pressefahrt durch mehrere Städte und Gemeinden organisiert. Für manche Punkte an der Strecke werden sich vielleicht nur die jeweiligen Ortszeitungen interessieren (sofern es sie bei aller Pressekonzentration überhaupt noch gibt).

Die Rundfahrt kann mit einem Mittagessen oder einem Kaffee enden; hier hat das Stadt- oder Gemeindeoberhaupt die Chance, generelle Zusammenhänge zu erörtern, was etwa beim eiligen Schritt über eine laute Baustelle nicht möglich ist, oder er vermittelt inoffizielle Hintergrundinformationen „ohne Block und Bleistift“. Abgesehen davon kann der Rathauschef bei einem solchen eher lockeren Abschluss persönliche Kontakte zu den Journalisten aufbauen, pflegen oder vertiefen.

Um die Journalistentruppe zu transportieren, könnte das Rathaus einen Kleinbus organisieren. Das erleichtert die Organisation und hält die Gruppe zusammen. Es hat aber nur Sinn, wenn genügend Journalisten von Anfang bis Ende dabei sind. Ein Rundruf oder eine Rundmail bei den Redaktionen zeigt, ob sich ein solcher Sammeltransport lohnt. Vielleicht ist er auch nur an bestimmten Stationen sinnvoll oder sogar unabdingbar, wenn es zum Beispiel abseits der Straßen in Wald und Flur geht oder die Gruppe größere Anlagen erkundet.

2.3 Exkurs: Ausnahmezustand – Medienarbeit und Krisenmanagement

2.3.1 Schreckensszenarien: Arten und Verlauf von Krisen

Im Büro einer hessischen Berufsfeuerwehr ätzte einst ein sarkastisches Plakat vor sich hin. Es zeigte Porträts von Saddam Hussein, Osama Bin Laden und dem iranischen Präsidenten Mahmud Ahmadinedschad, darunter den Satz „Wir sichern Arbeitsplätze im Katastrophenschutz". Bissig, aber wahr. In der Tat hat die terroristische Bedrohung nach den New Yorker Anschlägen vom 11. September 2001 das Katastrophenmanagement wiederbelebt, das seit Ende des Kalten Krieges vielerorts dahinsiechte. Zahlreiche Krisen in den folgenden Jahrzehnten – seien es der internationale Islamismus, der russische Überfall auf die Ukraine oder der Hamas-Terror gegen Israel, die in der Folge zu Demonstrationen, Protesten und multiplen verbalen, viralen und realen Aggressionen auch in Deutschland führten – haben das noch verstärkt.

Doch es muss nicht der Terror sein, der einen Ort plötzlich ins Blickfeld zieht, sondern auch Naturkatastrophen und schwere Unglücke verschiedenster Art können jederzeit einen sonnigen Tag zum schwärzesten in der Geschichte der Kommune machen: das ICE-Unglück in Eschede 1998, der Flugzeugabsturz zweier Maschinen bei Überlingen am Bodensee 2002, das Unglück auf der Transrapid-Teststrecke im Emsland 2006, der Amoklauf von Winnenden 2009, der Einsturz der Eissporthalle von Bad Reichenhall 2006, das Wegsacken des Kölner Stadtarchivs 2009, die Vogelgrippe auf der Insel Rügen 2006, die tödliche Massenpanik auf der Loveparade in Duisburg 2010, die Corona-Pandemie ab 2020 oder die Flutkatastrophe an der Ahr 2021 – sie alle trafen die beteiligten Kommunen unvorbereitet, und hätte man die Verantwortlichen einen Tag zuvor befragt, ob sie so etwas für möglich hielten, hätten die meisten von ihnen mit dem Kopf geschüttelt und eine solche Frage als „Panikmache“ abgetan.

Der volkstümliche Begriff Krise umfasst allerdings nicht nur Katastrophen im landläufigen Sinn, sondern generell extrem schwierige, sich zuspitzende Lagen. Auch moralische Krisen gehören zu den Risiken der politischen Kommunikation. Es muss nicht der Flugzeugabsturz auf dem Feld am Ortsrand sein – die Krise kommt auch, wenn die Staatsanwaltschaft gegen einen Rathausmitarbeiter wegen Untreue ermittelt oder einem Patienten in einem kommunalen Krankenhaus das falsche Bein operiert wurde.

Einschränkend zu den folgenden Bemerkungen halten wir an dieser Stelle grundsätzlich fest: Je nach den Landesgesetzen und -regelungen wird das zentrale Heft des Handels dem Bürgermeister vielleicht aus der Hand genommen. Je nach Dimension der Lage wird er sich mit übergeordneter Ebenen – etwa Land und Bund abstimmen müssen. Bei offiziell erklärten Katastrophenlagen mag es sein, dass das Bundesland „den Hut auf hat“, oder auch – wenn es beispielsweise bei Vorkommnissen um Bundeswehr-Kasernen geht – der Bund als zuständige Instanz für die militärische Verteidigung. Im Folgenden befassen wir uns mit kommunikativen Prinzipien, die grundsätzlich für Krisen- und formelle Katastrophenlagen gelten. Wer faktisch die Hoheit über die Information hat, entscheidet sich nach der Lage. Das ist ein komplexes Spanungsfeld der Zuständigkeiten, das je nach Lage das Rathaus oder die Kreisverwaltung mit den übergeordneten Ebenen in schneller Abstimmung klären muss. Die Details für alle denkbaren Szenarien können Bände füllen; wir beschränken uns wegen des begrenzten Raums auf ein paar Prinzipien und Grundzüge – egal, ob wir es mit einer als Krise empfunden Gemengelage zu tun haben oder einer faktisch als solcher eingestuften Katastrophe.

Ob große Katastrophe oder örtlich begrenzte Krise – derartige Szenarien verlaufen grob in drei Stufen:

- Zunächst lösen Fakten die Krise aus. Das können ein Unglück sein oder auch politische Gerüchte, die unabhängig vom Wahrheitsgehalt ein Faktum sind. Jetzt müssen die Verantwortlichen die Medien schnell und faktengesättigt informieren. Das Zeitfenster dafür öffnet sich je nach Lage der Dinge nur für wenige Stunden, bevor die Lage eskaliert.
- Dann entwickelt sich die Krise weiter und steigert sich. Die Medien bilden oder äußern Meinung, diskutieren mögliche Ursachen und

Hintergründe, verweisen auf ähnliche Ereignisse oder Vorgänge der Vergangenheit. Es schlägt die Stunde des Archivs: die schlimmsten Busunglücke, die größten Affären …

- In der Auslaufphase lässt das Interesse am Thema nach, es erscheinen weniger Berichte in den Medien. Andere Ereignisse oder Vorgänge verdrängen die Sache von den Titelseiten und aus den Rundfunksendungen. Es besteht aber die latente Gefahr, dass etwas wieder aufflammt: neue Dokumente, neue Zeugen, neue Schuldzuweisungen fachen die Glut wieder an. So hielt sich die Katastrophe bei der Love-Parade in Duisburg 2010 mit wenigen Pause zwischendurch über Wochen, Monate, Jahre in den Medien – sei es durch neu aufgetauchte Bilder, sei es durch Diskussionen über einen Abwahlantrag oder Rücktritt des Oberbürgermeisters. In der Auslaufphase starten auch die ersten Analysen zur Krisen-PR, um künftig zumindest einen Teil der Fehler zu vermeiden.

2.3.2 Vorbereitet ins Chaos: Voraussetzungen für Krisen-Medienarbeit

Jeden Tag kann eine Krise oder eine Katastrophe über ein Rathaus hereinbrechen. Um dafür gewappnet zu sein, muss die Verwaltung sich in Nicht-Krisen-Zeiten darauf vorbereiten. Ein Krisenkommunikationshandbuch kann zum Beispiel festlegen, wen die Kommune alarmieren soll, wer für was zuständig ist, wer Auskunft geben darf und so weiter. Das beste Handbuch nutzt aber nichts ohne turnusmäßige Übungen des Rettungsdienstes, des Brand- und Katastrophenschutzes und eventuell auch mit der Polizei. Sie legen Schwachstellen bloß und zeigen trotz der Künstlichkeit ihres Szenarios, wo die Verantwortlichen etwas verbessern können. Total zu kontrollieren ist eine Katastrophe nicht, dieser Illusion sollte sich ein Rathaus nicht hingeben. Aber die Verwaltung kann einiges tun, um das natürliche Chaos einzudämmen.

Wie die Bürger sich in einer Krise oder Katastrophe verhalten, hängt nur begrenzt von den objektiven Fakten ab. Entscheidend ist, wie sie die Lage wahrnehmen. Und dabei spielt die Medienarbeit eine zentrale Rolle.[47] Das Rathaus muss sie strukturell vorbereiten und ins Katastrophenmanagement einpassen. Die detaillierten Regelungen dafür unter-

47 Zur Medien- und Öffentlichkeitsarbeit in herausfordernder Lage und mit Details zu den im Folgenden erwähnten Beispielen s. ausführlich *Latsch*, Krisenkommunikation. Speziell mit Beispielen sprachlicher Aspekte der Kommunikation bei Gewalttaten befasst sich *Ders.*, „Niemand weiß, was gerade passiert“.

scheiden sich von Stadt zu Stadt, von Kreis zu Kreis, von Bundesland zu Bundesland. Wir können hier nicht darauf eingehen, wie der Verwaltungsstab und der Katastrophenschutzstab mit den Vertretern der operativen Kräfte zusammenwirken. Welche Person Statements abgibt und Pressemitteilungen verschickt, muss jede Kommune aufgrund der bei ihr geltenden Reglements oder gesetzlichen Zuständigkeiten festlegen.

Rechtzeitig vor der Krise oder Katastrophe muss der Ernstfall der Medienarbeit vorbereitet sein, und zwar mit der geeigneten Personaldecke. Das Rathaus sollte jemanden benennen, der im Fall des Falles den Bürgermeister oder Pressesprecher unterstützt oder mit Auskünften gegenüber den Medien zeitweise ablösen kann. Bei einer größeren Krise stehen die Journalisten vielleicht rund um die Uhr auf der Matte – und das über mehrere Tage lang.

Lässt sich der Ort der Katastrophe klar eingrenzen, geben die Verantwortlichen ihre Statements, Interviews und Pressekonferenzen draußen in vertretbarer Nähe zum Schadensort. Beim Großbrand eines Tanklagers wollen die Journalisten nicht immer zum zehn Kilometer entfernten Rathaus pendeln müssen, sondern lieber in ein wenige hundert Meter entferntes Bürgerhaus mit genügend großem, PK-tauglichen Saal. Ist es eine Katastrophe in der Fläche, beispielsweise Überschwemmungen, sollte ein zentraler Punkt gewählt werden, der noch gut erreichbar ist und die Voraussetzungen für Pressekonferenzen erfüllt. Das kann auch der Plenarsaal im Rathaus oder der Kreisverwaltung sein. Grundsätzlich aber sollten die Verantwortlichen das Medienzentrum in Abstand zu den Einsatzkräften und ihrer Leitung einrichten, um die operative Arbeit nicht zu stören; außerdem könnten sich Feuerwehrleute oder Rettungsdiensthelfer bei hastig vorgehaltenem Mikrophon zu Äußerungen hinreißen lassen, die nur verwirren und Gerüchte verstärken. Allerdings sollten Journalisten nicht partout vom Geschehen ferngehalten werden. Zu Unglücksstellen und Schadensorten kann das Rathaus geführte Pressefahrten organisieren, um den Bedarf an Bildern zu befriedigen.

Wer im Katastrophenfall mit den Medien spricht, sollte mit der geeigneten Technik ausgestattet sein – am besten mit mobilen Geräten, die ein vernetztes Arbeiten auch außerhalb des Büros, quasi draußen im Feld, ermöglichen. Bei den mobilen Geräten sollte der Verantwortliche für die Medienarbeit Ersatzakkus mitführen. Manche Pressestellen haben auch einen Notfallkoffer, in den sie bei Bedarf zumindest einen Teil der Technik packen und mitnehmen können. Bei der Vorbereitung sollte sich das Rathaus aber nicht alleine auf rundum verfügbare Elektronik verlassen: Fällt über längere Zeit der Strom weg, ist das gesamte System lahm gelegt. In einer akuten Katastrophenlage bleibt vielleicht der einzige elektronische Kommunikationsweg mit den Bürgern ein Smartphone-Anruf beim nächsten Lokal- oder Landesradio, das dann Botschaften an die Hörer über die Autoradios absetzt. Ist, etwa bei flächendeckendem Stromausfall, auch das eigene Smartphone ausgefallen, muss die Pressestelle die Sender anderweitig erreichen, etwa über benachbarte Regionen oder umständlichstenfalls durch Boten oder persönlichen Kontakt. Auch Aushänge an Bürger- und Gemeindehäusern informieren die Bevölkerung, flankierend können umherfahrende Polizeiautos per Lautsprecher Botschaften streuen.

2.3.3 Chance und Risiko: Medien in der Krise

In der größeren Krise oder Katastrophe finden sich zahlreiche Zeitungen, Zeitschriften und Rundfunksender ein, deren Arbeitsweise sich von Medium zu Medium unterscheidet. Deren Interessen müssen wir kurz betrachten, um Medienanfragen richtig einschätzen und effizient agieren zu können.

Zwar sollte das Rathaus jedes Medium grundsätzlich gleichrangig behandeln und mit den gleichen Informationen versorgen. In der Praxis aber interessieren sich die Medien für verschiedene Arten von Informationen und arbeiten auf unterschiedliche Weise. Ein Agenturkorrespondent etwa geht anders vor als ein Magazinredakteur oder ein Fernsehjournalist. Die Zugeständnisse an die unterschiedlichen Bedürfnisse und Arbeitsweisen haben aber auch Grenzen. So darf sich das Rathaus nicht die ganze Medienarbeit lahmlegen lassen, weil ein Kamerateam nach spektakulären Bildern verlangt. Und die Informationspflicht hat dort Grenzen, wo Persönlichkeitsrechte von Opfern oder auch sensible Sicherheitsbereiche betroffen sind.

Nun zu verschiedenen Mediensparten im Einzelnen:

- Lokalzeitungen: Mitarbeiter von Lokalzeitungen dürften im Krisenfall zu den umgänglichsten Journalisten gehören. Sie sind in die lokale Szene eingebunden und müssen auch nach den heißen Tagen mit dem Rathaus und den Einsatzkräften zurechtkommen, wenn der große Medientross mit Sack und Pack, einer Karawane gleich, zum nächsten Desaster weitergezogen ist. Da sie als Generalisten meist nicht über die nötigen fachspezifischen Kenntnisse (etwa über Tierseuchen) und genügend Personal für aufwändige Recherchen verfügen, kann das Rathaus ihnen gegenüber meist einen Wissens- und Informationsvorsprung nutzen. Wegen ihrer engen Verknüpfung mit der lokalen Szene ist es bei den Lokalzeitungen am ehesten möglich, beispielsweise mit dem Appell an Verantwortungsgefühl die Berichterstattung zu kanalisieren.

- Überregionale Zeitungen und Zeitschriften. Sie fliegen ein, marginal mit Ortskenntnis ausgestattet, dafür mit einem umfangreicheren Redaktionsapparat der Zentrale im Hintergrund. Das Stadtoberhaupt kennen sie, wenn man Glück hat, dem Namen nach, dafür haben sie den Anspruch, ihr Thema analytischer, fundierter aufzuarbeiten, zu „covern", als es ihren lokalen Kollegen bei dünner Personaldecke in der Redaktion oft möglich ist. Mit Fakten lassen sie sich unter Umständen von den Nachrichtenagenturen versorgen, darum kümmert sie mehr das analytische oder atmosphärische Detail. Im Gegensatz zum lokalen Reporter ist ihnen weniger wichtig, ob der Stadtteil A ganz ohne Strom und der Stadtteil B vielleicht teilweise noch am Netz ist (es sei denn, sie nutzen es in einer Passage als Beispiel, um damit die konkreten Konsequenzen für die Menschen zu beschreiben); sie interessiert zum Beispiel, in welche steinzeitlichen Lebensumstände ein Stromausfall eine mittelgroße Stadt irgendwo in der Provinz stürzt. Oder sie stellen die Szenen aus dem lokalen Ausnahmezustand den Äußerungen Berliner Politiker in jüngsten Debatten zur öffentlichen Stromversorgung gegenüber. Gerade die Magazine unter ihnen suchen den exklusiven Ansatz, wenn es um Erkenntnisse zur Unfall- oder Katastrophenursache angeht, oder sie tüfteln am individuellen Dreh der Geschichte. Während die einen sich mit einer oberflächlichen szenischen Beschreibung des Ortsbildes im überschwemmten Vorort zufriedengeben, hat der Magazinreporter vielleicht den Besitzer eines gerade mühsam erworbenen Eigenheims aufgetan, dem das zum Strom angeschwollene Flüsschen den Keller in eine Kloake verwandelt hat und der sich fragt, ob ihm die Stadt nun Geld gibt, um die durchfeuchteten Räume zu sanieren, weil sie beim Hochwasserschutz geschlafen hat. Gemeinsam mit Fernsehen und Radio setzen manche dieser überregionalen Zeitungen und Magazine die Trends der Berichterstattung, und lokale Journalisten ziehen dann mit eigenen Texten nach. Anders als die Lokaljournalisten haben die eingeflogenen Korrespondenten der überregionalen Medien keine Bindung an die lokalen Akteure; ob sie mit ihren Berichten im Rathaus „verbrannte Erde" hinterlassen, kann ihnen gleich sein, denn sie kommen höchstwahrscheinlich nie wieder in diese Stadt. Wer als Bürgermeister amtiert, ist ihnen egal, Hauptsache, er liefert einen guten O-Ton. Appelle an ein Verantwortungsgefühl laufen da ins Leere. Gegenüber Kritik aus dieser Mediensparte kann das Rathaus allenfalls mit Fakten Erfolg versprechend reagieren.

– Nachrichtenagenturen. Manche Rathäuser unterschätzen die Bedeutung der Nachrichtenagenturen, weil die Verwaltung sich eher auf die Berichterstattung der Lokalmedien oder regionale Rundfunksender fokussiert. Aber meist sind es Agenturen, deren Kanäle die Meldung einer lokalen Krise bundesweit und auch international innerhalb weniger Minuten verbreiten. Sie können erste Trends setzen, trampeln gewissermaßen den Pfad vor, auf dem andere dann durch den Dschungel der Lage folgen. Sobald Nachrichtenagenturen in der Pressestelle anrufen, um Fakten zu checken, ist mit Veröffentlichungen in Online-Angeboten diverser Medien, in Radio- und in Fernsehsendern national oder, bei entsprechender Tragweite, auch international zu rechnen. Der Agenturtext gibt quasi das überregionale Startsignal der Berichterstattung. In der Krise sind Nachrichtenagenturen in der Lage, Teile ihrer Redaktion ad hoc umzustrukturieren, um gleichzeitig mehrere Mitarbeiter für diese Geschichte freizustellen. Der Autor hat das zum Beispiel bei einer Geiselnahme in einer Schule im Schwäbischen erlebt. Nach der ersten Meldung setzte die ferne Zentrale binnen einer halben Stunde fünf oder sechs Mitarbeiter auf dieses Ereignis an, die von der Redaktion aus telefonisch recherchierten, unterstützt von einem Freien, der zufällig in der Gegend stationiert war. Einer der Kollegen in der Zentrale hatte einzig die Aufgabe, permanent die Nummer des Schulleiters und des Hausmeisters zu wählen, um sie trotz des Trubels für ergänzende Informationen zu erreichen. Dieses Beispiel stammt vom Beginn der 2000er-Jahre. Mittlerweile würden Nachrichtenagenturen, aber auch sonstige Medien, die Sozialen Netzwerke nach Postings, Zeugenaussagen, Amateurvideos und dergleichen abscannen und in die Berichterstattung einfließen lassen. Wegen des schnellen Agenturgeschäfts kann eine unbedachte Äußerung, eine nicht ganz korrekte oder eine missverstandene Meldung schnell eine rasante Eigendynamik quer durch die Medienlandschaft entwickeln. Einzig effiziente Vorbeugung des Rathauses: Nur gesicherte Informationen herausgeben, sich nicht zu Spekulationen hinreißen lassen. Die Aufgabe wird zunehmend schwieriger. Der Bürgermeister in der Krisen- oder Katastrophenlage wird sich darauf einstellen müssen, dass er früher oder später mit Nachfragen von Nachrichtenagenturen oder anderen Medien bedrängt werden wird: In den Social Media werde das und das gemeldet oder kolportiert, was ist da dran?

– Rundfunk: Seine Arbeitsweise unterscheidet sich von denjenigen der Printmedien radikal. Radio und Fernsehen müssen die Fakten und Mutmaßungen im Text extrem und verständlich verdichten und sind gleichzeitig auf prägnantes Ton- und Bildmaterial angewiesen. Gerade das bereitet in der Krise oft Schwierigkeiten: Bisweilen missachten deren Teams auf der Suche nach exklusiven Bildern Absperrungen oder tarnen sich, um möglichst nahe heran an das Geschehen zu gelangen. Töne und vor allem Bilder transportieren Meinung in die Wohnstuben, das bebilderte Erlebnis ist für den Konsumenten eindrucksvoller, unmittelbarer, schneller fassbarer als die Zeitungslektüre. Zusätzlich befeuert wird das durch immer einfachere Möglichkeiten, Videos zu produzieren. Mittlerweile kann jeder mit seinem Smartphone „draufhalten" und Clips ins Netz stellen. Da der Mensch ein Augentier ist, fordern Statements vor der Kamera den Bürgermeister oder Pressesprecher in besonderem Maß heraus. Nicht erst der Text, sondern bereits das Bild des Interviewten übermittelt eine Botschaft: Es kann sichere Gelassenheit und Führungskraft ausstrahlen oder aber Nervosität und Überforderung. Ein Vertrauen erweckendes Auftreten und eine prägnante, lebendige Sprache unterstützen die Kommunikationsziele in der Krise. Wer vermitteln will, er habe die Lage im Griff, kann auf diese Weise direkt und überzeugend auf die Zuhörer und Zuschauer wirken.

2.3.4 Schnell, aber wahr: Medieninformation in der Krise

Um Gerüchten vorzubeugen, muss das Rathaus schnell verlässliche Informationen herausgeben. Es gilt das Credo der Nachrichtenagenturen: „Get it first, but get it first right" – Hab' die Nachricht zuerst, aber zuerst hab' sie richtig. Das Rathaus liefert sich einen Informationswettlauf mit den Medien. Hat die Behörde nichts zu sagen, suchen sich Journalisten jemanden, der glaubt etwas zu sagen zu haben; im Zweifel finden sie ihn heute über irgendwelche Postings im Internet. Auch wenn sie den Informationsvorsprung gerne halten will, sollte die Stadt oder Gemeinde aber nur Gesichertes herausgegeben und nicht wild durch die Gegend spekulieren.

Innerhalb von einer Stunde nach dem Ereignis setzt das Rathaus die erste knappe Pressemitteilung ab, bei akuter Gefahr auch noch schneller, etwa wenn Giftstoffe in einem Chemiewerk ausgetreten sind oder in der Stadt ein Großbrand ausgebrochen ist. Innerhalb von ein paar Stunden sollte eine Pressekonferenz anberaumt sein, ersatzweise tut es auch ein kurzes Statement des Stadtoberhaupts vor den versammelten

Medien, je nach Lage auch mit Polizei, Feuerwehr, Rettungsdiensten oder anderen Beteiligten. Ab dem ersten Tag richten die Verantwortlichen, falls nötig, ein Bürgertelefon ein. Solange dann die Krise dauert, versorgen sie die Journalisten auf Pressekonferenzen mit Informationen. Nach dem ICE-Unglück in Eschede 1998 zum Beispiel liefen in einem Gemeindesaal innerhalb von fünf Tagen drei Konferenzen, zu denen die Einladung jeweils drei Stunden vorher herausging.

Im ersten Mediendruck nach dem Ereignis kann der Hinweis auf spätere weitere Informationen Entlastung bringen.

Erfahrungen bestätigen das:

- Überlingen am Bodensee: Am 1. Juli 2002 um 23.35 Uhr waren eine DHL-Frachtmaschine und ein russisches Flugzeug mit zahlreichen Kindern an Bord in Reiseflughöhe zusammengeprallt und abgestürzt. Den Mediendruck bauten die Verantwortlichen durch Verweis auf eine Pressekonferenz um 4.30 Uhr etwas ab. Auf positives Feedback bei den Medienvertretern stießen auch weitere Pressekonferenzen und geführte Touren zu Wrackteilen nach 9 Uhr.
- Emsland: Ähnliche positive Erfahrungen mit geführten Visiten machte die Polizei beim Transrapid-Unglück. Am 22. September 2006 war ein Magnetzug auf einen Testwagen gefahren. Journalisten wurden nach dem Unglück geschlossen die Trasse entlang geführt – aber nur bis zu der Stelle, hinter der die Helfer noch Leichenteile im Wald vermuteten.
- Köln: Auch beim Einsturz des Kölner Stadtarchivs am 3. März 2009 wurden Journalisten später hinter die Absperrungen über den Schauplatz geführt; allerdings mussten hier bisweilen uniformierte Polizeibeamte für einen geordneten Rundgang sorgen.

Bei einem größeren Andrang an Berichterstattern, der mit geführten Touren für alle nicht zu managen ist, können die Verantwortlichen auch eine Pool-Lösung arrangieren: Die Medien tun sich zusammen und benennen ausgewählte Kameraleute und Fotografen für die Besichtigung. Diese stellen ihre Bilder anschließend allen zur Verfügung – das ist die Bedingung, unter der das funktioniert. Solche Lösungen haben in der Praxis ebenfalls funktioniert.

Polizeifachleute raten, journalistische Arbeit namentlich von Fotografen und Kameraleuten allenfalls unter ganz bestimmten Bedingungen zu verhindern. Können sich Medienvertreter als solche ausweisen, dürfen ihnen die Ordnungskräfte grundsätzlich nicht verwehren, eine Absperrung zu übertreten. Anders, wenn ein konkreter, nachvollziehbarer

Grund dafür besteht, zum Beispiel Explosionsgefahr, oder auch, wenn Polizei oder Staatsanwaltschaft einen Tatort beschlagnahmt haben und Beweise sichern müssen. Insgesamt müssen die Behörden die legendäre „Verhältnismäßigkeit der Mittel" bedenken.

Gründlich aus dem Ruder lief eine Szene bei einem Dreh in Nordrhein-Westfalen, bei der ein Kameramann auf einen resoluten Ordnungshüter traf:

Als der Kameramann aus der Distanz den Abtransport eines Verletzten per Hubschrauber filmen wollte, versperrte ihm der Polizist den Weg und stieß ihn in einem heftigen Wortgefecht zu Boden. Die Kamera lief bei alledem mit, das Video wurde gesendet und landete auch im Internet. Dem Beamten soll der peinlich genau dokumentierte Ausraster eine Disziplinarstrafe eingebracht haben.

Unterschiede gibt es bei journalistischer Berichterstattung allerdings zwischen öffentlichem und privatem Gelände. Bei letzterem muss der Betreiber einer Anlage oder der Eigentümer eines Gebäudes den Medien den Zutritt ausdrücklich erlauben. Bleibt die Genehmigung aus, dürfen Berichterstatter allerdings von öffentlichem Boden aus in das Gelände hinein filmen und fotografieren. Wichtig könnte dieser Aspekt bei einem größeren Brand in einer Firma sein. Bevor der Bürgermeister, Landrat oder ein anderer politisch Verantwortlicher Journalisten aufs Gelände lässt, sollte er sich daher schnell die Erlaubnis des Eigentümers oder Betreibers dafür holen.

Bieten die Verantwortlichen keine Chance eines Besuchs am Ort des Geschehens, suchen sich Journalisten eigene Wege, und sei es gegen das Gesetz. In Eschede kauften nach der ICE-Katastrophe 1998 Medienvertreter Rettungsdienstmitarbeitern für teures Geld Jacken ab und mogelten sich als Sanitäter in die Trümmer. Beim Emsländer Transrapid-Crash gelangten Fotos in die Medien, die offenkundig von Einsatzkräften stammten. Kampagnen wie „Bild-Leser-Reporter", bei denen das Boulevardblatt Laien aufforderte, mit der Kamera Jagd auf Prominente zu machen und mehr oder weniger Spektakuläres einzufangen, beförderten schon das Geschäft und nutzten dabei den Drang von Laien nach Geld und Anerkennung. Die moderne Technik hilft dabei; so landeten schon bei den Bombenanschlägen 2005 in London Bilder von Handykameras aus den U-Bahn-Tunnels ruck-zuck bei den Medien, Erfahrungen der Jahrzehnte seit damals mit Terroranschlägen und Kriegslagen wie in der Ukraine ab Februar 2022 oder Israel und dem Gaza-Streifen ab dem Herbst 2023 bestätigten diese Entwicklung. Derlei ist auf kommunaler Ebene, auch wenn es längst nicht um Kriegslagen geht, durch Pool-Lösungen oder geführte Touren nicht zu verhindern, aber sie minimieren das Risiko, weil die Krisenmanager das Bedürfnis nach Bildern quasi auf offiziellem Weg befriedigen.

Wichtig ist es vor allem, die Medienvertreter zentral zu sammeln. Das Pressezentrum sollte so nahe wie vertretbar am Ereignis stehen. Pressesprecher sind mit grüner Weste kenntlich gemacht. Die Organisatoren müssen für Parkplätze sorgen, die auch Raum für große Übertragungswagen bieten, für ausreichend Strom und Licht, genug Platz für die Kameras und nicht zuletzt Verpflegung. Getreu dem Bundeswehr-Werbeslogan „Eintopf verbindet" aus den frühen achtziger Jahren kann ein gemeinsamer Futtertrog Journalisten ans Medienzentrum binden, andernfalls müssten sie in umliegende Mitnehm-Pizzerias ausschwärmen und wären dann schwerer wieder zusammenzutrommeln.

Wie bei einer alltäglichen Pressekonferenz muss auch der Veranstalter einer Krisen-Pressekonferenz zunächst klären, welche Rolle welcher Akteur spielt. In der Regel sieht das so aus: Der Bürgermeister gibt eine allgemeine Wertung des Ereignisses, bedauert etwaige Opfer und nimmt Stellung zu möglichen politischen Aspekten der Vorgänge. Je nach Lage äußern sich dann Polizei, Feuerwehren, Rettungsdienste, Elektrizitätsversorger oder andere Institutionen zum Hergang des Ereignisses, zum Ausmaß des Schadens, zu bisher gelaufenen und noch laufenden Arbeiten, gegebenenfalls zu möglichen Ursachen und Konsequenzen. Besonders wichtig ist dabei die Frage, ob noch Menschen gefährdet sind.

Journalistenanfragen und Interviews in der Krise kreisen in der Regel um folgende Fragen, auf die man sich einstellen muss:

- Was ist passiert?
- Wie ist es passiert?
- Wie hoch ist der Schaden an Mensch und Material?
- Geht eine Bedrohung davon aus?
- Was sind die Ursachen?
- Was wird zur Aufklärung getan?
- War das vorhersehbar, hätte man aus früheren oder anderen Ereignissen nicht lernen können?
- Wer hat die Schuld, wer übernimmt die Verantwortung?
- Was sind die Konsequenzen, wie kann so etwas künftig verhindert werden?

2.3.5 Tief durchatmen: Stressabbau in der Krise

Gerade bei Katastrophen nimmt der Stress zu. Verschiedene Strategien können den Druck mindern. Dazu gehört eine fundierte Vorbereitung bereits in Nicht-Krisenzeiten, etwa indem der Bürgermeister oder der Landrat die entsprechenden Kommunikationswege regelt, größere Übungen im Stab organisiert und sich mit den Gefahrenquellen in der Stadt vertraut macht (Umspannwerke, Tanklager, Bahnstrecken, gefahrenträchtige Industriebetriebe und dergleichen).

Während der Katastrophe selbst helfen folgende Methoden:

- Sich klarmachen, dass der Pressedruck nicht persönlich gemeint ist, sondern die Medien Aufklärung in der Sache haben wollen
- Kurze, klare Statements vorbereiten
- Experten hinzuziehen, auch als Fachleute für Interviews. Allerdings müssen die Verantwortlichen vorher mit ihnen der Rahmen setzen, wie weit die Auskünfte gehen können
- Stressreduktionstechniken anwenden, zum Beispiel Atemkontrolle (ruhiges Einatmen, Ausatmen länger als das Einatmen), Ablenken durch Kopfrechnen (beispielsweise von 10000 in 13-er Schritten rückwärts zählen) oder progressive Muskelentspannung (einzelne Muskeln fünf bis sieben Sekunden lang stark angespannt halten, dann entspannen und nach kurzer Pause einen anderen Muskel anspannen)

2.4 Was hat's gebracht? – Medienbeobachtung und Controlling

Die Medien zu beobachten, ist eine der wichtigsten Aufgaben der Pressestelle oder wer sonst noch dafür zuständig ist – nicht nur, um Trends und Nachrichten festzustellen, bei denen das Rathaus sich kommunikativ einschalten muss, sondern auch, um die Resonanz auf die eigene Arbeit zu analysieren, also den Erfolg zu bewerten.

Eine tiefgreifende, verlässliche Analyse dürften die meisten Kommunalverwaltungen nicht leisten können. Reichen die finanziellen Ressourcen, könnten sie solch einen Auftrag extern vergeben[48]. Eine Agentur

48 Einen Überblick über Analysemethoden und Links zu externen Anbietern solcher Analysen bietet zum Beispiel die von der Universität Leipzig betriebene Website www.communicationcontrolling.de.

würde zum Beispiel eine so genannte Medienresonanzanalyse starten. Sie ermittelt dann nicht nur, wie oft die Medien eine Pressemitteilung aufgegriffen haben, sondern auch mit welcher inhaltlichen Tendenz. Dabei berücksichtigt sie zum Beispiel auch Platzierung und Aufmachung im Blatt.

Eine weitere Methode, die aber für das Rathaus ebenfalls zu aufwändig und vor allem nicht sinnvoll ist, arbeitet mit so genannten Anzeigenäquivalenzwerten. Sie stellt im Grund die Frage, welche Kosten die Pressearbeit gegenüber einem Anzeigenauftrag spart. Nehmen wir an, eine Zeitung hat aus einer Pressemitteilung oder Pressekonferenz einen 90-Zeilen-Artikel gemacht. Die Frage ist nun: Was hätte der entsprechende Platz in der Zeitung gekostet, hätte die Verwaltung eine Anzeige dieser Größe geschaltet? Als Faustregel gilt: Je größer der Artikel ist, desto mehr Geld hat das Rathaus durch die Pressearbeit gespart. Diese Methode klingt auf den ersten Blick plausibel. Sie lässt aber zwei Dinge außer acht: Erstens bedeutet ein längerer Artikel nicht naturgemäß mehr Leser (gerade das Massenblatt „Bild"-Zeitung macht Auflage mit kurzen und kompakten Artikeln). Und zweitens ordnet der Leser Anzeigen anders ein als redaktionelle Artikel. Anzeigen sind schlichtweg „Reklame", während redaktionelle Artikel objektiver und glaubwürdiger wirken. Demnach wären also wenige positive Zeilen im redaktionellen Teil mehr wert als eine großformatige Anzeige mit dem Foto des Bürgermeisters.

Eine andere Option wäre es, die Bürger zu befragen – also die Leser, Hörer oder Zuschauer der Medienbeiträge. Aber auch eine solche Umfrage müsste die Verwaltung extern einkaufen, und der Preis rangiert dafür rangiert schnell im fünfstelligen Bereich.

Fazit: Das durchschnittliche Rathaus muss die Medienanalyse mit Bordmitteln stemmen.

Das beginnt mit einem täglichen Pressespiegel, der morgens bis spätestens 9 Uhr von der Presse- oder einer anderen Stelle im Rathaus zusammengestellt sein sollte. Im Optimalfall sind die Artikel elektronisch gescannt, und der Pressespiegel steht allen Rathausmitarbeitern oder zumindest einigen Verantwortungsträgern im Intranet zur Verfügung. Auch der Versand per Mail an einzelne Adressaten im Rathaus ist möglich. Alternativ kann die Medienschau auch in der althergebrachten Papierform durchs Rathaus wandern – eine Praxis, die aber mehr und mehr der Vergangenheit angehört. Mit dem elektronischen „Clipping" sind alle schnell und gleichzeitig auf dem neuesten Stand.

Ob Papier oder digitalisiert: Rechtliche Grenzen und die Kosten trüben das Vergnügen. Liegt der Pressespiegel in Papierform nur bis zur so genannten Bagatellgrenze von sieben Exemplaren vor, ist das kein Problem. Auflagen darüber muss das Rathaus allerdings mit der Verwertungsgesellschaft Wort (VG Wort) abrechnen.

Anders sieht es mit dem elektronischen Pressespiegel aus. Hier werden von der ersten elektronischen Kopie an Zahlungen an die Inkassogesellschaft PMG Presse-Monitor (PMG) fällig. Die Vorteile der digitalisierten Variante haben ihren saftigen Preis. Zum einen muss die Verwaltung eine entsprechende Software mit leistungsfähigem Scanner kaufen, zum anderen fallen für das Versenden per E-Mail oder das Einstellen ins Intranet Gebühren an, die abhängig von der Zahl der Nutzer gestaffelt sind: Je nach Textumfang können zwei Euro und mehr pro Artikel auf das Rathaus zukommen. So summieren sich die Gebühren auf dem Datenhighway leicht auf 10000 bis 20000 Euro im Jahr. Die PMG ist mit ihren horrenden Kosten der haushalterische Schrecken mancher Pressestelle. Zudem gibt es weitere Einschränkungen, beispielsweise was die Volltextsuche angeht. Die ganze Pressespiegel-Materie ist rechtlich äußerst verzwickt. Allerdings steht die Rechtsprechung auf der Seite der Verwertungsgesellschaften, die damit eine Monopolstellung besetzen. Zwar kann ein Rathaus theoretisch Einzelvereinbarungen mit Zeitungen abschließen, aber gerade die größeren Medien dürften der Einfachheit halber nur über VG Wort und PMG abrechnen wollen. Bevor sich das Rathaus oder das Landratsamt für ein elektronisches Clipping entscheidet, sollte es sich bei den Interessenvertretungen von Städten, Gemeinden und Kreisen informieren, die teilweise Übersichtsinformationen mit Empfehlungen zusammengestellt haben.

Wer das Geld in vollen Zügen ausgeben will, kann auch die PMG beauftragen, einen Pressespiegel für die Stadt zusammen zu stellen. Für Rathäuser lohnt sich das aber kaum – zu vielfältig und zu kleinteilig sind die lokalen Themen, und der PMG dürfte dabei vieles durch die Lappen gehen. Alleine den Namen der Stadt oder des Bürgermeisters als Suchbegriff in eine Textdatenbank einzugeben, genügt nicht. Was, wenn Zeitungstexte zu einem Thema relevant sind, ohne dass in ihnen die Kommune auch nur erwähnt ist geschweige denn der Rathauschef? Zudem erfasst die PMG nicht die lokalen Anzeigenblätter und manche anderen kleinen Zeitungen. In der Regel muss die Verwaltung also selbst einen Pressespiegel zusammenzustellen, der auf die eigenen Bedürfnisse zugeschnitten ist. Wem die PMG-Variante mit dem elektronischen Clipping zu teuer ist, der bleibt bei der Papierform und hält sich an die kostenfreie Bagatellgrenze von sieben Exemplaren nach VG Wort.

Den Pressespiegel über längere Zeit zu archivieren – gleich, ob in Papierform oder digital –, dürfte für Rathäuser wenig Sinn haben. In der Praxis greift man auf alte Artikel sehr selten zurück. Die PMG kassiert beispielsweise auch noch zusätzlich, wenn die Nutzer den elektronischen Pressespiegel über ein Jahr hinaus archivieren wollen. Archivierungen lohnen sich allenfalls bei politisch hoch brisanten, über viele Jahre laufenden Themen. Falls doch einmal ein lange zurückliegender Artikel gebraucht würde, läuft der Zugriff oft schneller über die jeweiligen Online-Archive der Tageszeitungen, einen Anruf in deren Archiven oder die Recherche in der Internet-Datenbank Genios[49]. Sie zeigt die Anläufe der Artikel und gibt damit Hinweise, ob der Beitrag sich lohnt. Für den Download des gesamten Textes muss der Nutzer dann eine Gebühr zahlen.

Ein Sonderproblem sind Veröffentlichungen ausschließlich im Internet, also zum Beispiel die Online-Nachrichtenseiten der Radio- und Fernsehsender, Online-Journale oder Kommunikationsplattformen wie dBlogs mit einer unübersichtlichen Vielfalt an bedeutenden und weniger bedeutenden Autoren. Auch nur die einschlägigsten manuell auf Neues abzuscannen, würde den Arbeitstag füllen. Eine weitere Alternative ist der Blick in „Google News“[50]. Hier kann der Nutzer automatische Benachrichtigungen einrichten; er wird dann per Mail informiert, sobald bestimmte Stichworte in neuen Meldungen auftauchen. Allerdings weist die Reihe der Medien, die dieser Google-Dienst erfasst, sehr große Lücken auf.

Ein praktikables Controlling der Pressearbeit mit Bordmitteln des Rathauses fußt auf:

- Auswertungen der Presseberichte im täglichen Pressespiegel, Mitschnitte von Rundfunksendungen
- punktuelle, lockere Umfragen unter Journalisten und Gespräche am Rande von Terminen („Sind Sie generell mit unserer Pressearbeit zufrieden oder nicht?“)
- Redaktionsbesuche, Gespräche beim Medienstammtisch/Jour fixe
- zwangloses Feedback von Bürgern, Politikern, gesellschaftlichen Vertretern am Rande von Veranstaltungen

49 https://www.genios.de/
50 https://news.google.com/home?hl=de&gl=DE&ceid=DE.de.

– Internetrecherche über RSS-Feeds oder auch über Google News und der ziemlich umfangreichen Datenbank Genios.

2.5 Exkurs: Öffentlichkeitsarbeit und Marketing

2.5.1 Die Stärken stärken: Imagebildung und Marketing

Alle zielgruppenorientierte Aktionen, einschließlich der Medienarbeit, tragen zumindest indirekt zur Imagebildung und zum Marketing des Standorts bei. Kommunen stehen heute vielfältig im Wettbewerb[51]: bei Unternehmensansiedlungen, als Wohngemeinde, als Schulstandort oder Freizeitziel ... Das Stadt- oder Gemeindeoberhaupt muss nicht nur politischer Repräsentant und Behördenleiter sein, sondern auch Verkäufer, regionaler Vernetzer, Späher über den Horizont. Nicht nur nach außen hin muss sich die Kommune um ein Profil bemühen, auch nach innen braucht sie ein Marketing. In einer Welt, in der immer weniger Menschen beruflich oder privat über lange Zeit an einen Ort gebunden sind, kann das Marketing einen Beitrag leisten, Identität mit dem Wohnort zu stiften oder zu fördern.

Beim Image – also dem Ruf oder dem Bild einer Stadt – mischen sich vielschichtig reale Fakten und irreale Emotionen. Eine Stadt kann familienfreundlich sein, ein Paradies für Wirtschaftsunternehmen, reich an Kultur, bestens vernetzt mit Bus und Bahn, begünstigt von guter Luft, der Ort mit den bundesweit meisten privaten Bildungseinrichten, Geburtsstadt eines Nobelpreisträgers, Platz der heißesten Quellen im Bundesland oder Kommune mit den meisten Fußballvereinen nördlich der Mainlinie. Für verschiedene Bevölkerungsgruppen sind unterschiedliche Merkmale wichtig: Familien setzen andere Schwerpunkte als ausländische Investoren oder als Touristen. Die unterschiedlichen Merkmale werden mit unterschiedlichen Strategien entwickelt oder gestützt: Auf einer Immobilienmesse wirbt die Stadt mit anderen Schwerpunkten und anderen Mitteln für sich als im Interview mit einer Kulturzeitschrift.

Bevor die Kommune ein angestrebtes Image (Soll-Image) entwickelt, muss sie erst einmal das bestehende Image (Ist-Image) ermitteln. Oft können Verwaltungen nur dumpf vermuten, was die Bürger mit der Stadt verbinden, und ihre Vorstellungen gehen völlig an denen der Menschen vorbei. Um herauszufinden, was die Bürger – und auch

51 Zum Stadtmarketing überblickhaft: *Müller/Wetterich*, 111 ff.

Ortsfremde – denken, kann die Verwaltung ein Meinungsforschungsinstitut oder eine Marketing-Agentur mit einer Umfrage betrauen. Auf der Basis des so ermittelten Ist-Images können die externen Büros Soll-Images entwickeln und Konzepte anbieten, wie das Rathaus diese angestrebten Bilder aufbauen kann. Was genau die Agentur leisten soll, steht im Vertrag mit ihr. Was alles zum Paket gehört, darüber entscheidet der Blick in die Stadtkasse, schließlich fallen Kosten in fünfstelliger Höhe an. Die Umfrage kann quantitativ oder qualitativ sein: quantitativ als breit angelegte, repräsentative Bürgerbefragung mit standardisierten Fragebögen, qualitativ als freie Einzelinterviews mit Vertretern wichtiger gesellschaftlicher Gruppen, Unternehmen und Institutionen. Diese Interviews sind statistisch nicht repräsentativ, können aber durch ihre freie Form interessante Aspekte zum Bild der Stadt liefern und die quantitative Umfrage ergänzen.

Vom existierenden zum gewünschten Ist-Image führt bisweilen ein steiniger Weg. Dabei muss das Ziel realistisch sein. Die Wirklichkeit muss halten, was das Wunschbild verspricht: Das Merkmal „Die Stadt der 100 Kirchen“ setzt sich nicht durch, wenn es in Wahrheit nur acht sind wie in jedem anderen Ort ähnlicher Größe. Der finnische Imagefaktor „Land der tausend Seen“ hat sich etabliert, weil es tatsächlich viele sind – verschiedenen Schätzungen zufolge bis zu 200000.

Imagedefizite lassen sich nicht einfach durch ein paar bezahlte Zeitungsanzeigen, schwärmerische öffentliche Reden und andere Glitzer-PR auszugleichen. Es gilt die Faustregel: Schwächen der Institution können nur durch Veränderung der Institution selbst, Schwächen der Kommunikation nur durch Verbesserung der Kommunikation beseitigt werden. Zwei Beispiele: Gilt eine Stadtverwaltung als schwerfällig, darf sie sich nicht darauf beschränken, in bunten Anzeigen von Serviceorientierung und bürgerfreundlichem Tempo zu schwadronieren, sondern sie muss sich faktisch verbessern. Nutzen die Bürger aber eine neu eingerichtete Service-Hotline kaum, muss das Rathaus sie durch Anzeigen, Pressemitteilungen und andere öffentliche Aktionen bewerben.

Images, zusammen mit anderen vermuteten oder tatsächlichen Charakteristika, bilden die Marke. Eine Marke sind die Eigenschaften, mit der sich die Stadt oder Gemeinde von anderen Kommunen absetzt. Um eine Stadt als Marke zu entwickeln, arbeitet das Rathaus wichtige Merkmale heraus und baut daraus systematisch ein Image auf. Dieser Prozess folgt einem bestimmten Schema:

- In der Anschubphase fällt intern die Grundsatzentscheidung für das Projekt. Die Verwaltung legt die Budgets fest und klärt, wer für das Vorhaben im Hause zuständig ist.
- Es folgt eine Situationsanalyse zum öffentlichen Ist-Image als qualitative oder quantitative Analyse oder als Mix aus beidem.
- Darauf aufbauend werden die entscheidenden Merkmale festgelegt. Dies kann im Rathaus im kleineren Kreis von Presse- und Öffentlichkeitsarbeitern geschehen oder aber integriert in einen breit angelegten Leitbild-Prozess. In einem Leitbild definiert eine Kommune oder eine Kommunalverwaltung ihr Selbstverständnis, ihre Ziele, Werte, ihre Kultur des Umgangs miteinander und mit dem Bürger und die Grundprinzipien ihres Handelns. Den Bürgern (bei der Kommune) und den Mitarbeitern (bei der Kommunalverwaltung) gibt das Leitbild Orientierung. Es trägt dazu bei, Identität zu stiften. Wenn Leitbilder formuliert werden, stellen die Verantwortlichen das im Idealfall auf eine breite Basis. Beim Leitbild einer Stadt oder Gemeinde können sie die Bürger in Arbeitskreisen beteiligen, beim Leitbild einer Verwaltung die Mitarbeiter in Arbeitsgruppen. Solch breit angelegten Prozesse bergen eine Chance und ein Risiko zugleich: Einerseits wird dann das Leitbild vielleicht eher von vielen mitgetragen, andererseits kann das in einen quälend langen Prozess münden, der am Ende nur Luftblasen produziert – und alles bleibt wie gehabt. Hier muss jede Kommunalverwaltung Chancen und Risiken abschätzen, bevor sie einen solchen Prozess initiiert.
- Hat die Ist-Analyse gezeigt, wo die Kommune schwach und wo sie stark ist, fällt die Entscheidung: Konzentriert sich das Marketing nach dem Prinzip „Die Stärken stärken“ auf die augenscheinlichen Standortvorteile? Oder will es die Schwächen ausgleichen? Oft hat es eher Sinn, die natürlichen Stärken zu identifizieren und sie noch stärker herauszustellen, als zu versuchen, viel Kraft auf die Schwächen zu verwenden. Das gilt, wohlgemerkt, für die Kommunikation. In der täglichen Realität muss eine Stadt an ihren faktischen Schwächen arbeiten. Im Marketing aber setzt sie besser Schwerpunkte, denn die Kommune braucht ein Profil, um sich als Standort gegenüber anderen abzugrenzen. Sonst wirkt sie verwechselbar und austauschbar. Die Stärken-Strategie ist zudem effizienter als eine schwächenorientierte Strategie, weil sie an ein bereits bestehendes Urteil in der Öffentlichkeit anknüpft.
- Auf die Strategieentscheidung folgt eine Liste mit dem, was wann von wem zu tun ist und was es kosten darf. Anschließend setzt das Rathaus die einzelnen Vorhaben um und kontrolliert den Erfolg,

beispielsweise durch Medienbeobachtungen, Gespräche mit relevanten Kreisen oder durch eine neue Umfrage.

So sieht das Verfahren idealtypisch aus. Was machbar ist, müssen allerdings Budget und personelle Ressourcen entscheiden. Gerade kleineren Kommunen dürften die ausreichenden Mittel fehlen, um diesen vielschichtigen Prozess nach allen Regeln der Marketingkunst durchzuziehen. Fehlen diese Ressourcen und muss mit Bordmitteln gearbeitet werden, könnten begrenzte Arbeitskreise mit begrenzter Bürgerbeteiligung eine Möglichkeit sein, um auszuloten: Für was steht unsere Kommune, was sind ihre Stärken, die wir entwickeln können? Und was können wir tun, um dieses (positive) Bild in der Öffentlichkeit zu unterstreichen? Und was können wir speziell in der Verwaltung tun, um in unseren Leistungen, Angeboten und Verfahrensabläufen besser zu werden – und damit bestenfalls beim Bürger noch besser dazustehen?

Die Instrumente, mit denen eine Stadt ihr Image aufbaut oder korrigiert, stammen aus der gesamten Klaviatur der Kommunikation. Sie enthalten Elemente der klassischen Medienarbeit wie Presseinformationen und Pressekonferenzen ebenso wie Mittel aus der allgemeinen Öffentlichkeitsarbeit, etwa ein Logo, Broschüren, Anzeigen, Imagefilme und zielgruppenorientierte Veranstaltungen.

2.5.2 Vorwärts mit Methode: Strategien in der Öffentlichkeitsarbeit

Ob die Pressearbeit der Öffentlichkeitsarbeit untergeordnet ist oder nicht, diese Frage liefert immer wieder Stoff für Diskussionen in Fachmedien. In der Praxis des Rathauschefs (zumal, wenn er mangels Personal- und Finanzressourcen sein eigener Pressesprecher ist) gehen Presse- und Öffentlichkeitsarbeit oft Hand in Hand. Da die Grenzen zwischen beiden Sparten fließend sind, werfen wir hier zumindest kursorisch einen Blick auch auf die Öffentlichkeitsarbeit. Wir setzen dabei Schwerpunkte in den Bereichen, die sich am meisten mit der klassischen Medienarbeit überschneiden.

Zahlreiche Kampagnen der klassischen Öffentlichkeitsarbeit nutzen auch Instrumente der Medienarbeit.

Nehmen wir als Beispiel eine Information zum Bau eines Bürgerhauses:

Das Rathaus verschickt an die Anwohner eines künftigen Bürgerhauses ein Schreiben, in dem die Verwaltung die Nachbarn über Baulärm, Umleitungen und Parkplatzprobleme informiert. Gleichzeitig wirbt der

Brief um Verständnis für die Unannehmlichkeiten. Unterschrieben ist der Text vom Stadt- oder Gemeindeoberhaupt. Flankierend versendet das Rathaus eine Pressemitteilung, die alle Bürger in groben Zügen über Verkehrsbehinderungen während der Bauphase aufklärt. Auch hier bittet die Verwaltung um Verständnis für die Behinderungen. Während der Anwohnerbrief detaillierter beschreibt, mit welchen Erschwernissen die Anwohner von wann bis wann rechnen müssen, sind die Informationen in der Pressemitteilung etwas allgemeiner gehalten, da sie vor allem auf diejenigen zielen, die nur im Durchgangsverkehr oder besuchsweise in das betreffende Viertel fahren.

In manchen mittel- und langfristigen Projekten muss das Rathaus ein ganzes Orchester von medien- und öffentlichkeitswirksamen Instrumenten aufeinander abstimmen.

Ein Beispiel ist die Kampagne eines Landkreises zur Einführung der zentralen Behördennummer 115. Sie soll analog zu den traditionellen Nummern 110 und 112 schnelle Hilfe leisten, in diesem Fall bei Fragen im Behördendschungel. Der Kreis nahm an der zweijährigen Pilotphase des bundesweiten Projekts mit ausgewählten Kommunen teil.

Die Kampagne wurde koordiniert von der Pressestelle und der lokalen 115-Projektleitung; sie verband Elemente der Medien- und der Öffentlichkeitsarbeit. Ziel war es, die 115 neben der 110 und 112 in den Köpfen zu verankern, gleichzeitig wollte sich die Kreisverwaltung als serviceorientiert und innovativ positionieren.

Die Pressestelle versandte Medieninformationen zum Start, bei Zwischenbilanzen und diversen lokalen Neuigkeiten zur 115, etwa erweiterten Serviceangeboten. An die Städte und Gemeinden lieferte der Landkreis rund einen Meter große 115-Ziffern; zum Fototermin bei der Übergabe versammelten sich die Bürgermeister im Landratsamt hinter den zwölf Werbeobjekten. Ferner lieferte der Kreis den Journalisten für personenorientierte Geschichten Kontakte zum Team des 115-Telefondienstes. Die größte Lokalzeitung wurde für eine Verlosungsaktion ins Boot geholt: Zu gewinnen waren Preise wie ein Gesundheitscheck in den kreiseigenen Kliniken, eine individuelle Führung durch die diversen Kommissariate der Polizei, eine Fahrt im Führerstand einer S-Bahn und eine Teilnahme an einem Training der überregional brillierenden lokalen Handballmannschaft. Wer gewinnen wollte, musste in einem bestimmten Zeitfenster bei der 115 anrufen. Am Nikolaustag erhielten bei einer weiteren Aktion die ersten 115 Besucher des Landratsamtes jeweils einen Lebkuchen mit einer aufgebackenen 115. Darüber hinaus trug die Kreisverwaltung Szenen zu einem vom Bundesland initiierten Internetspot zur 115 bei, ferner wurden Plakate aufgehängt, außerdem prangte das Logo mit den drei Ziffern auf Flyern, Kugelschreibern für Landratsamt-Besucher und Freistemplern der Poststelle.

Die zeitlich begrenzten Elemente der Kampagne liefen aufeinander abgestimmt in Abständen von mehreren Wochen oder Monaten, um durch das Jahr hindurch das Thema 115 in der Öffentlichkeit zu streuen. Bei derartigen Aktionen ist weniger der Umfang, sondern mehr die Kontinuität der Werbung entscheidend. Wie eine verwaltungsinterne Analyse ergab, wählten nach einer öffentlichkeitswirksamen Aktion jeweils deutlich mehr Anrufer als sonst die neue Nummer.

Das Beispiel zeigt, wie in mittel- bis langfristigen Kampagnen mehrere Instrumente der Medien- und Öffentlichkeitsarbeit ineinandergreifen.

Um aber die einzelnen Aktionen nicht ins Leere laufen zu lassen, muss das Rathaus zunächst eine Kommunikationsstrategie entwickeln. Auch wenn das Wort „Kampagne" in der Öffentlichkeit einen schlechten Beigeschmack hat, ist es in Fachkreisen ein gängiger Begriff für eine solchermaßen vernetzte Initiative.

Eine Kampagne gliedert sich grob in folgende Schritte:

- Zunächst stellen die Verantwortlichen fest, dass es nötig ist oder einen Anlass gibt, ein Thema zu besetzen (im Fall der 115 schien der neue Service notwendig, weil viele Bürger im Behördendschungel nicht durchblickten).
- Dann grenzen sie das Sujet ein und definieren das Ziel der Kampagne (Aufklärung, was die 115 bietet, Verankerung der Nummer im Bewusstsein der Bürger, Nutzerzahlen steigern).
- Anschließend beschreiben sie die Zielgruppe der Kampagne (alle Jugendlichen und Erwachsenen im Kreis sowie die Besucher).
- Nun formulieren sie eine konkrete Botschaft (unter der 115 gibt es schnell, kompetent und verlässlich eine Auskunft, die Zeit und Wege spart).
- Am Schluss leiten sie die geeigneten Instrumente der Öffentlichkeitsarbeit aus der Strategie ab (Pressemitteilungen, Verlosungsaktion, Plakate und anderes) und definieren, in welchen Schritten die Kampagne laufen soll (während der zweijährigen Pilotphase in Abständen, die das Thema kontinuierlich in die Medien und die Öffentlichkeit bringen).

Andere Beispiele für ein Kommunikationskonzept wären die Öffentlichkeitsarbeit für ein umstrittenes Straßenprojekt oder auch eine Neupositionierung des städtischen Images. Dabei können auch externe Agenturen hilfreich sein, die mit einem hilfreichen Blick von außen an die Themen herangehen, dafür allerdings auch ihren Preis haben. In anderen Fällen kann auch ein internes Team diese Arbeit leisten. Ob das Rathaus eine externe Agentur einschaltet, hängt vielerorts schlicht von der Kassenlage der Kommune ab.

2.5.3 Kanäle für viele: Zielgruppen der Öffentlichkeitsarbeit

Die Öffentlichkeitsarbeit richtet sich neben den Medien an diverse weitere Zielgruppen – oder Teilöffentlichkeiten, Dialoggruppen, Bezugsgruppen, wie sie PR-Fachleute auch nennen. Dazu zählen Institutionen und Einrichtungen wie andere Behörden, Vereine, Parteien, Kirchen und Schulen, ferner Anwohner und Bürgerinitiativen sowie einzelne Meinungsbildner oder Berufsstände wie Künstler, Ärzte oder Architekten.

Hier einige Beispiele, mit welchen völlig unterschiedlichen Zielgruppen es die Öffentlichkeitsarbeit zu tun hat:

- Während einer Pandemie oder Epidemie wie Corona klären Schreiben des Gesundheitsamtes Altenheime, Schulen oder vielfältig die Bürger über Risiken und Schutzmaßnahmen auf.
- Eine Hauswurfsendung informiert die Anwohner eines künftigen Bürgerhauses über das Projekt, Dauer der Bauarbeiten und mögliche Einschränkungen.
- Gemeinsam mit Nachbarbürgermeistern schickt der Rathauschef einen Forderungskatalog an das Land, um den kommunalen Finanzausgleich zu reformieren.
- In einer Bürgerversammlung präsentiert die Kommune Pläne für eine neue Umgehungsstraße und gibt Raum für Diskussionen zum Für und Wider des Projekts.
- Das Jugendamt informiert in Schulen, Jugendclubs und sozialen Brennpunkten über Angebote für Jugendliche in Not.
- Eine Kampagne für die Freiwillige Feuerwehr wirbt um Ehrenamtliche.
- Die Kommune holt Künstler und andere kulturell Interessierte an einen Tisch, um Ideen für ein lokales Kulturprogramm zu sammeln.
- Nachdem Gas aus der Chemiefabrik am Stadtrand ausgetreten ist, richtet die Verwaltung ein Bürgertelefon ein.

- Die Stadt prämiert die beste Schulwebsite.
- Der Stand auf einer überregionalen Immobilienmesse wirbt für den Gewerbestandort.
- Für die Senioren in Heimen organisiert das Rathaus eine gemeinsame Weihnachtsfeier.

Jede Zielgruppe verlangt unterschiedliche Mittel, will man sie erreichen. Unter den pflegebedürftigen Senioren dürfte nach wie vor unterm Strich nur eine Minderheit twittern – oder x-en, oder wie auch immer wir das nach der Umbenennung des Netzwerks des Eigentümerwechsels von Twitter in X nennen sollten. Auch den Anwohnern des künftigen Bürgerhauses ist mit einer allgemeinen städtischen Image-DVD alten Stils kaum noch gedient.

2.5.4 Film, Flyer, Event ...: Instrumente der Öffentlichkeitsarbeit

2.5.4.1 Imagefilme und Imageanzeigen

Filme und Anzeigen entwickelt das Rathaus in der Regel gemeinsam mit externen Anbietern, obwohl zumindest bei den Videos immer mehr die Möglichkeiten von Mobilgeräten, kostenlos verfügbaren Schneideprogrammen und den Social Media genutzt werden. Bei den Anforderungen an die Qualität gibt es verschiedene Stufen; so werden an einen Imageclip, der über mehrere Jahre multipel genutzt werden wird, andere Ansprüche gestellt als an einen kurzen Live-Clip einer Veranstaltung, der zum Beispiel per Smartphone über Facebook oder andere Plattformen verbreitet wird und auf das aktuell interessierte Publikum zielt. Bei aufwändigeren Produktionen und Ansprüchen lohnt es sich, in den Film Zeit und Geld zu investieren. Vielleicht lädt das Rathaus mehrere Produktionsfirmen zu einer Wettbewerbspräsentation ein, die ein erstes Konzept für den Film entwickeln. Ein solcher Storyboard ist eine Art skizzenhaftes Drehbuch, das die Dramaturgie des Films und die Text- und Bildsprache andeutet.

Bei Imagefilmen, die normalerweise um die zwei, drei Minuten dauern, sollte das Menu auch eine englische Tonspur bieten. Damit ist der Film vielfältiger einsetzbar. Je nach speziellen internationalen Verbindungen oder einer nahe liegenden Grenze können auch weitere Sprachen sinnvoll sein.

Ob indes Imageanzeigen für das Marketing von Städten und Gemeinden einen praktischen Werbewert haben, ist höchst unsicher. Oft dienen sie nur dazu, über den Anzeigenpreis ein bestimmtes Medium oder Projekt zu unterstützen, beispielsweise eine Schülerzeitung oder die Festschrift zu einem Vereinsjubiläum. Gerade bei gedruckten Produkten dürften sie gegenüber früher angesichts der zunehmenden Digitalisierung der Kommunikation in der Gesellschaft oft deutlich an Beachtung verlieren. Letztlich aber ist das eine Entscheidung der Kommune, die ihre lokale oder regionale Szene kennt und das nach ihren Verhältnissen einschätzen kann.

2.5.4.2 Broschüren und Flyer

Einige Verlage dienen sich den Rathäusern an, um für sie Stadtpläne, Imagebroschüren, Baubroschüren, Seniorenratgeber und viele andere Publikationen zu produzieren. Das Geschäftsmodell läuft folgendermaßen: Die Stadtverwaltung muss nichts für die Broschüre bezahlen, allerdings Informationen liefern und vor allem einen Werbebrief für Anzeigenvertreter des Verlags schreiben, die damit zu heimischen Firmen gehen und Inserate für die Broschüre akquirieren. Diese Anzeigen finanzieren dann das Heft. Die Ergebnisse sind oft ein uninspiriert zusammen gestopfter Prospekt, bei dem der Leser die Textblöcke mühsam zwischen Anzeigen aufstöbern muss. Manche so genannte Baubroschüre entpuppt sich als ein Heft mit Standardsätzen, die von Flensburg bis Garmisch gelten, und den Lokalbezug stellt lediglich eine Telefonliste mit den Ansprechpartnern in Rathaus und Landratsamt her.

Kann es sich eine Stadt finanziell leisten, sollte sie um solche Verlage einen Bogen machen und die Broschüre mit einem professionellen externen Anbieter nach eigenem Gestaltungswillen selbst zusammenstellen. Im Gegensatz zu den Offerten der Anzeigenverlage aber muss das Rathaus dabei tief in die Tasche greifen; bei einer anspruchsvollen Imagebroschüre in einer Auflage von ein paar tausend Stück ist man schnell mit 20000 bis 30000 Euro dabei. Eventuell kann das Rathaus zumindest einen Teil des Betrags durch einen Sponsor decken – etwa die heimische Sparkasse, die im Gegenzug eine ganzseitige Anzeige platzieren darf. Am besten enthält die Broschüre einen Link oder QR-Code, der online zu weiteren Informationen führt.

Inwiefern sich eine aufwändig gestaltete Broschüre heute noch lohnt, muss die Kommune entscheiden. Tatsächlich ist es schön, bei repräsentativen Auftritten wie auf Gewerbemessen, Informationsveranstaltung oder als Give-Away für auswärtige Delegationen etwas Repräsentatives zur Hand zu haben. Möglicherweise könnte das aber ein ziemlich kompaktes Produkt sein, das dann wiederum auf ausführlichere Quellen im Internet verweist. Andererseits bieten stimmig und interessante gestaltete Seiten mit großformatigen, sympathischen Bildern dem Betrachter ein Augenerlebnis, das vielleicht Lust macht auf mehr. Imagebroschüren mit all ihren Möglichkeiten freilich sind kein Schwerpunktthema für ein Buch, das sich auf die Medienarbeit einer Kommune konzentriert. Deshalb wird die Kommune nicht umhin kommen, welcher (auch finanzielle) Aufwand betrieben wird, um eine Broschüre zur eigenen Imagepflege zu erstellen.

Optimal wäre es, wenn das Rathaus ein Gesamtkonzept erarbeitet, wenn das Rathaus eventuelle Broschüren in ein Gesamtkonzept zur Kommunikation und zum Marketing der Kommune einbindet und dabei klärt, welches Ziel sie verfolgt und an welches Zielgruppen sie sich richtet. Im Rahmen eines solchen Gesamtkonzepts sind vielleicht auch Broschüren zu bürgerorientierten Teilaspekten sinnvoll, etwa „Kinderbetreuung in X-Stadt", „Kulturangebote in X-Stadt", „Die schönsten Spaziergänge in X-Stadt" …

2.5.4.3 Internetauftritt

Eine kunden- und auch journalistenfreundliche Homepage der Stadt oder Gemeinde ist heute ein Muss. Nach einer Studie nutzen 80 Prozent der deutschen Bevölkerung das Internet täglich.[52] Stärker als früher surfen auch die Senioren, wenn auch nicht so intensiv wie die Jugendlichen. Internet-Strategen sollten daher auch die User jenseits der Pensionsgrenze im Blick haben.

Den Surfern dient eine Homepage als digitales Willkommensschild einer Stadt oder Gemeinde. Kommunen, die stark vom Tourismus leben, können auch zwei Webseiten generieren: die eine für Bürger, Journalisten, politisch oder auf andere Weise fachlich Interessierte, die andere für Ausflügler und Urlauber. Beide Auftritte unterscheiden sich in Zielrichtung, Inhalt, Aufbau und Layout/Animation. Sofern internationaler Besucherverkehr eine große Rolle spielt, sollten auf der touristischen Homepage Texte auch in den Sprachen jener Länder abgefasst sein, aus denen die meisten Gäste kommen. Das gilt besonders für grenznahe Orte, in die viele Besucher aus dem Nachbarland kommen. Oder eine Kommune baut als zweiten Webauftritt eine wirtschaftsori-

52 www.ard-zdf-onlinestudie.de.

entierte Homepage auf, die sich gezielt an potenzielle Investoren richtet und zum Beispiel Gewerbeflächen vermarktet.

Journalisten gehören zu häufigen Nutzern von Homepages; Untersuchungen zufolge suchen sie vornehmlich aktuelle und auch frühere Pressemitteilungen sowie den Kontakt zur Pressestelle. Die Webdesigner müssen also einen schnellen Pfad zur Pressestelle oder anderen Ansprechpartnern für die Medien einrichten. Der Autor hat schon Städte gesehen, bei denen man in einer Suchfunktion lange ausprobieren musste, ob das Stichwort „Pressestelle", „Presse- und Öffentlichkeitsarbeit" oder dergleichen zum Ziel führte. Oder die Pressestelle war erst beim vierten oder fünften Klick erreicht, manchmal auch gar nicht. Ist die Suche derart mühselig, ruft der Journalist bei der Zentrale an, lässt sich ins Bürgermeisterbüro oder sonst wohin verbinden, um dann erst Informationen zu erhalten, die das Rathaus auch problemlos im Netz bereitstellen könnte. Vielleicht läuft ein solcher Anruf auch ins Leere, weil die Telefonzentrale bereits Dienstschluss hat. Gerade auswärtige Journalisten, die sich nicht regelmäßig im Rathaus einfinden, haben oft nicht die Durchwahl der Pressestelle parat.

Die Homepage kann neben kurzen Wegen zur Pressestelle auch ein Factsheet mit Eckdaten der Kommune bieten, am besten in mehreren Sprachen. Ohnehin sollte die Verwaltung Schlüsselbereiche des Webauftritts zumindest auch auf Englisch anbieten. Mit vergleichsweise geringem Aufwand kann das Rathaus aber noch in weiteren Sprachen über sich informieren: Es lässt das Factsheet multilingual übersetzen und bietet die einzelnen Versionen, markiert mit Länderflaggen, zum Herunterladen an. Weil das Internet häufig von Behinderten genutzt wird, sollte die Kommune ihren Netzauftritt barrierefrei gestalten. Beispielsweise müssen User die Schrift leicht vergrößern und ohne Maus über die Seite navigieren können.

Ob bei alledem die Homepage von der Pressestelle zentral betreut, in der IT-Abteilung oder dem Hauptamt konzentriert oder als Teamwork von Online-Redakteuren aus allen Bereichen der Verwaltung aktuell gehalten wird, ist weniger wichtig. Entscheidend ist: Sie muss „userfreundlich" sein.

2.5.4.4 Events

Im Rahmen der Öffentlichkeitsarbeit gestaltet die Stadt oder Gemeinde hin und wieder einen Event:

- Das Rathaus stellt sich bei einem Tag der offenen Tür vor.
- Die Stadt wirbt für sich auf einer Immobilienmesse.
- Das neue Bürgerhaus öffnet die Pforten.
- Ein Kommers zelebriert das Jubiläum der urkundlichen Ersterwähnung.
- Der Magistrat präsentiert in einer Bürgerversammlung die Pläne für die neue Stadtmitte.

Heutzutage werden etliche Termine sogleich zu einem Event ausgerufen. Doch der Begriff hat es in sich: Das deutsche Wort „Veranstaltung" beschreibt einen Event nur ungenau, ihm fehlt das emotionale, sinnliche Moment. Die Bezeichnung „Ereignis" hingegen klingt für manche Events zu hochtrabend, und spart die zielgerichtete, organisatorische Komponente aus. Fachlich gilt folgende Definition: Ein Event[53] ist eine geplante Veranstaltung mit einem fein abgestimmten Mix aus informativen, gefühlvollen, dramaturgischen und atmosphärischen Elementen.

Bei einem Tag der offenen Tür der Stadtverwaltung könnten die Ziele sein:

- informieren (etwa über die Arbeit der Stadtverwaltung)
- eine Stimmung erzeugen (lauer Wohlfühl-Sommerabend bei Musik vor dem Rathaus)
- emotionalisieren (Die Stadt ist nicht nur der Platz, wo wir wohnen, sondern auch unsere Heimat)
- aktivieren (Wir werden uns, sei es beruflich oder ehrenamtlich, in und für diese Stadt engagieren)

Informieren, eine Stimmung erzeugen, emotionalisieren, aktivieren: die vier klassischen Kommunikationsaufgaben von Events.

Auch können Events ein wichtiges Mittel der Kommunikation in Krisenfällen und bei heiß umstrittenen Themen sein, beispielsweise Bürgerversammlungen zu umstrittenen Straßenbauprojekten. Geht es um kommunale Themen, bei denen die Wogen hoch schlagen, sollte das Rathaus einen unabhängigen Moderator einschalten. Gerade bei kom-

53 Wer in dieses komplexe Thema etwas tiefer einsteigen will, findet beispielsweise bei *Schäfer-Mehdi* einen Überblick.

plexen Themen bietet sich auch ein Mediationsverfahren an mit Vertretern diverser Institutionen und Interessengruppen.

Ähnlich wie bei Pressemitteilungen und Pressekonferenzen müssen die Veranstalter zunächst klären: Welche Botschaft will die Verwaltung vermitteln, was steht im Fokus? An diesem Inhalt muss sich die Form orientieren. Allzu oft bereiten Verwaltungen einen Tag der offenen Tür vor und fangen erst nach einer ganzen Weile an nachzudenken (wenn überhaupt), was sie eigentlich damit bezwecken. Zur Idee eines gelungenen Events gehört aber mehr als nur der Wunsch „Wir wollen mal über unsere Arbeit informieren". Ein weiterführendes Ziel könnte es sein, einen Beitrag zu leisten, dass sich die Bürger stärker mit der Stadt identifizieren. Oder das Rathaus zeigt nach einer umfassenden Reform neue, serviceorientierte Wege durch die Verwaltung. Oder die Kommune stimmt auf ein bevorstehendes Stadtjubiläum ein; oder der Tag der offenen Tür wird als Markt im Hof des Rathauses organisiert, bei dem Vereine sich mit Ständen und einem Programm vorstellen – und so für mehr ehrenamtliches Engagement werben. Die Verwaltung könnte dabei aufklären: Wie fördert die Stadt das Ehrenamt, welchen Service bietet sie für Vereine?

Journalisten, die an Events teilnehmen, müssen besonders betreut werden. Vielleicht lädt das Rathaus sie ein, bereits vor Beginn der Veranstaltung zu kommen. Vor Eintreffen der großen Gästeschar könnte der Bürgermeister die Medienvertreter persönlich begrüßen und sie kurz über Hintergrund und Ablauf informieren. Während des Programms übernimmt dann der Pressesprecher ihre Betreuung. Gibt es keine Pressestelle, sollte der Bürgermeister eine andere Person aus der Verwaltung dafür benennen. Der Betreuer gibt Informationen, vermittelt Ansprechpartner und hilft beispielsweise den Fotografen bei der Suche nach guten Positionen für Bilder. So könnte er ihnen von einem Balkon aus eine interessante Perspektive für Fotos bieten. Der Medienbetreuer sorgt bei Bedarf auch für technischen Support, etwa wenn der Journalist kurz ins Internet muss. An einem Tag der offenen Tür dürfte das weniger nötig sein als an einem Wahlabend. Dann müsste die Verwaltung auch Telefon-Arbeitsplätze für die Journalisten bereitstellen. Die Berichterstatter haben zwar praktisch alle ein Smartphone, aber angenehmer können sie arbeiten, wenn sie sich abseits des Gedränges an einen Tisch mit Festnetzanschluss setzen und dort Kontakt mit der Redaktion aufnehmen können. Die Tische sollten dann so aufgebaut sein, dass die Journalisten arbeiten können, ohne sich gegenseitig zu stören. Neben dem technischen Support kümmert sich der Medienbetreuer je nach Art des Events auch um die Verpflegung für die Journalisten. Bilden sich lange Schlangen beim Catering, steht separate Presseverpflegung in einem abgetrennten Bereich bereit. Sollen sich die Berichterstatter ihr Essen selbst holen, gibt ihnen das Rathaus vorher Essensgutscheine, falls das Catering nicht kostenlos ist.

Um ein größeres Event zu planen, bildet die Verwaltung zunächst ein Team. Das Rathaus kann auch eine externe Agentur planen lassen, die zwar professionell arbeitet, dafür aber auch einen Preis verlangt, der für viele Kommunen unerschwinglich sein dürfte. Das Rathaus brieft diese Agentur zunächst. Dieses Briefing setzt den Rahmen mit so genannten harten Fakten (Anlass, Zielgruppe, Ort, Zeit, Dauer, Umfang der Leistung, Budget) und weichen (Ziele, zu erwartende Schwierigkeiten, Art der Unterstützung durch die Verwaltung, Einbettung des Events in die gesamte Kommunikationsstrategie des Rathauses). Auch wenn die Stadt oder Gemeinde keine externen Partner beauftragt, zeigen diese Inhalte, auf was das Vorbereitungsteam der Verwaltung bei Planungen dann selbst achten muss.

Die erste Idee mündet in ein Konzept. Es beschreibt zunächst die Ausgangslage, die Zielgruppe und die Ziele. Beispielsweise sollen sich die Bürger mehr mit ihrer Stadt identifizieren und sich ehrenamtlich engagieren. Oder die Planer setzen messbare konkrete Ziele, etwa sollen zehn Prozent mehr Bürger die Kurse der stadteigenen Volkshochschule besuchen. Dann formulieren die Verantwortlichen das Motto des Events, also die auf den Punkt gebrachte Idee, und geben die Strategie vor: Soll der Event in erster Linie informieren, emotionalisieren oder motivieren? Abgerundet wird das Konzept mit Angaben zur praktischen Umsetzung und dem Ablauf, den Kosten und rechtlich-finanzielle Fragen, beispielsweise den GEMA-Gebühren für die Unterhaltungsmusik. Hat die Kommune den Auftrag extern vergeben, muss die Verwaltung sich die Rechte am Konzept sichern, damit sie es ganz oder in Teilen auch für andere künftige Veranstaltungen nutzen darf.

Um dem Event einen originellen Dreh zu geben, bieten sich diverse kreative Leitideen an:

- Ein Ort wird zweckentfremdet (Der festliche Abend findet in einer leeren Werkshalle statt).
- Andere Stile oder Kulturkreise werden adaptiert (Die Eröffnung des Bürgerhauses wird als Veranstaltung im alten Rom inszeniert).

- Verhältnisse werden umgekehrt (Bei der Eröffnung der Kindertagesstätte hält nicht das Stadtoberhaupt die Hauptrede, sondern ein Mitarbeiter des Jugendamts).
- Veranstaltungsformen werden auf ungewöhnliche Weise kombiniert (Beim Tag der offenen Tür im Rathaus spielen Schüler auf den Fluren ein Theaterstück).

Die Ideen sollten aber einen realen Bezug haben: Die Eröffnung des Bürgerhauses mit römischen Stilelementen etwa ist dann sinnvoll, wenn die Stadt auf eine respektable römische Geschichte verweisen kann.

2.5.4.5 Weitere Instrumente

Es bieten sich noch zahlreiche andere Instrumente der Öffentlichkeitsarbeit an; aus Platzgründen seien sie hier nur angerissen:

- Strukturiertes Beschwerdemanagement
- Bürgertelefon
- Kulturelle Wettbewerbe
- Sponsoring von Veranstaltungen
- Führungen durchs Rathaus
- Patenschaften für Wanderwege oder Zootiere
- Fachvorträge von Mitarbeitern auf Tagungen
- Corporate Design mit Stadtlogo und einheitlicher Schrift in Publikationen und auf Visitenkarten
- Glückwunschschreiben an Jubilare

Zur Öffentlichkeitsarbeit zählen auch die Instrumente des Social Web. Fach- und Laienkreise diskutieren die interaktiven Möglichkeiten des Internets mit seinen Vor- und Nachteilen seit vielen Jahren derart heiß, dass wir diesem Thema einen eigenen Exkurs widmen.

2.6 Exkurs: Social Media – Volkes Stimme online

Neben den Elementen der klassischen Öffentlichkeitsarbeit sind längst die Plattformen und Angebote der Online- und Social-Media-Kommunikation ins Blickfeld der PR-Strategen gerückt. Die Bedeutung des Themas für die Zukunft der Informations- und Meinungsvermittlung rechtfertigt es, ihm einen eigenen Exkurs zu widmen – auch wenn es darin nicht primär um Kontakte mit den Medien als Informationsvermittler geht, sondern vor allem um den direkten Weg zum Endverbraucher, dem Bürger.

Wie rapide sich die Computer- und Online-Technologie entwickelt, spüren wir gerade in den Medien und in der Öffentlichkeitsarbeit. Noch in den 1980er Jahren tippten die meisten Redaktionen Artikel ganz analog auf Manuskriptpapier, Fehler merzten die Autoren dann mit Kuli oder Tipp-Ex aus. Gegen Ende der Dekade führten auch kleine Zeitungen schrittweise die PCs ein, und das Tackern der Schreibmaschinen wich dem dezenten Klackern der Keyboards. Anfangs wurden die per Computer eingegebenen Artikel auf Drängen des Betriebsrats mancherorts noch mit einem Sternchen hinter der Ortsmarke versehen – um abzuschätzen, wie sehr die schöne, neue Welt die Arbeitsplätze der traditionellen Setzer gefährdet. Die Masken für die Formatierung der Artikel wurden immer bedienfreundlicher; die Redakteure kopierten Texte zunächst auf Floppy-Discs und überspielten sie dann mit einem gesonderten Modem in die Zentrale, bevor Standverbindungen die Daten direkt vom eigenen PC ins Haupthaus jagten. In den 1990ern dann „bauten", wie es im Fachjargon heißt, die Redakteure die kompletten Seiten am Bildschirm, fungierten in Personalunion als Planer, Texter, Layouter, Bildbearbeiter und digitale Setzer. Auf der anderen Seite des Schreibtisches hielten die Pressestellen mit, gingen von Briefpost und Fax zu Homepage und E-Mail über. Texte und Digitalfotos laufen heute während oder direkt nach der Pressekonferenz annähernd in Echtzeit per Mail in den Redaktionen ein. Manche Informationen werden auf Dienstreisen in mobile Geräte eingetippt und landen von unterwegs aus direkt in den Heimatredaktionen. Die Kehrseite der Medaille: In der Politik werden schnelle Entscheidungen immer wichtiger als richtige Entscheidungen. Permanente Erreichbarkeit zwingt zu permanenter Entscheidung. Zeit zum Nachdenken bleibt oft nicht, wie es Beobachter der Berliner Politikszene registrieren: „Die Hysterisierung, die schon durch Fernsehen und Printmedien angefacht wird, nimmt weiter zu."[54]

Schlagen wir in 30 Jahre alten PR-Ratgebern nach, nach welchen inhaltlichen Prinzipien wir eine Pressemitteilung aufbauen sollen, gelten die Tipps weitgehend heute noch. Wollen wir aber aus erst drei oder vier Jahre alten Büchern erfahren, wie wir die neuen Möglichkeiten der Online- und Internetkommunikation nutzen können, sind die einst aktuellen Kompendien eher noch für Historiker von Interesse. Da

54 „Die zerhackte Zeit" (in: Der Spiegel 2/2011).

warnt der eine Autor dringend, wir sollten keine Word-Anhänge versenden, weil es zu lange dauere, sie zu öffnen. Da rät der andere davon ab, digitale Fotos mitzusenden, weil ein 1- bis 2-Megabyte-Bild die Postfächer verstopfe. Ein Dritter hält den Versand der Pressemitteilungen per Briefpost immer noch für vertretbar.

Dann tauchte das so genannte Web 2.0 aus den Nebeln der Datenwolken auf: das Internet mit erweiterten Möglichkeiten, in dem die Nutzer nicht nur lesen, was andere ins Netz gestellt haben, sondern mit ihnen diskutieren, selbst gestalten, sich zu Gruppen zusammenschließen, online in Echtzeit miteinander plaudern, aktiv Kontakte knüpfen, sei es aus beruflichen oder privaten Gründen. Kommunizieren statt konsumieren, sich sozialisieren statt isolieren wurde die Devise; daher hat sich für diesen Quantensprung des Internets auch der Begriff Social Media eingebürgert. Diese aktive Vernetzung beschleunigte dann nochmals die Evolution der gesamten digitalen Kommunikation. Kaum war ein Flugzeug im Hudson River notgewassert, eine iranische Demonstrantin in Teheran getötet und ein Amokläufer quer durch das schwäbische Winnenden gehetzt, hatte sich ein Politiker einen Fauxpax auf einer Pressekonferenz geleistet oder gab es aktuelle Entwicklungen von Kriegs- und Krisenherden in Osteuropa oder Nahost, avancierte die Kurznachrichten-Plattform wie Twitter, heute „X“, mit ihren Echtzeit-Informationen und -gerüchten zum kommunikativen Hoffnungsträger – trotz stetiger Debatten um Falschnachrichten, Informationsüberfrachtungen, Belanglosigkeiten und Hassparolen.

Je weiter allerdings die Zeit voranschritt, desto mehr Beispiele belegten, dass die Medien des Web 2.0 zu einer Konkurrenz der etablierten Kanäle mutierten. So avancierten bei den arabischen Umsturzbewegungen Anfang 2011 in Ägypten, Libyen und anderen Staaten Twitterer, YouTube-Fütterer und Blogger zu den ersten Nachrichtenquellen für die internationalen Medien. Vermutlich wäre die deutsche Revolution von 1989 noch rasanter abgelaufen, wenn die Demonstranten in der DDR sich mit Handy, Smartphone, Twitter und Facebook hätten organisieren können.

Einerseits treten die Internetplattformen als Konkurrenz der klassischen Medien auf, andererseits treiben beide den Informationsfluss namentlich in stürmischen Zeiten voran. Ein Beispiel für diese Wechselwirkung lieferte die Affäre um die Doktorarbeit des Bundesverteidigungsministers Karl-Theodor zu Guttenberg im Februar/März 2011. Erste Vorwürfe, seine Dissertation sei in Teilen ein Plagiat, wurden in klassischen

Printmedien erhoben. Daraufhin sammelten Kritiker auf Internetplattformen erdrückend viele Belege für Verstöße gegen wissenschaftliches Ethos, was dann wiederum die klassischen Print- und AV-Medien aufgriffen. Unter dem Druck der Kritiker, auch in den eigenen Parteireihen, trat der Verteidigungsminister zurück. Nun formierten sich im Internet binnen weniger Tage massiv Guttenberg-Anhänger und forderten seine Rückkehr auf die politische Bühne – worüber dann ebenfalls die klassischen Print- und AV-Medien berichteten.

Von der internationalen und nationalen Politik zurück auf den Boden des kommunalen Lebens. Hier haben längst Städte, Gemeinde und Landkreise die Möglichkeiten des Web 2.0 entdeckt, sich auf Facebook und anderen Portalen platziert. Derlei Auftritte erfordern neben fundierten Online-Kenntnissen Personal, um den Austausch zu beobachten und aktuell zu halten, das aber wäre an dieser Stelle ein komplett anderes Thema. Gleichzeitig wuchsen die Bedenken wegen des Datenschutzes, da die Nutzer der zumeist in Amerika gegründeten Plattformen etliches von ihren heimischen Datenschutzanforderungen preisgaben. Insofern gab es in jüngeren Jahren einhellige Warnungen öffentlicher Datenschutzbeauftragter, solche Plattformen zu nutzen. Trotz all dieser Warnungen, in denen etwa geraten wurde, datenschutzrechtlich unbedenkliche Dienste zu nutzen oder zumindest exakt die gleichen Informationen auf „traditionellen" Kanälen wie der eigenen Homepage zu teilen, ist die Diskussion noch nicht ausgestanden. Wie schaffen Kommunen den Spagat zwischen Datenschutz und dem Willen, eine direkte, bürgernahe Kommunikation zu gestalten? Um es anders zu formulieren: Datenschützer wollen Facebook & Co gebannt sehen, Verwaltungen bis hinauf zur Bundesregierung schätzen sie als Möglichkeit, den Bürger direkt zu erreichen und wollen sich das nach mühevollen Jahren des Aufbaus nicht mehr nehmen lassen. Die Diskussion ist zurzeit der Abfassung dieses Buches immer noch im Gange.[55]

55 Zusammenfassender Überblick z. B. auf https://kommunal.de/kommunen-facebookseiten-abschaltung.

3. Wenn es knirscht im Gebälk: Verhalten in Konfliktfällen

3.1 Flucht, Vernichtung, Konsens: Strategien im Konfliktmanagement

Angeblich machen auch Bürgermeister einmal Fehler. Vielleicht hat sich der Rathauschef im Wort vergriffen, vielleicht hat er falsch entschieden, eine Entwicklung nicht richtig eingeschätzt. Solange so etwas nicht gehäuft vorkommt, kann er sich unter Umständen mit dem Hinweis „Mittwochs ist man schlauer als montags“ aus der Affäre ziehen. Es gibt Situationen, in denen sich ein Stadt- oder Gemeindeoberhaupt zu einem Fehler bekennen muss. Ein klares „Mea culpa“ kann ein schmerzhaftes, zähes Rückzugsgefecht abwenden. Allerdings sollte der Rathauschef sich auf konstruktive Art und Weise für verantwortlich erklären; es gilt das Prinzip: Das war ein Fehler, aber wir arbeiten schon daran, so etwas künftig zu verhindern.

Nehmen wir jetzt aber einmal an, der Bürgermeister hat keinen Fehler gemacht, und der Schwarze Peter liegt bei den Medien. Grundsätzlich kann die Verwaltungsspitze solche Konflikte mit verschiedenen Strategien lösen. Auf die Presse- und Öffentlichkeitsarbeit übertragen, sehen die Optionen in etwa so aus[56]:

- Flucht. Der Bürgermeister schweigt, äußert sich nicht zu Anwürfen, meidet die Journalisten, igelt sich ein. Diese Strategie ist kaum geeignet, das Problem zu lösen, weil sie den Kritikern das Feld überlässt. Wenn der Verwaltungschef aus wohl überlegten Gründen nichts sagen will, weil zum Beispiel Persönlichkeitsrechte von Dritten berührt sind, sollte er wenigstens begründen, warum er nichts sagen kann und darf.
- Vernichtung. Ein Kleinkrieg mit den Medien reibt in aller Regel den Bürgermeister eher auf, als dass er den Konflikt löst. Das Ziel, ein Medium zu „vernichten“, etwa durch Versuche, Anzeigenkunden zu beeinflussen, um ihm die wirtschaftliche Grundlage zu nehmen, läuft zudem dem Geist der Pressefreiheit zuwider. Der Schuss kann nach hinten losgehen, wenn das Medium diese Versuche öf-

56 *Furchert* hat sich mit der Übertragung von Konfliktlösungsstrategien auf die Presse- und Öffentlichkeitsarbeit eingehend befasst.

fentlich macht. Dann steht der Bürgermeister mit heruntergelassenen Hosen da.

- Unterordnung. Das Wort wirkt drastisch; in Wahrheit geht es darum, die Sicht des Rathauschefs in der Berichterstattung durchzusetzen oder ihr zumindest Raum zu geben. Dazu zählt die Richtigstellung, mit der das Medium einen Bericht korrigiert. Wenn sich aber umgekehrt der Bürgermeister zu einem Fehler bekennt, wie oben beim „Mea culpa" beschrieben, ist das ebenfalls eine Form der Unterordnung – allerdings von der anderen Seite.
- Delegation. Ein Vermittler springt ein. Das kommunale Oberhaupt setzt zum Beispiel seinen Pressesprecher oder Büroleiter in Marsch, er solle „die Sache mal klären". Oder er spricht den Herausgeber der Zeitung an, mit dem der Bürgermeister gut bekannt ist, ob er die Sache nicht intern in seiner Zeitung regeln könnte.
- Kompromiss. Beide Seiten finden eine Lösung; jeder gibt ein Stück nach und wahrt dabei sein Gesicht: Die Zeitung schreibt nicht, sie habe falsch berichtet, sondern sie korrigiert eine falsche Behauptung quasi en passant in einem späteren Artikel, der das Thema erneut aufgreift. Oder der Rathauschef sagt der Zeitung zu einer Sache wegen laufender Verhandlungen derzeit noch nichts, sichert aber zu, nach Abschluss der Gespräche sofort und umfassend zu informieren.
- Konsens. Beide Seiten entscheiden sich für eine Lösung, hinter der sie ohne Abstriche voll stehen können. Gerade bei heftig umstrittenen Themen oder tiefen Zerwürfnissen mit verhärteten Fronten ist dieses Optimum menschlicher Konfliktlösung allerdings kaum zu erreichen.

3.2 Reaktion durch Information: Aufklärung per Medienarbeit

Glücklich derjenige, der missratene Zeitungsartikel und Sendungen mit den klassischen Mitteln der Medienarbeit korrigieren kann, etwa durch faktengesättigte Pressemitteilungen. Oft aber liegen die Dinge nicht so eindeutig. Da geht es zum Beispiel darum, wer einen Streit vom Zaun gebrochen hat, oder wer eine bestimmte Misere zu verantworten hat.

Ein Beispiel für den feinen Unterschied – die stets beliebte Frage, wer verantwortlich ist für die hohen Schulden der Stadt:

Ein Redakteur schreibt, die Stadt sei die große Schuldenmacherin im Kreis, und der Bürgermeister habe das mit seiner unsoliden Finanzplanung zu verantworten. Hat in Wahrheit aber die Stadt nur die dritthöchsten Schulden im Kreis, dann kann der Verwaltungschef das klarstellen und auf diese Weise den persönlichen Vorwurf gegen ihn relativieren, wenn nicht gar ad absurdum führen.

Hat die Stadt aber in der Tat die höchsten Schulden, wird die Sache schon schwieriger. Dann setzt die Diskussion ein, woran das liegt: Am Wegzug dreier Großunternehmen, die damit die Einnahmen aus der Gewerbesteuer drastisch schrumpfen ließen, weshalb allerlei Investitionen nun über Kredite finanziert werden mussten? An chronisch defizitären Einrichtungen wie dem kommunalen Hallenbad, die der Rathauschef als Altlast von seinem Amtsvorgänger übernahm? An steigenden Soziallasten, die nicht voll vom Bund abgefangen werden? Oder in der Tat an der Unfähigkeit des Stadtoberhaupts? Über die Ursachen von Schuldenbergen streiten Politiker und Journalisten genauso gerne wie über die Ursachen von Wirtschaftsflauten oder die wirklichen Arbeitslosenzahlen. Hat der Bürgermeister die Misere nicht zu verantworten, sollte er in der Diskussion mit Aufklärung und klaren Fakten zur Ursache der hohen Schulden gegenhalten.

Zeichnet sich in den Medien eine Tendenz ab, ein Thema wie die Schulden permanent falsch darzustellen, wäre das ein Anlass für ein gelegentliches Pressegespräch, um den Journalisten zu zeigen, dass sie auf dem Holzweg sind. Da macht es sich gut, wenn der Leiter des Finanzwesens mit am Tisch sitzt. Gesellt sich der authentische, ausgewiesene Experte zur Runde, überzeugt das Medien vielleicht eher, als wenn nur wieder das Stadtoberhaupt spricht. Hier kann das Rathaus Fachkompetenz voll ausspielen.

Ist das Thema überschaubarer, kann die Verwaltung auch ein Dementi absetzen. Damit widerspricht es einer Berichterstattung oder Kommentierung. Viele verwechseln das mit der streng formalisierten Gegendarstellung. Im Gegensatz zu ihr aber kennt das Dementi keine Fristen, hat keine feste Form, kann schriftlich oder mündlich abgegeben werden. Zudem kann die Redaktion ohne nähere Begründung ablehnen, es zu drucken, sie kann es kürzen oder wertend verarbeiten, etwa als Stellungnahme innerhalb eines Artikels im Lauftext („Während die Opposition dem Bürgermeister finanzielle Unfähigkeit vorwirft, weist dieser alle Schuld von sich: Die Gründe für die Schulden lägen außerhalb seiner Verantwortung – ein Dementi, das bei der Opposition nur Hohnlachen hervorruft …“). Den eher lockeren Umgang mit einem solchen Konter spiegelt auch ein Bonmot, das Bundeskanzler Konrad

Adenauer zugeschrieben wird: „Ich gebe Ihnen die Antwort zu 50 Prozent gelogen, dann verdienen Sie noch was am Dementi."

Der Leserbrief bietet eine weitere Möglichkeit, einer Behauptung oder Meinung entgegenzutreten. Der Vorteil liegt in der hohen Aufmerksamkeit: Leserbriefe gehören zu den meistgelesenen Teilen einer Zeitung – weil sich darin unverblümt Volkes Stimme äußert. Und genau das ist der Nachteil dieses Instruments für die kommunalpolitische PR: Im Leserbrief sollen sich eigentlich diejenigen äußern, die sonst öffentlich keine Stimme haben. Sollen sich an dieser Stelle auch wieder das Stadtoberhaupt oder andere tummeln, die ohnehin permanent in der Zeitung vorkommen? Ob der Bürgermeister einen Leserbrief schreibt (oder von Gesinnungsgenossen einen schreiben lässt), ist also eine moralische Frage. Gleichwohl bietet sich der Leserbrief im Konflikt mit Redaktionen manchmal als Kompromiss an: Lehnt die Redaktion ein Dementi ab, etwa weil es schon stark gekürzt in einem früheren Artikel eingebaut war, dann bietet sie auf diese Weise dem Bürgermeister der guten Stimmung wegen die Möglichkeit, seinen Konter in einem anderen Text, quasi in anderem Gewand, nochmals zu bringen. Das aber in Absprache mit der Redaktion – bestellte Leserbriefe, mit der der Rathauschef seine Parteifreunde losschickt, damit sie mit ihrem Namen darunter die Zeitung mit seiner Meinung bombardieren – das wird irgendwann ruchbar oder zeigt sich in einer eigentümlichen Übereinstimmung von Argumentation, Wortwahl oder manchmal auch aufgrund des Namens des Adressaten, der der Redaktion aus der politischen Szene bekannt ist. Es kann passieren, dass die Redaktion dann keine Leserbriefe zu diesem Thema mehr abdruckt oder die Kampagne selbst zu einer Geschichte macht.

In gravierenden Fällen kann das Stadt- oder Gemeindeoberhaupt auch kurzfristig zu einer PK einladen. Das Thema einer solchen Ad-hoc-Pressekonferenz muss wichtig und dringend genug für einen solchen Schritt sein. Beispiele wären: Der Verwaltungsgerichtshof hat der Stadt in einem höchst umstrittenen Bauverfahren gegen eine umtriebige Bürgerinitiative Recht gegeben; der Bürgermeister erklärt nach heftigen Vorwürfen seinen Rücktritt. Klassisches Beispiel für Ad-hoc-Pressekonferenzen sind Katastrophen und – im Polizeibereich – Mehrfachmorde, vor allem Amokläufe. Die entscheidende Rolle spielen in diesen Fällen aber oft andere Institutionen und Verwaltungsebenen, etwa der Landrat als oberster Katastrophenschützer oder die Polizei. Die Ad-hoc-Pressekonferenz folgt den gleichen Linien wie die von längerer Hand vorbereitete Pressekonferenz: Es äußert sich nur derjenige, der in einem Thema kompetent ist; die Redner bringen sachlich abgegrenzte, klare und kurze Statements; es gibt keine Spekulationen; Journalisten können Fragen stellen; der Einladende setzt einen deutlichen Schlusspunkt. Die Form und Organisation ist aber eher improvisiert als ausgefeilt geplant: Möglicherweise findet die Pressekonferenz im Stehen zwischen zwei Terminen statt, und anstelle von umfangreichem, visualisiertem Material erhalten die Medien als Unterlage nur ein kurzes Statement auf dem Papier. Die klarstellenden Informationen sollen schnellstmöglich an die Medien gehen, um weiteren Gerüchten und Spekulationen vorzubeugen – das ist das oberste Ziel.

3.3 Persönlich werden: Gespräche mit den Medien

Will sich bei der Bundeswehr ein Soldat über einen Vorgesetzten beschweren, kann er das frühestens am nächsten Tag nach dem Vorfall[57]: Er soll erst einmal eine Nacht darüber schlafen, vielleicht sieht dann die Welt ganz anders aus. In der Tat: Manches Alltagswort, manche Bemerkung in einem Zeitungsbericht verliert mit zunehmendem Abstand an Dramatik. Wer von einem Bericht direkt betroffen ist, fühlt sich leicht verletzt. Wer verletzt ist, kommt leicht in Rage. Wer in Rage kommt, greift schnell zum Telefonhörer oder zur E-Mail, um loszudonnern. Und macht damit vielleicht alles noch schlimmer. Schlägt der Bürgermeister die Zeitung auf und muss darin einen Verriss über sich lesen, steigt vielleicht sein Blutdruck, und er will dem Journalisten am liebsten sofort Saures geben, dem Schuft. Weil der Vorwurf ins aktuelle Geschehen eingreift, bleibt vielleicht nicht die Zeit von einer Nacht, wie sie etwa dem Bundeswehrsoldaten aufgezwungen ist. Dennoch hilft zunächst einmal nur eins: Gelassenheit.

Nachdem dem Bürgermeister bei der Zeitungslektüre vor Schreck das Brötchen aus dem Mund gefallen ist, muss er die Krümel wegräumen und erst einmal gnadenlos ehrlich prüfen:

- Hat der Journalist recht oder unrecht?
- Was kann ich konkret dazu sagen?
- Wie groß ist der Schaden, der durch einen falschen Bericht entsteht? Ist das Thema vielleicht eine Marginalie, die sowieso keinen Leser hinter dem Ofen hervorlockt?

57 § 6 WBO (Wehrbeschwerdeordnung).

- Überwiegt der Schaden, wenn ich die Sache aussitze und wehrlos erscheine – oder wenn ich durch mein Dementi dem Journalisten helfe, die krude Story „weiterzudrehen", wie es im Medienjargon heißt?
- Oder muss ich hier ungeachtet dieses Risikos schlicht ein Zeichen setzen – und zeigen, dass ich mir das nicht bieten lasse und der Journalist weiß: er muss künftig sorgfältiger berichten?
- Muss ich noch heute reagieren? Oder hat das Zeit bis zu einem gelegentlichen klärenden Gespräch?
- Sollte ich mich nicht erst einmal mit meinen Fachleuten beraten?
- Melde ich mich per E-Mail oder überzeuge ich besser am Telefon?
- Sollte ich mich selbst in der Redaktion melden, oder überlasse ich das meiner Pressestelle?
- Soll ich den kurzen Draht zum Autor des Berichts suchen oder mich ganz hierarchisch nach dem Prinzip „Ober sticht unter" an den Ressortleiter oder Lokalchef halten, wenn nicht gar an noch höhere Personen in der Redaktionshierarchie?

Die Antworten fallen je nach Thema, Medium, den Umständen und den beteiligten Charakteren unterschiedlich aus. Pauschallösungen gibt es hier nicht, das ist eine Frage des Fingerspitzengefühls. Grundsätzlich gilt: Solange nicht eine böswillige, verleumderische Absicht zu erkennen ist, sollte das Rathaus auf Konsens zielen, auf freundliche, lockere Verständigung. Auf jeden Fall sollte persönliche Betroffenheit (und Getroffenheit) zurückstehen.

Über die Sache muss der Bürgermeister in der Regel nicht hoch offiziell bei einem Besuch in der Redaktion sprechen. Je nach der Nähe zu dem Medium kann es auch ein Essen oder ein Treffen „auf ein Bier" tun. Das ist gerade in Fällen wichtig, in denen es ein mittel- oder langfristiges Problem gibt, das Stadt- oder Gemeindeoberhaupt die Angelegenheit also nicht sofort klären muss. Ungeschickt wäre es allerdings zu fragen: „Haben Sie was gegen mich?" Damit ist der konfrontative Charakter des Gesprächs schon vorgezeichnet. Eleganter wäre es, die Haltung des Journalisten behutsam zu erschließen: „Mir scheint, wir haben ein paar ungeklärte Fragen. Gibt es etwas Besonderes, bei dem Ihnen der Schuh drückt?"

Um das Verständigen ein wenig zu fördern, bietet sich auch (ähnlich wie bei einem Redaktionsbesuch) ein kleines Informationsbonbon an. Dem Journalisten wird eine exklusive Nachricht, ein Hinweis, irgendetwas geboten, um Bereitschaft zur Kooperation zu signalisieren und sich für die Zukunft mehr Sorgfalt zu sichern.

Es gibt allerdings auch Beispiele, bei denen der berühmte „Hopfen und Malz verloren ist". Ein überzeugter Gegner des Bürgermeisters will diesen vorführen, wo es nur geht – da braucht der Rathauschef nicht zu Kreuze kriechen. Er kann versuchen, den Konflikt mit dem Vorgesetzten des Journalisten zu regeln oder er kann andere Wege gehen, die wir im Folgenden betrachten. Nicht alle von ihnen sind allerdings zu empfehlen.

3.4 Muskelspiel: Moralischer und persönlicher Druck

Läuft es nicht auf die freundliche Art und Weise, dann sucht mancher sein Heil in der nächsten Eskalationsstufe: die persönliche Intervention bis hin zur Drohung. In Actionfilmen pflegen Politiker missliebigen, tapferen Journalisten finstere Gestalten auf den Hals zu hetzen, um ihnen ein Angebot zu machen, das sie nicht ablehnen. Da werden Bremsleitungen des Journalistenwagens angeschnitten, Sprengsätze mit der Autozündung gekoppelt, da tanzen nachts vermummte Schreckgestalten vor dem Fenster, schlagen den Journalisten in einer verwinkelten Gasse krankenhausreif oder entführen dessen Ehefrau. Zumindest in einer freien Gesellschaft wie der unsrigen freilich kommen die Drohgebärden etwas gesitteter daher.

Da geht der Bürgermeister zum Lokalchef und knurrt ihn an: „Jetzt mal Klartext gesprochen: Wenn Sie mir noch mal diesen Kerl da zur Pressekonferenz schicken, dann haben wir die längste Zeit mit Ihnen zusammengearbeitet." Oder er droht dem Journalisten direkt: „Stellen Sie das richtig, oder Sie kriegen von mir demnächst nicht mehr als die reguläre Pressemitteilung, die an alle geht". Oder er spielt über Bande und geht zum Herausgeber – zufällig ein alter Freund: „Du, sag mal, da sitzt einer in eurer Redaktion, der macht mir wirklich Sorgen. Ich weiß ja, dass ihr mal auf die Pauke hauen müsst, aber der da, ich glaube, der schadet dem Ansehen deiner Zeitung. Zumindest nach dem, was ich so höre. Vielleicht wäre es gut, da mal ein bisschen nach dem Rechten zu sehen. Weißt du, meine Familie leidet auch unter diesen Vorwürfen, die Kinder werden schon in der Schule angepöbelt …"

Manchmal wird auch die fiskalische Karte gespielt, die unverhohlene Drohung mit Anzeigenentzug. Ein Beispiel, das der Autor selbst erlebt hat:

In einer Lokalzeitung zog ein Redakteur über die Goldkettchen eines Kreispolitikers her. Der Lokalchef ließ das im hektischen Tagesgeschäft durchgehen, aber erst als die Partei des Goldkettchenträgers sich beim Verleger der Zeitung meldete und drohte, künftig keine Anzeigen mehr zu schalten, entsann sich plötzlich der Verlag der Goldkettchen-Glosse und betrieb die fristlose Kündigung des Redakteurs. Alle, denen das vorher nicht aufgefallen war, schüttelten plötzlich den Kopf über die Goldkettchen-Glosse – der Lokalchef eingeschlossen: „Wie konnte der nur so was schreiben?!" Die Kündigung hatte schließlich Erfolg. Der betroffene Redakteur war beileibe nicht über alle Zweifel erhaben, und eine Sternstunde des Journalismus war seine Glosse auch nicht gewesen. Peinlich für den Verlag war: Die mangelnde Qualität fiel erst auf, als die angegriffene Partei mit Anzeigenentzug drohte.

Die Geschichte wird kein Einzelfall sein. Es dürfte landauf, landab noch andere Redaktionen geben, die Ähnliches erlebt haben.

Auch wenn die Beziehungen zu maßgeblichen Medienleuten das Stadtoberhaupt zur Intervention auf dem kurzen Dienstweg verführen, auch wenn Drohgebärden punktuell Erfolg haben mögen – so muss sich ein Rathauschef doch die Frage stellen, ob sich solche Strategien mit der Meinungs- und Pressefreiheit decken. Die kurze Drohung scheint bisweilen eine schnelle und einfache Lösung. Sie mag funktionieren, doch dann kommt das böse Erwachen. Das Stadtoberhaupt macht sich damit auf Dauer in den Redaktionen unbeliebt. Sie könnten es ihm heimzahlen, früher oder später, auf dem einen oder anderen Weg. Sie müssen dazu nicht eine böse Glosse über ihn veröffentlichen; sie können ihn in Berichten von Ereignissen gezielt ignorieren oder auch nur den ein oder anderen Kommentar sein lassen, der bei Lage der Dinge zum Lob auf das Rathaus geraten wäre. Oder das Medium macht die wie immer gearteten Drohungen öffentlich, und der Bürgermeister ist blamiert.

Nicht minder heikel ist die entgegengesetzte Variante: Der Rathauschef macht sich Journalisten durch Vergünstigungen oder Geschenke gefügig. Auch diese Geschichte kann ihn einholen. Spätestens dann könnte so etwas aufs Tapet kommen, wenn der Stern des Stadt- oder Gemeindeoberhaupts ohnehin am Sinken ist. So widerfuhr es einer Rathauschefin im Hessischen, die ob ihrer Gutsherrenart in Verruf geraten war und schließlich wegen persönlicher Vorteilsnahme das Amt verlor. Als sie auf dem absteigenden Ast war, packte so mancher getriezte Mitarbeiter oder missgünstiger Parlamentarier aus und kolportierte, welch großzügigen Geschenke sie Journalisten gemacht hatte, um sich ihres Wohlwollens zu versichern.

Eine institutionelle Form der Intervention sind die Selbstkontrolle- und Aufsichtsgremien der Medien. Für die Druck- und Online-Ausgaben der Zeitungen ist der Deutsche Presserat zuständig, für den Rundfunk sind es im öffentlich-rechtlichen Sektor die Rundfunk-Verwaltungsräte und bei den Privaten die Landesmedienanstalten. An diese Gremien kann sich jeder wenden, dem nach eigener Auffassung durch die Medien Unrecht widerfahren ist.

Der Presserat entscheidet auf Grundlage des Pressekodex[58], der die Standesregeln definiert – von der Achtung der Menschenwürde bis zur Unbestechlichkeit des Journalisten. Gibt er einer Beschwerde statt, reichen die Sanktionen von einem Hinweis an das Medium und einer Missbilligung, die es nicht veröffentlichen muss, bis zur Rüge, die in der Regel abzudrucken ist. Dazu haben sich die Printmedien verpflichtet. Ob eine Intervention beim Presserat etwas bringt? Viele Publizisten bezweifeln das. Sie sehen das Gremium als zahnlosen Tiger – zum einen, weil das Publikum Rügen schnell vergisst, zum anderen, weil das Verfahren sehr lange dauert und sich die Leser bei Veröffentlichung dann kaum noch an den betreffenden Fall geschweige denn an den inkriminierten Artikel erinnern. Befürworter der Presserat-Intervention hingegen sehen einen erzieherischen Effekt: Eine Rüge abzudrucken, sei von Natur aus peinlich. Daher habe eine Rüge eine pädagogische Wirkung auf die kritisierte Redaktion. Zumal, wenn Konkurrenzzeitungen bisweilen genüsslich über solche Hinweise berichten.

Eine Eingabe beim Presserat mag angehen, wenn die üblichen Mittel der persönlichen Kommunikation nicht funktionieren und rechtliche Bestimmungen zu Gegendarstellung, Unterlassungserklärung und dergleichen nicht greifen. In der überwiegenden Zahl der Fälle aber hat das Presseratsverfahren alleine wegen seiner Dauer für einen Bürgermeister im aktuellen Tagesgeschäft wenig Sinn.

58 www.presserat.de.

3.5 Das letzte Wort hat Justitia: Rechtliche Optionen

3.5.1 Von Tatsachen und Meinungen

Auch wenn Rechtsstreite und presserechtliche Instrumente in Darstellungen zur Presse- und Öffentlichkeitsarbeit oft breiten Raum einnehmen, kommen sie in der kommunalen Praxis selten vor. Für den Fall der Fälle sind sie hier kursorisch beschrieben. Wer aus aktuellem Anlass intensiver ins Thema einsteigen will, den erwartet eine ganze Bibliothek juristischer Literatur[59]. Er ist danach verwirrt, aber wenigstens auf höherem Niveau. Wird es ernst, führt am Ende wohl kein Weg an einem externen Anwalt vorbei.

Grundsätzlich unterscheidet das Presserecht zwischen einer Tatsachenbehauptung und einer Meinungsäußerung. Die Grenze ist nicht klar gezogen, es gilt aber die Faustregel: Eine Tatsachenbehauptung lässt sich anhand von Fakten zweifelsfrei beweisen, eine Meinungsäußerung nicht. Das hat Konsequenzen bei den rechtlichen Geschützen, die der Bürgermeister gegenüber den Medien auffahren kann. Dreht sich der Streit um eine Tatsachenbehauptung, kann der Rathauschef bei den Medien eine Unterlassungserklärung erwirken; in ihr erklärt ein Medium, es werde eine bestimmte Äußerung nicht veröffentlichen oder wiederholen. Er kann auch einen Widerruf und eine Gegendarstellung durchsetzen. Hadert er hingegen mit den Medien wegen einer Meinungsäußerung, bleibt ihm alleine der Anspruch auf Unterlassung. Darüber hinaus können rechtswidrige Äußerungen in den Medien generell Schadensersatz und Schmerzensgeld nach sich ziehen.

Der Bürgermeister muss im Einzelfall entscheiden, ob es für ihn günstiger ist, juristisch gegen ein Medium vorzugehen oder den Konflikt einfach auszusitzen. Gewiss sollte der Rathauschef nicht zum Prozesshansel mutieren, der beim kleinsten Dissens vor den Kadi zieht. Stets kampflos aufgeben im Sinne von Friede, Freude, Eierkuchen sollte er aber auch nicht. Manchmal ist die Grenze erreicht, an der ein Bürgermeister ein Zeichen setzen muss, und das kann dann auch im Sinne eines seriösen Journalismus sein. Der Satz „Der Klügere gibt nach" ist genauso populär wie falsch: Er überlässt die Welt den Dummen.

Ein paar Möglichkeiten der Richtigstellung haben wir bereits kurz beleuchtet, etwa das Dementi, den Leserbrief, eine Rüge beim Presse-

59 Einen umfangreichen Überblick neueren Datums geben zum Beispiel *Soehring/Hoene.*

rat. Darüber hinaus gibt es ein paar Instrumente, für die laut Gesetz bestimmte Voraussetzungen gelten und die teils an definierte Verfahren und Formen gebunden sind.

3.5.2 Ohne Gewähr: Die Gegendarstellung

Das Wort „Gegendarstellung" steht schnell im Raum, wenn die Presse Ärger macht. „Unglaublich, was die da verzapft haben!" wettert das Stadtoberhaupt bei der morgendlichen Zeitungslektüre. „Denen schicken wir sofort eine Gegendarstellung." Das klingt wie eine Drohung. In den meisten Fällen haben wir es hier mit zwei Missverständnissen zu tun: Erstens meint der Rathauschef in Wahrheit nicht das rechtlich streng formalisierte Instrument der Gegendarstellung, sondern er spricht von einem formlosen Dementi. Zweitens glaubt er, da fahre er ganz schweres Geschütz auf, das die Journalisten zittern macht. Doch selbst wenn es eine formal korrekte Gegendarstellung im Sinne des Fachbegriffs sein sollte, ist der Eindruck, den sie auf die Redaktion macht, ziemlich begrenzt. Das Medium muss sie nämlich bringen, ob sie nun wahr ist oder nicht. Ergo beweist ihr Abdruck keinesfalls, die Redaktion nehme eine einzige Zeile ihrer Story zurück. Auch muss der Betroffene nicht belegen, was er behauptet. Daher setzen Medien bisweilen den so genannten Redaktionsschwanz hinter die Gegendarstellung: Sie seien laut Pressegesetz verpflichtet, eine Gegendarstellung zu drucken, ob sie wahr sei oder nicht. Und sind sie ihrer Sache sicher, setzen sie danach noch eins drauf: „Die Redaktion bleibt bei ihrer Darstellung."

Eine Gegendarstellung kann sowohl an Zeitungen als auch an den Rundfunk oder Online-Medien gehen. In Zeitungen und Zeitschriften wird sie abgedruckt, im Rundfunk verlesen, in Online-Medien auf die Website gestellt.

Damit eine Redaktion eine Gegendarstellung abdrucken muss, sind verschiedene Anforderungen zu erfüllen.

- Sie darf sich nur auf Fakten beziehen, nicht auf Vermutungen oder Meinungen. Prangert ein Medium einen Bürgermeister pauschal als Fehlbesetzung an, ist das kein Thema für eine Gegendarstellung. Präsentiert es ihn aber als Faulpelz, weil er angeblich jeden Tag pünktlich um 16.30 Uhr in den Feierabend geht, kann er per Gegendarstellung diese 16.30-Uhr-Bemerkung dementieren. Und zwar selbst dann, wenn sie stimmen sollte. Ferner gibt es auch Tatsachenbehauptungen, die als Meinungsäußerungen verpackt sind; sie lassen sich unter Umständen ebenfalls per Gegendarstellung dementieren.

- Die Gegendarstellung darf nur ein direkt Betroffener einreichen. Der Bürgermeister, den die Zeitung der Faulheit bezichtigt, kann das also nicht seinen Pressesprecher erledigen lassen. Es darf dem Stadtoberhaupt auch kein Parteifreund per Gegendarstellung unter die Arme greifen – es sei denn, dieser war von dem inkriminierten Vorwurf ebenfalls betroffen, weil er zum Beispiel angeblich jeden Feierabend ab 16.30 Uhr mit dem Rathauschef verbringt. Hat eine Zeitung den Bürgermeister kritisiert, kann der Pressesprecher den Text zwar in Abstimmung mit dem Rechtsamt formulieren; unterzeichnen aber muss ihn der Chef selbst. Genauer gesagt: persönlich unterschreiben. Greift ein Medium die Behörde als solche an („Im Rathaus gehen jeden Tag pünktlich um 16.30 Uhr die Lichter aus."), darf der Behördenleiter, in diesem Fall also der Bürgermeister, als Vertretung von allen die Gegendarstellung einreichen.
- Adressat der Gegendarstellung ist der verantwortliche Zuständige. Das ist rein rechtlich ein Redakteur, der im Impressum genannt ist, oder der Verleger. Veröffentlichen muss die Erklärung auch nur dasjenige Medium, das die strittige Tatsachenbehauptung verbreitet hat.
- Die Gegendarstellung muss sich in Platzierung und Aufmachung an dem inkriminierten Text orientieren. Manche Boulevardmagazine stellten auf der Titelseite in knalligen Lettern Tatsachenbehauptungen auf, und die betroffenen Prominenten erwirkten dann Gegendarstellungen ebenfalls auf der Titelseite. Ist die 16.30-Uhr-Geschichte der lokale Aufmacher, muss sich der Bürgermeister also nicht mit ein paar Quadratzentimetern, versteckt irgendwo im Anzeigenteil, zufrieden geben. Allerdings darf die Gegendarstellung auch nicht länger sein als der Ursprungsbeitrag. Gegen die Behauptung mit den 16.30 Uhr in einem 50-Zeilen-Bericht kann der Bürgermeister also kein minutiöses, 500-zeiliges Protokoll seines Dienstschlusses in den vergangenen drei Monaten einreichen.
- Wer eine Gegendarstellung absetzen will, muss sich beeilen: als Frist dafür gelten zwei Wochen. Hat der Bürgermeister nachweisbar von dem inkriminierten Artikel oder der Sendung erst später erfahren, bleibt mehr Zeit, die Obergrenze liegt bei drei Monaten. Dann aber muss das Medium die Gegendarstellung so schnell wie möglich veröffentlichen. Das bedeutet zum Beispiel bei Zeitungen: in der nächsten, für den Druck noch nicht abgeschlossenen Ausgabe.

Sind die formalen Anforderungen erfüllt, muss die Redaktion die Gegendarstellung drucken, auch wenn sie inhaltlich falsch ist. Es sei denn:

- Es gibt kein berechtigtes Interesse an einer Gegendarstellung. Zum Beispiel wenn die behaupteten Tatsachen nur geringfügig voneinander abweichen: Der Bürgermeister erklärt, er geht nicht um 16.30 Uhr, sondern um 16.35 Uhr.
- Der Inhalt ist eindeutig offenkundig unwahr. Der Bürgermeister dementiert die 16.30-Uhr-Geschichte, aber jeder in der Stadt weiß, dass er sich jeden Tag bereits um 17 Uhr in seiner Stammkneipe einfindet, was der Rathauschef bei anderen Anlässen auch schon öffentlich zugegeben hat.
- Der Inhalt ist irreführend. Sie ist so verworren abgefasst, dass niemand weiß, ob der Bürgermeister nun um 16.30 Uhr das Rathaus verlässt oder nicht.
- Das Medium hat die Tatsachenbehauptung bereits dementiert, relativiert oder sogar korrigiert. Beispielsweise druckte die Zeitung ein Dementi oder einen Leserbrief des Bürgermeisters, zitierte entlastende Zeugen oder stellte bereits klar: Die 16.30-Uhr-Behauptung ist definitiv falsch.
- Der Text enthält strafbaren Inhalt: „Ich gehe nie vor 20 Uhr aus dem Rathaus, aber mein Amtskollege in der Nachbarstadt hingegen ist das totale Faultier und der korrupteste Politiker unter der Sonne."
- Das Medium hatte lediglich einen Vorwurf aus dem Parlament oder vor Gericht wahrheitsgetreu widergegeben: „Der Vorsitzende der XY-Fraktion in der Stadtverordnetenversammlung kritisierte, der Bürgermeister verlasse jeden Tag um 16.30 Uhr pünktlich das Rathaus in den Feierabend."

Der Text einer Gegendarstellung lautet etwa so:

> *„In Ihrer Ausgabe vom 9. Juli 2011 behauptet die Z-Zeitung im Artikel ‚Dienst nach Vorschrift': ‚Für Bürgermeister XY ist täglich um 16.30 Uhr Dienstschluss. Dann geht er pünktlich in den Feierabend.' Diese Behauptung ist unwahr. Wahr ist vielmehr, dass ich in der Regel länger als 16.30 Uhr im Rathaus arbeite und fast jeden Abend als oberster Repräsentant der Stadt dienstliche Termine wahrnehme.*
> *XY, Bürgermeister der Stadt Z., [Adresse, eigenhändige Unterschrift]."*

Weigert sich die Redaktion, eine Gegendarstellung zu bringen, kann sie gerichtlich durchgesetzt werden.

Ob es aber überhaupt sinnvoll ist, wegen des Hinweises auf den angeblichen Tagesschluss um 16.30 Uhr presserechtlich auf die Barrikaden zu gehen, steht auf einem ganz anderen Blatt. Wir haben das nur als Beispiel genommen, um die Mechanismen und Formalien zu illustrieren.

3.5.3 Ein Eingeständnis: Die Berichtigung

Bei einer Berichtigung gesteht eine Redaktion offiziell ein, sie habe falsch berichtet. Wie in der Gegendarstellung geht es hier um Tatsachenbehauptungen, nicht um Meinungen. Aber anders als in der Gegendarstellung muss das Stadtoberhaupt dem Medium ihren Fehler nachweisen.

Auch ist die Berichtigung nicht streng formalisiert. Es haben sich in der Praxis mehrere Formen herauskristallisiert. Beispielsweise kann der Fehler in einem Folgeartikel von der Redaktion korrigiert werden. Dieser schildert zum Beispiel den regulären Arbeitstag eines Bürgermeisters, vom morgendlichen Eintreffen im Rathaus und der ersten Zeitungslektüre bis zum Schluss der Hauptversammlung der Freiwilligen Feuerwehr um 22.30 Uhr. So etwas per Gericht durchzusetzen, ist aber äußerst schwierig und hängt eher vom guten Willen der Redaktion ab.

Oder das Medium veröffentlicht einen Widerruf, die schärfste Form der Korrektur. Die Redaktion zeigt damit: Wir haben falsch berichtet. Im Feierabend-Fall könnte die Redaktion zum Beispiel erklären, ihre Angaben mit der 16.30-Uhr-Grenze stimmten nicht und sie nehme diese Behauptung ausdrücklich zurück. Diesen Widerruf kann der Betroffene gerichtlich durchsetzen.

Etwas abgeschwächt ist die Richtigstellung, in der das Medium zwar nicht definitiv erklärt, falsch berichtet zu haben; es zeigt dies aber faktisch. So könnte die Redaktion einräumen, die 16.30-Uhr-Behauptung habe sich erst bei näherer Betrachtung als unwahr erwiesen, weil inzwischen Hinweise vorlägen, die sie beim ersten Bericht noch nicht gehabt habe.

3.5.4 Zum Schweigen verpflichtet: Die Unterlassung

„Unterlassung“ ist kein Begriff aus dem Presserecht, sondern wurde aus dem Bürgerlichen Gesetzbuch abgeleitet. Im Gegensatz zu den anderen Formen der Korrektur muss ein Medium eine Unterlassungserklärung nicht publizieren.

Mit dieser Erklärung stellt die Redaktion nicht bloß eine Äußerung richtig; sie verspricht explizit, sie werde diese Aussage erst gar nicht veröffentlichen oder – falls dies bereits geschehen ist – nicht wiederholen. Im Gegensatz zur Gegendarstellung und der Berichtigung in ihren diversen Formen bezieht sich die Unterlassung nicht nur auf Tatsachenbehauptungen, sondern auch auf Meinungsäußerungen, vornehmlich auf Schmähkritik. Eine Unterlassungserklärung kann ein Betroffener auch fordern, wenn eine Aussage oder ein Foto sein Privatsphäre oder das Recht am eigenen Bild verletzen.

Im erwähnten 16.30-Uhr-Fall könnte eine Unterlassungserklärung so aussehen: Das Medium gibt es dem Bürgermeister schriftlich, es werde nichts von dem angeblich so frühen Feierabend berichten. Falls es das schon öffentlich behauptet hat, wird es dergleichen nicht wiederholen.

4. Zusammenfassung: Der Journalisten-Knigge

Wir haben uns in den vorangegangen Kapiteln in allerlei Aspekte des Umgangs mit Journalisten vertieft. Eine Fülle von technischen, strategischen und auch moralischen Details reiht sich da aneinander, und all das ruft nach ein paar zusammenfassenden, einordnenden Worten.

Hier kurz und knapp die wichtigsten Aspekte im Umgang mit der Berichterstatterzunft:

- Das Rathaus sollte die richtige Einstellung zu den Journalisten haben. Erstens: Sie sind keine Hofberichterstatter und Bittsteller, sondern tragen, gesetzlich verbrieft, zur Information und Meinungsbildung bei. Journalisten per se sind also keine Störenfriede, sondern leisten einen Beitrag zur Demokratie. Zweitens: Information ist keine lästige Pflicht gegenüber Journalisten, sondern Dienstleistung. Viele Rathäuser schreiben sich den „Bürgerservice" als Leitgedanken auf die Fahnen. Auch Journalistenservice ist Bürgerservice. Drittens: Die Berichterstatter sind zumindest im Lokalen in aller Regel keine Experten, sondern Generalisten. Stellen sie zu einem Thema Fragen, die intime Kenner der Materie für lächerlich halten, ist das folglich zunächst kein Indiz für Dummheit, Ignoranz oder Geringschätzung des Bürgermeisters. Das Informationsdefizit muss er durch Information beseitigen, nicht durch genervtes Kopfschütteln.
- Der Bürgermeister sollte unter den Journalisten vertrauensvolle Kontakte und kein Feindbild aufbauen. Ein Stückweit sind Berichterstatter und Rathauschefs aufeinander angewiesen und sitzen im selben Boot, wenn auch auf unterschiedlichen Plätzen. Daher sollten sich beide Seiten gut kennen, die Haltung des jeweils anderen respektieren und in der Lage sein, für ein übergeordnetes Ziel auch einmal Informationen auszutauschen, die noch nicht zur Veröffentlichung bestimmt sind.
- Der Bürgermeister sollte die Arbeitsbedingungen der Journalisten verstehen, vor allem Verständnis haben für den Zeitdruck der aktuellen Medien. Ein Tageszeitungsjournalist schreibt nicht für ein Monatsmagazin und braucht die Antwort so schnell wie möglich. Er hat gerade im Lokalen oft nicht viel Zeit, um sich in ein komplexes Thema einzuarbeiten, daher muss es knapp und verständlich aufbereitet werden. Kommt eine journalistische Anfrage, sollte das Rathaus schnellstmöglich zurückrufen oder -mailen, und sei es nur für die Zwischen-

nachricht: Wir sind dran, müssen deshalb aber noch ein paar Leute erreichen. Der Lokaljournalist kann es sich auch nicht leisten wie manche Kollegen in personell weit üppiger ausgestatteten Magazinen, wochenlang intensiv an einer Story zu schreiben. Während er an der einen Geschichte sitzt, hat er vielleicht drei oder vier andere im Auge, um die er sich ebenfalls kümmern muss. Konsequenz: Das Rathaus muss die Informationen in Inhalt, Sprache und Präsentation übersichtlich, medien- und zuschauer-/lesergerecht aufbereiten.

- Der Bürgermeister sollte die Medien gleich behandeln. Er mag nach politischer Couleur oder aus sachlichen Gründen ein Leib-und-Magen-Blatt haben. Allerdings muss er auch den anderen Medien die Chance geben, Informationen zu erhalten. Zieht das Rathaus ein bestimmtes Medium dauerhaft vor, rächt sich das früher oder später durch missgünstige Berichte der Konkurrenz oder gar durch juristische Streitereien.
- Der Bürgermeister sollte aber auch Exklusivität respektieren. Medien stehen zueinander in Konkurrenz. Greift eine Zeitung oder ein Sender exklusiv ein Thema auf, um sich von den Mitbewerbern abzusetzen, sollte der Rathauschef die Informationen für dieses Medium nicht gleich an alle anderen streuen. Andernfalls handelt er sich den berechtigten Zorn der betreffenden Redaktion ein. Die Konkurrenzmedien respektieren diese Vertraulichkeit, weil sie demnächst vielleicht selbst mit einer exklusiven Geschichte kommen und dann das Gleiche erwarten.
- Der Bürgermeister sollte erreichbar sein. Aufgrund des Geschäfts mit der Aktualität gelten für Medien andere Gesetze als zum Beispiel für eine Behörde, die unter Umständen wochenlang auf eine Stellungnahme des Rathauses warten kann, oder eines Bauherren, der eine gewisse Zeit ausharren muss, bis ein Sachbearbeiter seinen Bauantrag voll umfänglich geprüft hat. Wegen dieser Aktualität sollten Medien einen Draht zum Rathauschef oder dem Pressesprecher haben, der über die Kernarbeitszeiten hinausreicht. Den Medien die Mobilnummer des Stadt- oder Gemeindeoberhaupts mitzuteilen, birgt allerdings Risiken; möglicherweise rufen sie ihn dann zu jedem noch so kleinen Thema an – unabhängig davon, ob er derzeit im Rathaus ist, in einer Sitzung irgendwo oder im Urlaub auf den Kanarischen Inseln. Als gute Alternative bietet sich ein Smartphone oder ein Tablet an, das mit dem Mail-Account des Computers im Büro gekoppelt ist. Derlei ist auch vielerorts selbst in kleineren Kommunen schon Praxis. Schickt ein Journalist eine Mail mit einer Frage, kann das Rathaus sie orts- und zeitunabhängig beantworten. Aus dem Inhalt

der Nachricht erkennt der versierte Rathauschef auch, ob ein direkter Rückruf in der Redaktion sinnvoll ist oder eine Mail ausreicht.
- Der Bürgermeister sollte in Konfliktfällen wegen falscher Berichte oder Kommentare auf gütliche Einigung und Korrekturen setzen. Ein Rechtsstreit mit dem Ziel eines Widerrufs oder einer Unterlassungserklärung kann nur das letzte Mittel sein. Allerdings sollte das Stadt- oder Gemeindeoberhaupt auch nicht vor solchen Schritten zurückschrecken, wenn die Sache gravierend genug und die Chance auf eine gütliche Einigung gleich null ist.
- Der Bürgermeister sollte Medien nicht drohen und sie auch nicht zu bestechen versuchen. Drohungen gegenüber einem Journalisten – etwa mit dem Hinweis, man kenne dessen Chef persönlich – missachten nicht nur die Freiheit der Medien. Sondern der Schuss kann auch nach hinten losgehen, wenn die Redaktion die Drohung öffentlich macht. Die entgegengesetzte Spielart, das Gefügigmachen mit Vergünstigungen und Geschenken, sollte ebenfalls tabu sein: Es drohen rechtliche Konsequenzen, und das Medium kann den Bestechungsversuch ebenfalls publik machen.

Die Grundsätze im Umgang mit Journalisten garantieren noch keine wohlwollende Berichterstattung. Aber sie sind die Basis, auf der Bürgermeister und diejenigen, die über sie berichten, ein wenig besser miteinander klarkommen können.

Welche Instrumente dabei eingesetzt werden, sollte das vorliegende Buch zeigen. Doch am Ende kommt es nicht auf das Instrument an, sondern auf die Hand, die es führt.

Anhang

1. Checklisten

1.1 Medieninformation/Pressemitteilung

Anlass und Thema:

- Thema relevant und geeignet für eine Mitteilung?
- zentrale Botschaft?

Struktur:

- nachrichtlicher Aufbau: Wichtigstes am Anfang, Unwichtigstes am Schluss?
- Überschrift vom Text gedeckt?

Sprache:

- Fachwörter vermieden oder erläutert?
- Sätze entschachtelt?
- Hauptsachen in Hauptsätzen platziert?
- Passiv und Verneinungen vermieden?
- Verben statt Substantivierungen?
- Wörter mit „-ung", „-schaft", „-keit", „-heit", „-ion" möglichst ersetzt?
- unnötige oder unpassende Silbe „an-" gestrichen?
- Füllwörter oder überflüssige Wörter („ja", „also", „bekanntlich") gestrichen?
- „sei"/„wäre", „werde"/„würde", „habe"/„hätte" korrekt verwendet?
- Namen bei erster Erwähnung mit Vornamen genannt?
- unbekannte Abkürzungen bei Erstnennung ausgeschrieben?

Formales:

- Länge maximal eine DIN-A4-Seite?
- „Pressemitteilung", „Medieninformation" oder Ähnliches angegeben?
- Ansprechpartner mit Kontaktdaten für Medien genannt?
- falls nötig: Sperrfrist gesetzt?
- Text mit internen Fachleuten oder externen Partnern abgestimmt?
- Corporate Design des Rathauses eingehalten?
- ergänzende Fotos oder Grafiken in gängigen Formaten angehängt?

1.2 Presseeinladung

Anlass und Thema:

- Thema in wenigen Sätzen erläutert, Relevanz deutlich gemacht?
- Redner mit vollem Namen, Funktion und Institution genannt?

Struktur:

- wenn ungewöhnlich: den Ablauf skizziert?
- Imbiss erwähnt?
- Hinweis auf Bildmotive für Fotografen?

Formales:

- „Presseeinladung", „Medieneinladung" oder dergleichen angegeben?
- Datum mit Wochentag und Uhrzeit genannt?
- Ort mit Straße und Hausnummer genannt, evtl. Raumnummer?
- bei unklarer Adresse: Lageskizze/Anfahrtsweg beigefügt?
- Hinweis auf Parkmöglichkeiten (falls nicht direkt am Haus)?
- Ansprechpartner für den Pressetermin mit Kontaktdaten genannt?
- Unterschrift des Organisators (Bürgermeister oder Pressesprecher)?
- nur, falls zwingend nötig: Bitte um Anmeldung?
- Corporate Design des Rathauses eingehalten?
- Wenn die Pressekonferenz länger im Voraus geplant ist: Versand ein bis zwei Wochen vorher?

1.3 Pressekonferenz

Anlass und Thema:

- Thema wichtig, komplex, interessant genug?
- zentrale Botschaft geklärt?

Inhaltliche Vorbereitung:

- nicht mehr Redner als zu erwartende Journalisten?
- interessante Redner/Experten hinzugezogen?
- Rollenverteilung inklusive der Moderation geklärt?
- Sprachregelungen (Wording) vereinbart, mögliche kritische Fragen geklärt?
- Ablauf besprochen (Begrüßung, Vorstellung, Reihenfolge der Statements, Fragerunde)?

- schriftliches Material vorbereitet (Pressemitteilung, Dokumentationen, Fotos auf CD)?
- Notizen für Eingangsstatements vorbereitet?
- Zusatzinformationen in Reserve, falls keine Fragen kommen?

Einladung, Zeit, Ort und Raum:

- journalistenfreundliche Zeit (möglichst nicht vor 11 Uhr)?
- nicht am Wochenanfang oder Wochenende?
- Konkurrenztermine geklärt?
- alle Medien eingeladen?
- Dauer auf 45 bis 60 Minuten begrenzt, danach Puffer für O-Töne eingeplant?
- Ort dem Thema angemessen?
- Raum ggf. ausgeschildert, Parkplätze geklärt?
- Sitzordnung der Redner geklärt?
- falls nötig: Decke über Tisch der Redner, um Beine zu verdecken?
- Namensschilder für Tisch vorbereitet?

Unterstützende Mittel:

- Visualisierungsmöglichkeiten (Kartenaushang, Powerpoint-Präsentation)?
- Technik geprüft? Fachleute und Ersatzgeräte präsent oder schnell greifbar?
- Bewirtung geregelt?
- bei außergewöhnlich großen Pressekonferenzen: Anwesenheitsliste vorbereitet?

1.4 Statement und Interview

Rahmen:

- Medium, Sendung, Umfeld des Beitrags geklärt?
- Vorwissen des Journalisten geklärt?

Inhalt:

- Thema und Fragen geklärt? (Aber nicht darauf verlassen!)
- eigene Zuständigkeit geprüft?
- Informationen auf den neuesten Stand gebracht?
- Kernaussagen, zitierfähige Kernsätze festgelegt?
- Grenzen der eigenen Aussage definiert?
- auf kritische Fragen vorbereitet?

- Begründung geklärt, warum bestimmte Fragen nicht beantwortet werden?
- Statement-Sätze vorbereitet, aber nicht auswendig gelernt?

Organisation/Technik:

- störende Einflüsse beseitigt (Telefon und Smartphone stumm, Tür und Fenster zu)?
- Person des Vertrauens hinzugezogen?
- auf Kontrast zum Bildhintergrund geachtet?
- Kleidung nicht knallig, glitzernd oder mit Grätenmuster?
- Haare gekämmt, Krawatte zurechtgerückt?
- Sonnenbrille oder – im Freien – Brille mit phototrophen Gläsern abgesetzt?
- für die Hände eventuell zusammengerolltes Papier?
- auf Kameraposition geachtet?
- bei Telefoninterview: Hörer in der nicht schreibenden Hand, Ohrringe ab? Handzettel zurecht gelegt mit Kernaussagen/Sachinformationen?
- bei gedrucktem Interview: Autorisierung geklärt?

1.5 Pressereise und Pressefahrt

Thema, Rahmen und Zeit:

- klares inhaltliches Ziel mit Mehrwert gegenüber Pressemitteilung?
- so kurz wie möglich (bei Nicht-Fernreisen drei Tage)?
- Konkurrenz zu anderen Terminen für Journalisten geklärt?
- im Ablauf Freiräume geschaffen für Ruhepausen, individuelle Kontakte und Shoppen?
- Kostenübernahme geklärt?
- Vorab-Einladungsschreiben an Redaktionen verschickt?

Detaillierte Einladung:

- spätestens zwei Wochen vor Abreise verschickt?
- dienstlichen Charakter deutlich gemacht?
- tabellarische Programmübersicht mit Hauptkontaktpartnern?
- ergänzende Übersichtsinformationen zu Reiseziel und Hintergrund?
- Informationen zu Abreise-Treffpunkt sowie Flugdaten?
- Unterkunftsadresse mit Telefonnummer?
- Ansprechpartner für Rückfragen im Rathaus?

- Teilnehmerliste?
- Praxisinformationen (Pass- und Visumfragen, Impfungen, Kleiderordnung, Stecker-Adapter)

Bei Pressefahrt:

- Interesse von Medien in auswärtigen Kommunen geklärt, die besucht werden?
- genaues Drehbuch für Ablauf erstellt?
- bei mehreren Stationen: Ansprechpartner mit Mobilnummer geklärt?
- Liste der Stationen für unterwegs dazu stoßende Journalisten?
- zwangloses Essen oder andere Art von Abschlussrunde geplant?
- für Transport eventuell Bus oder andere gemeinsame Fahrmöglichkeit organisiert?

2. Kontaktadressen

Nachfolgend ein paar Links zu einigen wichtigen Institutionen und Verbänden im Bereich Presse- und Öffentlichkeitsarbeit/Journalismus oder auch zum Management von Krisen. Websites, Plattformen und Einzelanbieter für Trainings und andere Weiterbildungsangebote in der Medienarbeit gibt es viele. Wer sich darin nicht verlieren will, erkundigt sich am besten bei Kollegen oder fragt bei den einschlägigen kommunalen Standesverbänden (Städte- und Gemeindebund, Landkreistag des jeweiligen Bundesverbandes) nach. Je nach Bundesland gibt es auch Verwaltungshochschulen, die auf Behörden zugeschnittene Angebote haben oder vielleicht Kontakte zu erfahrenen Dozenten und Dozentinnen vermitteln können. Darüber hinaus hier ein paar Hinweise zu wenigen bundesweiten Institutionen auf dem Feld der Kommunikation:

Bundesverband der Kommunikatoren (www.bdkom.de): Kontaktbörse für Leute vom Fach mit Fachgruppen, Informationsmaterial, Terminen und anderem.

Deutscher Presserat (www.presserat.de): Dieses Gremium setzt die ethischen Standards für Journalisten und wird bisweilen bei Beschwerden eingeschaltet. Über die Website ist auch der Pressekodex mit Standesgrundsätzen der Printmedien abrufbar.

PMG Presse-Monitor (www.pressemonitor.de): Die Inkassogesellschaft für die Verwendung von Zeitungsartikeln in elektronischen Pressespiegeln. Wer ein solches Clipping zusammenstellt, muss mit der PMG einen Vertrag abschließen. Die sehr hohen Kosten sind gestaffelt nach Zahl der Nutzer.

Verwertungsgesellschaft Wort (VG Wort, www.vgwort.de): Inkasso-Organisation für die Vervielfältigung von Artikeln in gedruckten Pressespiegeln. Mit ihr muss ein Vertrag geschlossen werden, wenn ein in Papierform erstelltes Clipping die so genannte Bagatellgrenze von sieben Exemplaren übersteigt.

Stichwortverzeichnis

Die Zahlen verweisen auf die entsprechende(n) Seite(n)

O

P

Q

R

Latsch

Bürgermeister und interne Kommunikation

Digital, mündlich, gedruckt und erlebt

Eine gelungene interne Kommunikation ist für Bürgermeister:innen oder Landrät:innen immens wichtig: Die Leistung einer Verwaltung und damit mittelbar deren Bild in der Öffentlichkeit fußt letztlich auf dem Zusammenwirken von Menschen. Damit dieses Zusammenwirken funktioniert, ist eine gelungene Kommunikation im Haus wichtig. Sie ist ein wichtiger zweiter Pfeiler der kommunalen Verwaltungskommunikation. Der Ratgeber behandelt dich wichtigsten Prinzipien der internen Kommunikation und bietet Lösungsvorschläge für gängige Problemstellungen.

2020, Softcover, 274 Seiten, ISBN 978-3-8293-1530-2, 25 €

Latsch

Bürgermeister und Krisenkommunikation

Medien- und Öffentlichkeitsarbeit vom Alltagsstress zur Katastrophe

Krisenkommunikation ist in den vergangenen Jahren zu einem allgegenwärtigen Begriff geworden. Das Buch arbeitet Aspekte und Handlungsempfehlungen heraus, die für Verantwortliche und Kommunikator:innen kommunaler Organisationen wichtig sind. Es bündelt die Herausforderungen und Voraussetzungen kommunaler Krisenkommunikation, illustriert anhand von Fallbeispielen, die Notwendigkeit der Krisenkommunikation und gibt praktische Hinweise zu wahrscheinlichen Szenarien. Krise wird hier nicht ausschließlich verstanden im Sinne des Katastrophenschutzes (Großschadensereignis), sondern auch als herausfordernde Entwicklung, die das Vertrauen und die Glaubwürdigkeit in staatliches Handeln auf kommunalpolitischer Ebene untergraben kann.

2020, Softcover, 240 Seiten, ISBN 978-3-8293-1416-9, 20 €